# 兩岸小三通議題研究

陳建民 著

# 他 序

金門位於兩岸三地重要的地理位置，在國共內戰期間已成為台海衝突的主要戰場，近年來由於兩岸關係的演變，金門的角色和定位亦隨之產生微妙的變化。自公元 2001 年開始，兩岸試行「小三通」政策，致使金門在兩岸關係的重要角色更加彰顯。

本校陳建民老師自從創校伊始即進校服務，迄今已有十年的時間，於認真教學及兼任研發長、系主任等行政職務之餘，並一直從事兩岸關係以及金門觀光議題方面之研究，獲致良好的成果。此次將其五年內關於「小三通」之著作彙集成書，其中部分內容曾發表於列名 TSSCI 之學術期刊及其他國內有審查機制之專業學術刊物或研討會論文，以一位尚須兼任行政職務之教師而言，成果不可謂不豐。

本書對於兩岸「小三通」之政策、安全、觀光等面向均有精湛及深入的分析及見解，對於從事兩岸關係或「小三通」研究提供了學術上和實務上的重大參考價值。由於本校刻正規畫從技職院校轉型為綜合大學，日後兩岸關係勢必成為未來金門大學之教學及研究重點。本人期盼陳君能賡續致力於其研究領域，並立即有新的成果問世，特於此新書出版前夕，謹綴以上數言，聊表賀忱。

國立金門技術學院校長 李金振
中華民國九十七年二月

# 自　序

　　本書為筆者近年來針對兩岸交流中之「小三通」相關議題，所做研究之成果彙集而成，其中部分內容曾發表於列名 TSSCI（Taiwan Social Science Citation Index，國科會台灣社會科學引文索引資料庫）之學術期刊及其他國內有審查機制之專業學術刊物或研討會論文，為求格式之統一，引註部分亦做小幅度更動。

　　近年來，兩岸之間的交流日新月異，自 2001 年 1 月 1 日起兩岸試行「小三通」，開啟了另一新的交流模式；「小三通」誠為兩岸關係發展的重大政策之一，尤其對於金門地區的影響更是重大。有鑑於此，作者特別針對此方面的重大課題，包括與「小三通」有關之安全、觀光、政策等面向深入進行研究，希冀能夠將理論與實務相結合，進而達到學以致用的目的，並期能為金門的發展貢獻棉薄心力。

　　作者生於金門，長於金門，有幸回到家鄉服務於金門技術學院，奉獻所學，也是長久以來的心願。在這資源貧瘠的小島上，教學自是不易，研究更是艱難。本書得以完成，除了要感謝周遭所有支持與鼓勵我的人，學校的環境也讓我能夠教學相長，克竟其功。惟金門處於離島偏遠地區，在資料的取得上較為不易，本書若有任何謬誤或疏漏，尚請各界先進不吝賜正，文責當由作者自負。

陳建民　謹識<br>
中華民國九十七年元月

# 目　錄

# 金廈「小三通」對金門安全影響之研究

## ——從民眾認知的角度分析

# 壹、前言

　　近年來世界格局正產生急劇的變化，由於全球化、國際化的趨勢日益明顯，相關的研究愈來愈受學術界的重視。隨著冷戰的結束，全球化浪潮的風起雲湧，使得當今世界的開放性、變革性、合作性愈趨顯著，許多影響安全的新因素亦隨之出現，導致安全出現新的概念和新的領域，[1]也使得對於安全的相關研究產生新的課題。隨著兩岸交流互動的增加，長期以來固然呈現了經貿、社會等多方面的互動互利，但仍存在著軍事衝突的潛在危險，[2]尤其在安全的範圍相對擴大之際，對於安全影響之探討益顯其必要性和迫切性。

　　台海兩岸在「三通」問題未有具體結果之前，基於實際需求，率先於外島金門、馬祖和對岸試行「小三通」。小三通是台灣地

---

[1]　Sujit Dutta, "In Searching of New Security Concepts," *Strategic Analysis*, April 1997.

[2]　徐淑敏，〈互賴理論中「敏感性與脆弱性」概念應用於兩岸互動關係的操作化分析〉，頁 190-192。

區繼 1987 年 11 月開放民眾赴大陸探親、1993 年 3 月簽署兩岸「辜汪四協議」以及 1995 年 5 月發布「境外轉運中心設置作業辦法」推動境外轉運政策後,在交流交往上的最大突破。[3]兩岸實施小三通政策,乃基於兩岸交流的趨勢加上金門、馬祖民意的壓力,促使我政府於 2000 年 3 月 21 日通過「離島建設條例」,其中規定「在台灣本島與大陸地區全面通航之前,得先試辦金門、馬祖、澎湖地區與大陸地區通航,不受台灣地區與大陸地區人民關係條例等法令限制。……」其後,立法院又於同年 6 月 13 日決議:「政府應在三個月內完成小三通評估,在三個月內完成規劃後,隨即實施優先試辦項目:一、除罪化。二、可操之在我部分。……」據此,行政院乃相繼擬具兩岸小三通影響評估報告,並完成修正後轉立法院備查,使小三通的規劃有了具體藍圖。[4]2000 年 12 月 15 日行政院復發布「試辦金門馬祖與大陸地區通航實施辦法」,並於 2001 年 1 月 1 日起正式實施。

　　小三通有關「除罪化」問題主要是考量金馬地區與大陸地區不可分割之密切關係及民生需求,經分析若犯罪行為係出於當地人民之需要,且無礙國家安全者,將優先考量開放或放寬管制,予以「除罪化」;惟若考量有違國家安全或非關當地民生需求者,則不予「除罪化」。至於「可操之在我」方面,其意義係指小三通之規劃事項,不必然須經兩岸協商即可運作。目前小三通的範

---

[3]　曹爾忠,〈小三通架起了兩岸和平發展的大橋〉,發表於「第二屆海峽西岸經濟區論壇」研討會,2007 年 9 月 7 日,http://www.matsu.idv.tw/attach/matsu-3eba61b66772b11154f0261d17940fb7.doc。

[4]　行政院大陸委員會編,《兩岸「小三通」影響評估及規劃方向》(台北:行政院大陸委員會,2000 年),頁 1-2。

圍主要包含二個項目：一為讓金門、馬祖民眾與大陸地區進行合法的直接經貿交流，此部分是指「除罪化」的事項；二為在有效控管風險及採取完善配套措施的前提下，有限度開放大陸地區船舶、貨品及人員進入金馬地區，此部分所指為「可操之在我」的事項。由於自小三通實施以來，兩岸人民對於小三通之「除罪化」目標有所誤解，因而造成走私偷渡比起小三通實施之前更嚴重，[5]對金門當地的安全產生的危害甚鉅。隨著近年來逐步開放大陸地區船隻及人員或觀光客進入金門地區，是否對金門在社會、經濟、環境等安全層面產生衝擊亦是值得關注的議題。

　　此外，金門地區地屬偏遠的離島區域，本身發展條件受到地理環境、嚴重人口外流、資源及基礎設施不足等問題影響，推動工商業發展本為不易，又因 1992 年戰地政務解除及「國軍精實案」之實施，致使當地部隊大幅縮小，預計實施後的五年內金、馬、澎等三個防衛司令部將降為「指揮部」；同時，駐防外島兵力亦大幅縮減，金門將僅剩三千餘人。[6]此項政策是否會直接衝擊到外島的軍事安全值得觀察外，另原仰賴國軍消費之民間企業亦大幅縮減，使得金門地區工商業發展環境更為艱難。由於小三通遽爾實施之後，相關配套措施尚未完備，例如法規和執法等問題，對於金門地區的相關安全影響，實有進一步深入探討之必要。

　　雖然國內探討小三通的相關研究所在多有，惟大都針對實施後民眾對其政策的滿意度、以及兩岸政治的情勢發展等問題之分

---

[5]　銘傳大學編，《金門縣民眾對金廈「小三通」實施兩週年民意調查》（銘傳大學金門校區國家發展與兩岸關係研究所，2002 年），頁 18。

[6]　〈金門非軍事化應更有經濟發展空間〉，《金門日報》，2006 年 6 月 12 日，〈http://www.kinmen.gov.tw/〉。

析，對於小三通實施後影響金門地區安全層面的實證調查則較少
著墨。有鑑於此，本研究基於金門民眾對小三通實施後影響金門
安全領域的因素構面，以及是否對金門地區有正面或負面的影響
效應等問題應是最有感受，尤其不同人口統計變項對於小三通所
造成金門地區安全會產生不同的影響；因此，本研究根據這些變
項有可能的影響要素，針對曾經使用小三通管道的民眾之觀察角
度進行比較分析，以了解不同身份類別的民眾在政策實施後對金
門地區安全影響之不同分析，期能提供相關政策因應或調整之
參考。

# 貳、「安全」之概念

## 一、傳統安全與非傳統安全

　　「安全」（security）是強調國家主權、生存等目標的概念，
其定義的根本轉變是從概念層次開始，且隨著不同的歷史背景和
政治環境而有不同的定義，而且是經由歷史情勢與新興的政治認
知間互動過程，逐漸地促使實際政策重新整合。[7]就概念來說，安
全的層面涵蓋「威脅」（threat）與「脆弱性」（vulnerability），[8]二

---

[7] Helga Haftendorn, "The Security Puzzle: Theory-Building and Discipline-Building in International Security," *International Security Quarterly*, Vol.35, No.1, 1991, p.5.

[8] Barry Buzan, *People, State and Fear: An Agenda for International Security Studies in the Post-Cold Era*, 2nd edition (Boulder Co.: Lynne Rienner Publishers,

者可能在各種不同的領域出現，包括傳統安全的軍事、政治領域
和非傳統安全上的經濟、社會、環境等非軍事領域。[9]

　　一般而言，傳統安全領域大都集中在國家生存的想像上，在
冷戰時期主要以軍事安全為考量，並結合外交政治等傳統國家安
全為內容，所涉及的安全議題包括軍事力量的威脅、武器的使用
和控制方面。每個國家為了達到生存的目的，無不積極的追求武
器的增長與更新，軍備競賽於是成了國家追求安全思考的主軸。
然而隨著資源、環境、人口與疾病擴散等社會、經濟問題日益尖
銳化，以人為主軸的非傳統安全領域，也逐漸被納入國家安全的
思考中。[10]冷戰結束後，隨著國際環境的變化，國家安全的問題
不再侷限於軍事方面，還包括了許多諸如經濟與社會治安等層面
的非軍事議題。[11]近年來，非傳統安全問題的重要性日益突出，
包括有組織的國際犯罪、恐怖主義、走私販毒、非法移民、傳染
病、海盜行為、難民等非傳統安全問題呈現逐漸增加的趨勢。[12]由
於冷戰的結束，導致世界體系相互依賴加重，安全研究亦出現新
的概念和新的領域。[13]儘管非傳統安全問題由來已久，但其對國
家安全的影響和重要性還是在冷戰結束之後才突顯出來。後冷戰

1991), pp. 112-142

[9] Barry Buzan, Ole Waever, and Jaap de Wilde, *Security: A New Framework for Analysis* (Boulder Co: Lynne Rienner Publishers, 1998), pp.7-8.

[10] 陸忠偉主編，《非傳統安全論》（北京：時事出版社，2003 年），頁 9-95。

[11] Samuel M. Makinda, " Sovereignty and International Security: Challenges for the United Nations," *Global Governance* 2 (April / June 1996), pp. 153-154.

[12] 郭萬超，《中國崛起》（江西：江西人民出版社，2004 年），頁 74。

[13] Sujit Dutta, "In Searching of New Security Concepts," *Strategic Analysis*, April 1997.

時期，無論東西方學者均主張非傳統安全研究應該包括非軍事安全威脅，[14]更強調將研究重點從主權國家的安全轉向關注社會安全和人的安全。[15]以歐盟為例，其安全概念逐漸從強調軍事、政治安全和主權安全，發展為強調人的安全和社會安全。[16]另有從綜合安全的角度出發，對於後冷戰時期的新安全問題予以高度關注，特別著眼要重視軍事安全以外的其他方面的安全。[17]國內學者亦有以國家為中心，提出「綜合性安全」（Comprehensive Security）的概念，主張仍重視軍事安全的威脅，但更強調非軍事因素對安全所產生的威脅，包括經濟、社會、人民、環境等議題引起的安全，[18]此亦與國際間「人類安全」的發展趨勢不謀而合。[19]

---

[14] 在西方學者的理論研究中，較少使用非傳統安全一詞，而是傾向於使用非軍事安全、全球安全、綜合安全、新安全等。參閱傅勇，〈非傳統安全問題的理論研究及其意義〉，上海社會科學院主編，《變化中的世界與中國因素》（北京：時事出版社，2006 年），頁 121。

[15] 參閱 Ken Booth, "Security and Emancipation," *Review of International Studies*, Vol. 53, No. 3, 1991. Norman Myers, *Ultimate Security* (New York: W. W. Norton & Company, 1993).

[16] 朱雯霞，〈中──歐安全觀與中歐關係〉，上海社會科學院主編，《變化中的世界與中國因素》，頁 242。

[17] 參閱王逸舟，《全球政治和中國外交》（北京：世界知識出版社，2003 年）；陸忠偉，《非傳統安全論》（北京：時事出版社，2003 年）。

[18] 參閱林碧炤，〈台灣的綜合安全〉，《戰略與國際研究》第 1 卷第 1 期，1999 年 1 月，頁 1-9。劉復國，〈綜合性安全與國家安全：亞太安全概念適用性之檢討〉，《問題與研究》，第 38 卷第 2 期，1999 年 2 月，頁 21-36。宋燕輝，〈『人類安全』之發展與推動：亞太國家的態度及作法〉，《人類安全與二十一世紀的兩岸關係研討會論文集》（台北：台綜院戰略與國際研究所，2001 年 9 月 14 日），頁 47-50。張中勇，〈台灣海峽非傳統性安全威脅之評估〉，《戰略與國際研究》，第 3 卷第 4 期，2001 年 10 月，頁 2-7。

[19] 聯合國在 1994 年的「人類發展報告」（Human Development Report）中即首

　　在安全研究的範圍,現實主義長期以來占據了支配地位的理論模式。按照現實主義的觀點,國家安全的實現取決於國家相對其他國家的權力或能力而言,而這種權力的體現最重要的就是軍事力量。相較於現實主義,新現實主義的觀點則認為國際政治的本質未必是毫無止境的衝突與戰爭,國與國之間依然存在著安全競爭層面的有限合作。[20]此種有限合作讓新現實主義者擔心的是,合作者以欺騙的手段獲取更大的相對利益,以致國家之間容易產生恐懼與不信任感。布贊(Barry Buzan)就認為,愈來愈多成熟的國家已瞭解在為自己制定政策時,基於安全的理由,亦應考慮到鄰國的利益,因為國家的安全必須相互依賴。[21]這種觀念到了全球化時代愈來愈顯得重要。

## 二、全球化時代的「安全」內涵

　　全球化是指在不同的地域進行經濟、社會、政治和文化的全方位交流。[22]更明確的說,全球化是指一連串複雜、彼此獨立卻又有關的變化過程的擴張和加深,從而加速了全世界包括經濟、

先提出「人類安全」的基本概念。請參閱 United Nations, *Human Development Report 1994* (New York: Oxford University Press, 1994).

[20] John Ballis, Sieve Smith, eds., *The Globalization of World Politics* (Oxford: Oxford University Press, 1998), p. 197.

[21] Barry Buzan, *People, State and Fear: An Agenda for International Security Studies in the Post-Cold Era*, p. 208.

[22] T. Nierop, *Systems and Regions in Blobal Politics: An Empirical Study of Diplomacy, Interantional Organizaiton and Trade (1950-1991)* (Chichester: John Wiley, 1994).

社會、文化、環境、政治、外交和安全等各層面的接觸和關聯性。[23]
在全球化時代，新的全球性問題改變了傳統地緣戰略的觀念。美
國學者杭廷頓（Samuel Huntington）認為冷戰後的世界，全球政
治在歷史上第一次成為多極和多文化的體系，[24]此種命題進一步
把人文因素建構在地緣戰略之中，並開闊了宏觀的視野。由於全
球化本身是一個進程，而不是單一的狀態，[25]隨著全球化的浪潮
風起雲湧，使得當今世界的開放性、變革性、合作性更加明顯，
並出現了許多影響安全的新因素，亦即除了傳統的國家間政治、
地區政治和世界地理格局之外，環境、生態和能源、人口等問題
也都成了探討的範圍。

　　全球化對於安全領域的意義，在於打破以往對於安全的傳統
概念。做為全球化的基本特徵，就是全球已屬於單一市場，各國
不再可能制定片面或侷限性的政策，於是許多地域和國家的安全
議題，必須從全球性的範疇來思考。[26]正由於全球化時代，安全
問題不再單純侷限在軍事領域，許多國家已經視經濟之利益為首
要發展要務，例如美、日等國在波斯灣戰爭的表現，多少就有為
獲得石油和天然氣的考量。此外，文明的衝突演變為軍事衝突的

---

[23] Samuel Kim, "East Asia and Globalization: Challenges and Responses," *Asian Perspective*, Vol. 23, No. 4, 1999, pp. 5-44. 徐斯儉，〈全球化：中國大陸學者的觀點〉，《中國大陸研究》（台北），第 43 卷第 4 期，2000 年 4 月，頁 3。

[24] Samuel Huntington, *The Clash of Civilizations and the Remaking of World Order* (Simon & Schuster, 1996), p. 21.

[25] 楊雪冬等譯，《全球大變革——全球化時代的政治、經濟與文化》（北京：社會科學文獻出版社，2001 年），頁 36。

[26] 翁明賢、吳建德主編，《兩岸關係與信心建立措施》（台北：華立出版社，2005 年），頁 125。

危險愈來愈大，使得安全問題由外部的壓力轉變為內部的分裂。[27]隨著全球化的浪潮風起雲湧，使得當今世界的開放性、變革性、合作性更加明顯，區域性的合作和互賴也愈來愈明顯。在此全球化時代，最重要的條件就是社會關係空間規模的擴大，[28]造成時空距離的縮短，另外亦形成了弗里德曼（Jonathan Friedman）所謂的「全球互賴的增加，與互賴意識的增強」。[29]此論點與國際關係學者基歐漢（Robert O. Keohane）和奈伊（Joseph S. Nye）所提出的「複合互賴」（complex interdependence）之觀點，強調在國際關係與跨國互動日益密切和複雜的情況下，各種行為者之間都會受到彼此行動的影響，而且彼此的需求與依賴也將有增無減，二者有不謀而合之處。[30]

從安全的內涵來看，安全的內涵需要擴展，同時容納傳統的國家安全問題與新出現的社會安全問題。從安全的主體而言，安全的範圍須同時容納國家和國家以外的多種行為體，使政府與民眾的關係、集體與個人的關係以及各族群之間的關係等受到更大的重視。[31]當今國家安全的領域，不僅應該包括軍事、領土等傳統安全領域，也包括了金融、貿易、生態、社會等非傳統安全的

[27] 陳松川，〈全球化進程時期的國家安全觀〉，楚樹龍、耿秦主編，《世界、美國和中國——新世紀國際關係和國際戰略理論探索》（北京：清華大學出版社，2003年），頁139-148。
[28] Gillian Young, *International Relations in a Global Age: A Conceptual Challenge* (London: Polity Press, 1999), p.97.
[29] Jonathan Friedman, *Culture Identity and Global Process* (London: Sage, 1994), p.196.
[30] 參閱 Robert O. Keohane & Joseph S. Nye, *Power and Interdependence* (New York: Harper Collins, 1989), pp.23-28.
[31] 王逸舟，《全球政治和中國外交》，頁6-7。

領域。布贊等人甚至認為，愈來愈多成熟的國家已瞭解在為自己
制定政策時，基於安全的理由，亦應考慮到鄰國的利益，因為國
家的安全必須相互依賴，因此在其對「新安全觀」領域範圍的界
定上，也加上了傳統安全領域之外的非傳統安全領域。[32]

實際上，聯合國在 1994 年的「人類發展報告」（Human
Development Report）中提出的「人類安全」基本概念，即明確
界定人類安全的意涵，包括：經濟安全、糧食安全、健康安全、
環境安全、個人安全、社群安全與政治安全等七大主軸。[33]此外，
布贊等人亦認為，在新安全觀的領域範圍，分別有軍事領域、政
治領域、環境領域、社會領域、以及經濟領域等。在軍事領域中，
國家傳統上是很大程度保持著軍事安全的主要指涉對象。保衛國
家領土的完整性是軍事安全的傳統目標，在此情況之下，地區和
國內的兩大重點因素必須被強調與重視。[34]

無庸置疑地，政治安全與社會秩序的穩定有著極為密切的關
係。政治領域的核心問題是國家主權受到威脅，而威脅和防衛都
是從政治的角度上構成和定義的，安全化也是一種政治行動。因
此在某種意義上，所有的安全事務都屬於政治的範疇。[35]所謂軍

---

[32] Barry Buzzan, *People, State and Fear* (London: Harvester Wheatsheaf, 1983), p.
211; Barry Buzan, Ole Waever, and Jaap de Wilde, *Security: A New Framework
for Analysis*, pp. 49-162.

[33] 翁明賢、吳建德主編，《兩岸關係與信心建立措施》（台北：華立出版社，2005
年），頁 129。

[34] Barry Buzan, Ole Waever, and Jaap de Wilde, *Security: A New Framework for
Analysis*, pp.49-70.

[35] Egbert Jahn, Pierre Lemaitre, and Ole Waever, *Concepts of Security: Problems of
Research on Non-Nilitary Aspects*, Copenhagen Papers no. 1. (Copenhagen:
Center for Peace and Conflict Research, 1987); Mohammed Ayoob, *The Third*

事、社會、環境和經濟等安全在某種意義上會呈現「政治－軍事安全」、「政治－社會安全」、「政治－環境安全」、「政治－經濟安全」等面向，以至於當一個國家的組織穩定性所受到的威脅是由於對其社會認同的威脅所造成的，那麼這就會歸類到社會安全之中；如果使用了軍事手段，則屬於軍事安全的範疇。不過，從另外一個角度來看，政治安全的意義也不能無限上綱的拓展到一種極端的限度。畢竟政治安全不等同於政治，因為政治安全存在著對政治單元之間的基本模式（結構過程或體制）的合法性或「承認」的威脅問題。因此所造成的「政治威脅」包括意識型態與其他定義國家的基本觀點的合法性，以及對國家外部承認的合法性。在現代國家體系中，只有現代的、領土完整的主權國家，才會有清晰標準的承認形式，這種承認形式構成了一個具有平等相似單元的完整國家體系。[36]

　　與軍事領域和政治領域相比，環境領域有更為豐富的功能性主體。由於人口集中和經濟活動集中的張力，或許超過了生態系統的現存負載能力，進而造成環境安全上的種種問題。因此，來自自然環境威脅的公害似乎存在著更多的空間。大自然威脅著文明，以及它因此面臨被安全化的命運。多數的社會反覆遭受到極端自然事件的結構性破壞，例如地震、火山、颱風、洪水、旱災和傳染疾病等的威脅，以至於人類的歷史很大的一部分就是與自然界進行持續的鬥爭，而且必須經常冒著使他們的歷史安全化和

*World Securtiy Predicament: State Making, Regional Conflict, and the International System* (Boulder: Lynne Rienner, 1995).

[36] Barry Buzan, Ole Waever, and Jaap de Wilde, *Security: A New Framework for Analysis*, pp.141-162.

制度化的風險。[37]由於環境領域豐富和多樣性的問題,使得環境安全變得更加複雜化。[38]其種類可能包括生態系統的破壞、環境污染、能源問題、疾病傳染、健康狀況、醫療問題等。但是顯而易見的,並不是所有關於環境安全的面向都涉及以上每一項問題,也不是所有類型對於安全化都是永久性的主題。重要的是,環境安全是一個文明的問題,主要是用經濟學和人口統計學的尺度來表達它本身,以及潛在地表達它對國際體系和次級體系秩序等級的影響。[39]

由於各國所處的安全環境不同,所面臨的非傳統安全威脅也不盡相同。在社會安全方面,因為社會安全議題一直被不同時代和不同地區的不同行為主體所規定,因此大多數的公共問題已被作為威脅社會安全所考慮的面向,諸如移民問題、削減人口等均屬之。例如:在烏干達頗為嚴重的愛滋病(AIDS),從影響人口數量變成影響人口質量,以及其他諸如失業與犯罪等問題,都嚴重影響著社會安全。雖然這些問題主要是針對個人的威脅,但是如果其威脅程度會導致社會全面崩潰的話,這些問題就會上升到社會安全的議程。[40]又如:在英、美、法等西方國家,目前恐

---

[37] Barry Buzan, Ole Waever, and Jaap de Wilde, *Security: A New Framework for Analysis*, pp.71-94.

[38] Jaap de Wilde, "The Power Politics of Sustainability, Equity and Liveability," in Phillip B. Smith, Samuel E. Okoye, Jaap de Wilde, and Priya Deshingkar (eds.), *The World at the Crossroads: Towards a Sustainable, Liveable and Equitable World* (London: Earthscan, 1994), p.161.

[39] Barry Buzan, Ole Waever, and Jaap de Wilde, *Security: A New Framework for Analysis*, p.110.

[40] Barry Buzan, Ole Waever, and Jaap de Wilde, *Security: A New Framework for Analysis*, pp.119-140.

怖主義和大規模殺傷性武器的擴散被認為是首要威脅，非法移民、毒品走私和組織犯罪等則是次要的社會安全問題。[41]對於中國而言，大型傳染病和流行疾病，以及走私、毒品等問題則是較為嚴重的社會安全問題。在社會安全的領域之中，地區間的文化、宗教和文明均是影響安全動態的重要因素。特別是在全球化的時代，由於移民的關係，與貧困相連的疾病以及與移民有關的組織犯罪或非組織犯罪，不斷地向各地傳播，使得社會安全領域的主要力量極有可能趨向全球化。全球化的動力與地區化動力加強了聯繫，這似乎更明確地表示，地區性安全被社會動力所影響，而且社會領域的不安全與政治、經濟、軍事等其他領域關聯的重要性將日益增加。[42]

在經濟安全的層面上，隨著全球化下經濟互賴程度不斷的加深，各種國際行為主體都會試圖通過國際政治活動來實現各自的利益和目標，使得世界經濟政治化、政治經濟化，經濟問題逐漸成為國際政治的核心問題。[43]經濟全球化與經濟互賴的長期發展勢必衝擊到國家的主權與管制，從而導致對絕對主權（absolute sovercignty）的看法將淪為過去歷史。[44]在此情況之下，國家權力對國家安全的影響會受到削弱，而經濟市場的作用在國家安全系統中的地位將越來越重要。特別是當經濟領域威脅到基本的人

---

[41] 傅勇，〈非傳統安全問題的理論研究及其意義〉，上海社會科學院主編，《變化中的世界與中國因素》，頁 127-128。

[42] Barry Buzan, Ole Waever, and Jaap de Wilde, *Security: A New Framework for Analysis*, pp.138-139.

[43] 衛靈主編，《當代世界經濟與政治》（北京：華文出版社，2005 年），頁 23-26。

[44] Robert J. Holton, *Globalization and the Nation-State* (New York: St. Martin's Press, 1998), p.68.

類需要或者國家生存時，這種情況毫無疑問會被建構成安全事
務。[45]此外，在地方層次上行為主體的政治空間日益擴大，像國
家這類的行為主體，則會由於全球經濟秩序的失衡而變得日益衰
弱。尤其全球市場內的經濟依賴將因為政治的終結而被充分利
用，或者因依賴外部供給所帶來的不安全，國家就放棄了低效率
的自力更生的安全能力。這使得全球市場中，作為國家軍事動員
權力的經濟關係更受到重視，也使得經濟安全議題更顯重要。[46]

# 參、研究方法

## 一、研究架構與研究假設

　　本研究之目的在探討金門縣民眾不同的小三通個人親身經
驗及個人社經背景與金廈小三通政策之安全影響認知的關係。根
據本研究對於全球化時代的安全理論和概念，在金廈小三通政策
之安全影響認知上劃分為社會安全影響、經濟安全影響、軍事安
全影響、政治安全影響、環境安全影響等變項。本研究之研究假
設與研究架構分述如下（參閱「圖1」）：

　　假設一（H1）：金門縣民眾不同的小三通個人親身經驗對
　　　　　　　　　金廈小三通政策之安全影響認知會有差異。

---

[45] Barry Buzzan, *People, State and Fear*, p.208.

[46] Barry Buzan, Ole Waever, and Jaap de Wilde. *Security: A New Framework for Analysis*, pp.95-118.

H1-1：是否前往過大陸之金門民眾，對金廈小三通政策之
　　　安全影響認知會有差異。

假設二（H2）：金門縣民眾不同的個人社經背景對金廈小
　　　　　　　三通政策之安全影響認知會有差異。

H2-1：不同性別的金門民眾，對金廈小三通政策之安全影
　　　響認知會有差異。

H2-2：不同年齡的金門民眾，對金廈小三通政策之安全影
　　　響認知會有差異。

H2-3：不同教育程度的金門民眾，對金廈小三通政策之安
　　　全影響認知會有差異。

H2-4：不同職業的金門民眾，對金廈小三通政策之安全影
　　　響認知會有差異。

H2-5：不同年收入的金門民眾，對金廈小三通政策之安全
　　　影響認知會有差異。

H2-6：不同政黨屬性之金門民眾，對金廈小三通政策之安
　　　全影響認知會有差異。

假設三（H3）：金門民眾的小三通親身經驗與其社經背景
　　　　　　　之關係。

H3-1：金門民眾是否有經由小三通前往大陸之經驗與性
　　　別的關係。

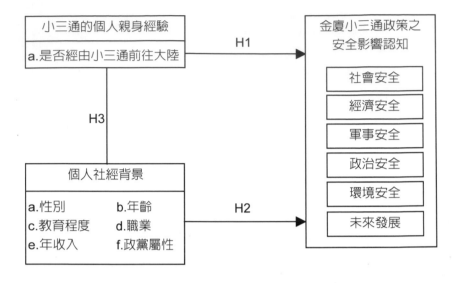

**圖 1　研究架構圖**

## 二、問卷設計

　　本研究依文獻回顧結果設計問卷，問卷之設計可分為問卷簡介以及八個部份，分別為小三通的個人親身經驗、小三通對社會安全的影響、三通對經濟安全的影響、小三通對軍事安全的影響、小三通對政治安全的影響、小三通對環境安全的影響、小三通未來的發展、個人基本資料等，以下分述其概要內容：

## （一）小三通的個人親身經驗

此部份主要訪問金門地區民眾是否於開放後依循小三通路徑前往大陸，以及前往大陸之主要目的為旅遊、商務、探親、……等，而經由小三通到大陸平均的個人花費，共 3 題。

## （二）小三通對社會安全的影響

此部份訪問的主題為金門地區民眾在政府開放小三通後，對金門地區之社會安全的觀感，可包含整體的治安、市場的食品與物品選購、對岸邊交易的情況與觀感、……等題項，共 9 題。

## （三）小三通對經濟安全的影響

此部份之主題為開放小三通後對金門的經濟的影響，可包含金門的經濟發展、金門地區的資金快速流入大陸、金門經濟愈來愈依賴大陸、成立經濟特區、廉價的大陸勞工、……等問題，共 12 題。

## （四）小三通對軍事安全的影響

此部份為有關小三通後金門地區之軍事安全，則包含是否撤軍或增加駐軍、再度成為兩岸軍事攻擊的焦點、民眾的敵我意識、金門的防衛能力、……等等有關軍事戰爭的問題，共 7 題。

## （五）小三通對政治安全的影響

此部份與小三通後金門民眾的政治立場，包含政治意向、對中國大陸的印象、大陸官員的印象、金門與廈門的關係、……等等題項，共 8 題。

## （六）小三通對環境安全的影響

此部份欲瞭解金門地區民眾對於環境衛生是否有受到大陸地區的環境衛生影響，包含傳染病的傳播、環境衛生、垃圾問題、……等問題，共 8 題。

## （七）小三通未來的發展

此部份之問項可瞭解金門民眾對小三通開放後之建設發展的影響，包含有助於發展金門、兩岸直航議題、小三通是否續辦、……等問題，共 5 題。

## （八）個人基本資料

此部份為調查受訪者之性別、年齡、教育程度、職業、年收入、政黨屬性、居住鄉鎮等共 7 題。

# 三、抽樣對象與方法

## （一）抽樣對象

本研究之主要研究對象為年滿 20 歲以上的金門地區民眾，居住範圍包含居住於大金門（金城鎮、金湖鎮、金沙鎮、金寧鄉）、及小金門（烈嶼鄉）的民眾。

在調查地點的部份，將問卷委託各村里之里長送到受測門牌之家戶，由受訪者逕行於家中做答；問卷調查日期於 95 年 1 月至 6 月間實施。

## （二）樣本數大小

關於抽樣的大小，在正常的情況下，樣本愈大便愈有代表性。換言之，樣本之大小是和抽樣誤差成反比的。但如果樣本愈大，需要的研究代價，包括人力、資金和時間也愈大，因此在決定樣本的大小時，必須同時考慮抽樣誤差和研究代價等兩個因素盡可能的做到均衡。

本研究依據 94 年 12 月全金門之人口數為 69765 人，採用 Krejcie 與 Morgan 提出之計算方式，[47]應抽取 382 份以上較為適當。為避免樣本數不足、無效樣本或回收率太低等因素，因此擬於金城鎮抽取 300 份（相較於其他鄉鎮的人口多），其他四個鄉鎮各抽取 150 份，總計於五個鄉鎮中共抽取 900 份（如表 1）。[48]

表 1　各鄉鎮人口數及調查份數

| | 人口數* | 調查份數 |
|---|---|---|
| 金城鎮 | 23892 | 300 |
| 金湖鎮 | 15575 | 150 |
| 金沙鎮 | 11567 | 150 |
| 金寧鄉 | 12628 | 150 |
| 烈嶼鄉 | 6103 | 150 |
| 總人口數 | 69765 | 900** |

*金門縣政府民國 94 年 12 月之人口統計資料
**調查份數 900 份>382 份

---

[47] R. V. Krejcie & D. W. Morgan, "Determining Sample Size for Research Activities," *Educational and Psychological Measurement*, No.30, 1970, pp.607-610.

[48] 抽樣人口數係依據《金門縣政府統計年報》資料。參閱《金門縣政府統計年報》（金門：金門縣政府，2006 年），頁 20-21。

## （三）抽樣方法

　　抽樣方法採隨機抽樣，運用電腦軟體以各鄉鎮之門牌號碼各自進行隨機抽樣，再將各鄉鎮抽取之門牌號碼整理成冊，委託鄉鎮之村里長代為送至各家戶，採一戶一份問卷的方式進行問卷調查。問卷回收方面，為顧及個人隱私問題，本研究隨問卷附上回郵信封，讓受訪者自行寄回。

## 四、資料分析方法

　　本研究資料分析方法運用之資料處理系統為 SPSS10.0，部份統計圖型使用 Excel 繪製。

## （一）描述性統計分析（Descriptive Statistics Analysis）

　　在描述性統計部份依據問卷內容分為八個部份，分別為小三通的個人親身經驗、小三通對社會安全的影響、三通對經濟安全的影響、小三通對軍事安全的影響、小三通對政治安全的影響、小三通對環境安全的影響、小三通未來的發展、個人基本資料等。

　　測量尺度上主要為類別尺度及等距尺度二種，其中類別尺度者有個人親身經驗及個人基本資料，測量結果以次數分配表示；等距尺度者有小三通對社會安全的影響、小三通對經濟安全的影響、小三通對軍事安全的影響、小三通對政治安全的影響、小三通對環境安全的影響、及小三通未來的發展等以李克特五等尺度（5-point Likert scale），以平均數及標準差表示。

## （二）信度分析（Reliability Analysis）

信度分析為評估整份量表的可靠程度，[49]常用的信度檢測方法為「Cronbach's α」或折半信度（Split-half reliability）。本研究採用「Cronbach's α」來檢測本問卷題項之信度，是否具有一致性、穩定性及可靠性，以提供各項客觀的指標，作為測驗與量表良窳程度的具體證據。就一般社會科學領域「Cronbach's α」值大於或等於 0.6 即可宣稱問卷題項之信度可接受，而信度係數愈高即表示該題項檢測的結果愈一致、穩定與可靠。

## （三）因素分析（factor analysis）

因素分析為一可釐清題項中潛在特質的內在結構，將題項精簡成為構面的統計分析技術。本研究運用此一方法精簡問卷中小三通對社會安全、經濟安全、軍事安全、政治安全、及未來的發展等部份的題項，並以此結果進行是否前往過大陸、政黨屬性、性別、年齡、教育程度、職業、年收入、旅遊花費等人口統計變項之差異性檢定。

因素分析的使用上，旨在指出各部份題項間必須具有一定程度的相關，以確定各部份題項是否適合進行因素分析：[50]

1. 巴特利球形檢定（Bartlett's test of sphericity）：檢定其相關係數是否適當的方法，透過球形檢定可以瞭解相關係數是否足以做為因素分析抽取因素之用，球形檢定顯著則表示可進行因素分析。

---

[49] 邱皓政，《量化研究與統計分析》（台北：五南書局，2006 年）。
[50] 同前註。

2. KMO（Kaiser-Meyer-Olkin measure of sampling adequacy, KMO）：表示整體的取樣適切性，通常須高於 0.5 以上才可以被接受，該係數越大，表示相關情形良好。[51]

因素分析簡化過程中，可參考 Hair 等人之四項標準：1.因素特徵值（eigenvalue）大於 1 之因素；2.累加解釋變異量的百分比，社會科學的領域通常要求至少需有 60%的解釋力，略低一些亦可接受；3.根據「陡坡圖」（scree plot）因素特徵值遞減情形趨於平緩的臨界點來決定因素數目；或 4.應用已有的理論基礎或前人研究等以決定因素數目。[52]

## （四）檢定（t-test）

t 檢定主要用以觀察變數的兩個不同組別其平均數是否有顯著差異情形，在本研究中以此檢定方法瞭解性別、是否前往廈門旅遊之經驗、及是否為國民黨等三個不同人口統計變項的受訪者，在問卷各部份（社會安全、經濟安全、軍事安全、政治安全、環境安全、及未來的發展）的問題有無呈現顯著差異情形。

## （五）單因子變異數分析（One-Way Analysis of Variance）

變異數分析主要以檢定變數的三個或三個以上不同組別其平均數是否有顯著差異，後續依顯著性決定是否再以事後（Post Hoc）檢定之 Scheffe 法檢定那些組別的差異情形達到顯著水準。

---

[51] H. F. Kaiser, "An Index of Factorial Simplicity," *Psychometrika*, No.39, 1974, pp.31-36.

[52] J. F. Hair, R. E. Anderson, R. L. Tatham, & W. C. Black, *Multivariate Data Analysis* (5th ed.)(Upper Saddle River, NJ: Prentice-Hall,1998).

在本研究中以此檢定方法瞭解不同人口統計變項當中到年齡、教育程度、職業特性、樣本年收入、及居住地點等變項,在各問卷各部份(社會安全、經濟安全、軍事安全、政治安全、環境安全、及未來的發展)的問題是否有顯著差異情形存在。

## (六)交叉表分析(Cross-table Analysis)

交叉表分析乃是用以觀察類別資料間之關係為何,是否具有差異。本研究採交叉表分析探討小三通個人親身經驗與社經背景間是否有關,以期更進一步瞭解變項間的關係。

# 肆、研究結果

## 一、問卷抽樣調查結果

本研究之抽樣結果為調查份數 900 份問卷,共回收 701 份問卷,回收率達 77.89%,無效問卷比率為 6.99%,因此有效問卷份數為 652 份,已超過依 Krejcie 與 Morgan 的樣本數計算方法所得之 382 份問卷,符合統計分析及母體推論之需求。各鄉鎮之問卷回收結果如表 2 所示:

表 2  抽樣調查結果

|  | 人口數[*] | 調查份數 | 回收份數 | 回收率 | 無效問卷比率 | 有效問卷份數 | 各鄉鎮問卷比率 |
|---|---|---|---|---|---|---|---|
| 金城鎮 | 23,892 | 300 | 235 | 78.33% | 2.55% | 229 | 35.12% |
| 金湖鎮 | 15,575 | 150 | 130 | 86.67% | 7.69% | 120 | 18.40% |
| 金沙鎮 | 11,567 | 150 | 91 | 60.67% | 9.89% | 82 | 12.58% |
| 金寧鄉 | 12,628 | 150 | 126 | 84.00% | 10.32% | 113 | 17.33% |
| 烈嶼鄉 | 6,103 | 150 | 119 | 79.33% | 9.24% | 108 | 16.56% |
| 總數 | 69,765 | 900 | 701 | 77.89% | 6.99% | 652 | 100.00% |

*金門縣政府民國 94 年 12 月之人口統計資料

## 二、研究變項測量結果

### （一）受訪者個人社經背景調查結果

　　本研究樣本數目共為 652 位居住在金門地區之民眾，其中 35%的樣本來自於金城鎮的居民，其他的樣本則平均來自於金湖鎮（18%）、金沙鎮（13%）、金寧鄉（17%）與烈嶼鄉（16%）。其中，女性的樣本數目略高於男性樣本群，而年齡則以 20～30 的樣本群居多（39%）。在職業的分布上，則大約有 35%從事商業活動，還有 41%的樣本群則為軍公教人員，在收入方面，超過六成之樣本的平均年收入是低於 50 萬元的，而在政黨的認同上，將近六成的民眾表示其本身並沒有特定的政黨屬性，另外有將近四成則表示較為支持國民黨（如表 3）。

表 3　樣本基本資料統計表

| 項目 | 次數（Frequency） | 百分比（Percentage） |
|---|---|---|
| 性別 | | |
| 　女性 | 342 | 52.6 |
| 　男性 | 308 | 47.4 |
| 總合 | 650 | 100.0 |
| 年齡 | | |
| 　20～30 歲 | 251 | 38.6 |
| 　31～40 歲 | 184 | 28.3 |
| 　41～50 歲 | 135 | 20.8 |
| 　51～60 歲 | 62 | 9.5 |
| 　60 歲以上 | 18 | 2.8 |
| 總合 | 650 | 100.0 |
| 教育程度 | | |
| 　國小以下 | 42 | 6.4 |
| 　國中 | 62 | 9.5 |
| 　高中 | 230 | 35.3 |
| 　大專 | 293 | 44.9 |
| 　研究所以上 | 25 | 3.8 |
| 總合 | 652 | 100.0 |
| 職業 | | |
| 　農漁 | 62 | 9.6 |
| 　工 | 93 | 14.5 |
| 　商 | 223 | 34.7 |
| 　軍公教 | 265 | 41.2 |
| 總合 | 643 | 100.0 |
| 年收入 | | |
| 　30 萬元以下 | 270 | 41.6 |
| 　31～50 萬元 | 171 | 26.3 |
| 　51～70 萬元 | 95 | 14.6 |
| 　71～90 萬元 | 55 | 8.5 |

| | | |
|---|---|---|
| 91 萬元以上 | 58 | 8.9 |
| 總合 | 649 | 100.0 |
| 認同的政黨 | | |
| 　民進黨 | 6 | .9 |
| 　國民黨 | 239 | 36.7 |
| 　親民黨 | 24 | 3.7 |
| 　新黨 | 3 | .5 |
| 　台聯 | 6 | .9 |
| 　沒有特定的政黨屬性 | 374 | 57.4 |
| 總合 | 652 | 100.0 |
| 居住地點 | | |
| 　金城鎮 | 229 | 35.1 |
| 　金湖鎮 | 120 | 18.4 |
| 　金沙鎮 | 82 | 12.6 |
| 　金寧鎮 | 113 | 17.3 |
| 　烈嶼鄉 | 108 | 16.6 |
| 總合 | 652 | 100.0 |

## （二）小三通的個人親身經驗

　　對於在開放小三通之後，本研究之樣本群仍有三成左右的並未前往過廈門旅遊（31%），三成左右則去過一至二次（30%），仍有一成左右的樣本曾經去過十次以上。針對樣本群經由小三通到大陸的平均花費，包括有住宿費、交通費、遊樂等等花費，三成左右（33%）之平均花費為一萬元以下，有40%的樣本的平均花費為介於一萬到二萬台幣之間，至於金門民眾到大陸之主要目的則以旅遊為主（58.7%），約有 10%的樣本是以商務為主要目的，另外也有9%的樣本是以探訪親人為主要的目的（如表4）。

表 4　遊客之廈門旅遊經驗

| 項目 | 次數（Frequency） | 百分比（Percentage） |
|---|---|---|
| 曾經到過廈門之次數 | | |
| 　未曾去過 | 202 | 31.0 |
| 　1～2 次 | 196 | 30.1 |
| 　3～4 次 | 96 | 14.7 |
| 　5～6 次 | 53 | 8.1 |
| 　7～8 次 | 35 | 5.4 |
| 　9～10 次 | 12 | 1.8 |
| 　10 次以上 | 57 | 8.8 |
| 平均花費 | | |
| 　10000 元以下 | 157 | 33.4 |
| 　10001～20000 元 | 190 | 40.4 |
| 　20001～30000 元 | 82 | 17.4 |
| 　30001～40000 元 | 19 | 4.0 |
| 　40000 元以上 | 22 | 4.7 |
| 到廈門之目的 | | |
| 　旅遊 | 383 | 58.7 |
| 　商務 | 62 | 9.5 |
| 　探親 | 60 | 9.2 |
| 　公務 | 31 | 4.8 |
| 　宗教 | 40 | 6.1 |
| 　文化交流 | 49 | 7.5 |

## （三）小三通對社會安全的影響

　　根據資料分析的結果得知，樣本群認為開放小三通之後，金門地區的整體治安並沒有因此變的比較好，認為自大陸開放觀光客可以到金門旅遊之後，使得金門的治安變的較差，至於在食品

的選用上面，仍然會因為大陸食品並未經過合法檢查，而具有較低的購買意願，對於台灣商品的購買意願與信賴較佳（如表5）。

表5　小三通對社會安全的影響

| | 非常不同意 | 不同意 | 沒意見 | 同意 | 非常同意 | 平均數 | 標準差 |
|---|---|---|---|---|---|---|---|
| 開放小三通後，我覺得金門整體治安比小三通以前還要好。 | 8% | 44% | 40% | 7% | 2% | 2.53 | .819 |
| 開放小三通後，我覺得市面上大陸食品及物品的種類變多了。 | 3% | 11% | 17% | 53% | 17% | 3.71 | .958 |
| 如果是購買相同的產品，我會先選用台灣產品。 | 1% | 4% | 13% | 42% | 40% | 4.14 | .897 |
| 對於目前市面上販賣的大陸食品，我不能安心食用。 | 2% | 4% | 14% | 41% | 38% | 4.08 | .953 |
| 如果大陸食品經過合法檢查進口，且價格比較便宜，會減少對台灣產品的意願。 | 8% | 21% | 22% | 39% | 10% | 3.22 | 1.120 |
| 開放小三通後，我認為金門「岸邊交易」的情況比以前更嚴重。 | 3% | 21% | 31% | 31% | 14% | 3.31 | 1.051 |
| 開放小三通後，我覺得經由「岸邊交易」購買大陸貨是犯罪的行為。 | 3% | 12% | 30% | 40% | 15% | 3.52 | .989 |
| 開放小三通後，我認為仍要繼續取締「岸邊交易」。 | 3% | 10% | 28% | 41% | 18% | 3.61 | .992 |
| 大陸開放觀光客來金門旅遊之後，我覺得金門的社會治安比以前更差。 | 3% | 20% | 38% | 32% | 8% | 3.23 | .940 |

## （四）小三通對經濟安全的影響

　　根據資料分析結果可知，金門地區的民眾對於「金門應該成立經濟特區，或免稅區」最為同意，介於「同意」至「沒意見」之間的項目包括有：「開放小三通後，金門資金會更快且更多流向大陸」、「開放在金門當地銀行兌換人民幣的政策非常好」等等，其中對於「金門應該引進廉價的大陸勞工」或是「金門應該設立賭場以吸引大陸觀光客」等項目比較不同意（如表6）。

表6　小三通對經濟安全的影響

| | 非常不同意 | 不同意 | 沒意見 | 同意 | 非常同意 | 平均數 | 標準差 |
|---|---|---|---|---|---|---|---|
| 開放小三通後，我認為有助於金門地區的經濟發展。 | 8% | 23% | 24% | 40% | 5% | 3.12 | 1.071 |
| 開放小三通後，我個人有在大陸置產或投資。 | 18% | 28% | 37% | 14% | 3% | 2.55 | 1.038 |
| 開放小三通後，我認為金門資金會更快、更多的流向大陸。 | 2% | 7% | 19% | 45% | 27% | 3.88 | .947 |
| 我認為應該要開放大陸貨物由金門中轉至台灣的政策。 | 4% | 12% | 30% | 39% | 16% | 3.51 | 1.014 |
| 我認為小三通後，金門在經濟上對大陸依賴會愈來愈重。 | 2% | 15% | 27% | 43% | 13% | 3.50 | .962 |
| 我認為開放在金門當地銀行兌換人民幣的政策非常好。 | 2% | 4% | 23% | 52% | 17% | 3.79 | .862 |

| | | | | | | | |
|---|---|---|---|---|---|---|---|
| 我認為開放小三通後，金門未來的經濟發展應該會與大陸更緊密結合，而非台灣。 | 3% | 10% | 31% | 44% | 12% | 3.52 | .943 |
| 我認為金門應該設立賭場以吸引大陸觀光客。 | 26% | 21% | 25% | 18% | 10% | 2.64 | 1.306 |
| 我認為金廈之間應該設立跨海大橋以節省時間。 | 6% | 10% | 24% | 34% | 25% | 3.61 | 1.158 |
| 我認為金門應該成立經濟特區，或免稅特區。 | 2% | 4% | 19% | 43% | 33% | 4.02 | .894 |
| 我認為金門應該吸引工業進駐。 | 10% | 19% | 26% | 27% | 17% | 3.21 | 1.234 |
| 我認為金門應該引進廉價的大陸勞工 。 | 27% | 30% | 25% | 12% | 6% | 2.39 | 1.172 |

## （五）小三通對軍事安全的影響

　　針對軍事安全的部分，較為同意的項目包括有：「小三通後，金門仍然要維持相當的兵力」、「小三通後，我會擔憂金門再度成為兩岸衝突的犧牲品」等；比較不同意的項目有：「小三通後，金門應該持續撤軍，直到沒有軍人駐守而成為非軍事區」與「我認為共軍若攻打金門，目前金門是具有防禦之能力」等項（如表7）。

表 7　小三通對軍事安全的影響

| | 非常不同意 | 不同意 | 沒意見 | 同意 | 非常同意 | 平均數 | 標準差 |
|---|---|---|---|---|---|---|---|
| 我認為小三通之後金門應該持續撤軍，直到沒有軍人駐守而成為非軍事區。 | 27% | 33% | 22% | 11% | 7% | 2.38 | 1.192 |
| 我認為小三通之後，金門仍然要維持相當的兵力，以維護國家安全。 | 3% | 7% | 20% | 38% | 31% | 3.88 | 1.027 |
| 小三通之後，我會擔憂金門再度成為兩岸衝突的犧牲品。 | 6% | 20% | 26% | 34% | 13% | 3.28 | 1.121 |
| 小三通之後，我認為大陸仍可能以軍事攻擊金門。 | 10% | 24% | 27% | 31% | 8% | 3.02 | 1.128 |
| 我認為小三通之後金門民眾仍具戰鬥與敵我意識。 | 8% | 24% | 33% | 28% | 7% | 3.02 | 1.057 |
| 如果共軍登陸，我願意犧牲生命以保衛金門。 | 13% | 12% | 32% | 32% | 11% | 3.17 | 1.171 |
| 我認為共軍若攻打金門，目前金門是具有防衛之能力。 | 27% | 29% | 19% | 20% | 4% | 2.45 | 1.209 |

## （六）小三通對政治安全的影響

　　在政治安全方面，此題項持無意見者佔多數，較同意包括有「我認為小三通後，金門人會逐漸向大陸靠攏」、「我對廈門的印象良好」、「我認為持續小三通有助於兩岸關係的發展」、「小三通之後，金廈之間的關係更加緊密」，而對於某些項目的態度呈現明顯的不同意，包括有：「我對中國大陸的印象良好」與「我

對大陸官員的印象良好」。在族群認同上，有約 26%的民眾選擇
「不知道」與「拒答」，另外約有 36%的民眾則認為自己「既是
台灣人也是中國人」，有 22%認為自己是中國人，只有 16%的民
眾認為自己是台灣人。對於兩岸之關係，超過六成的樣本認為台
灣與中國應該維持現狀，至於主張中國統一的約有 10%左右，只
有 3%主張台灣獨立（如表 8、表 9、表 10）。

表 8　小三通對政治安全的影響

| | 非常不同意 | 不同意 | 沒意見 | 同意 | 非常同意 | 平均數 | 標準差 |
|---|---|---|---|---|---|---|---|
| 我認為小三通後，金門人會逐漸向大陸靠攏。 | 6% | 25% | 32% | 32% | 6% | 3.06 | 1.012 |
| 我對中國大陸的印象良好。 | 18% | 33% | 40% | 7% | 2% | 2.42 | .939 |
| 我對中國大陸官員的印象良好。 | 20% | 34% | 39% | 6% | 1% | 2.35 | .909 |
| 我對廈門的印象良好。 | 5% | 13% | 41% | 36% | 5% | 3.21 | .919 |
| 我認為持續小三通有助於兩岸關係的發展。 | 5% | 16% | 49% | 24% | 5% | 3.08 | .903 |
| 我認為小三通之後金廈之間的關係更加緊密。 | 6% | 13% | 41% | 35% | 6% | 3.21 | .951 |

表 9　在您個人的感覺上，你比較屬於哪一個族群

| 項目 | 次數（Frequency） | 百分比（Percentage） |
|---|---|---|
| 中國人 | 145 | 22.4 |
| 台灣人 | 103 | 15.9 |
| 既是台灣人也是中國人 | 232 | 35.8 |
| 不知道 | 66 | 10.2 |
| 拒答 | 102 | 15.7 |
| 總合 | 648 | 100.0 |

表 10　您對於統獨議題之觀點

| 項目 | 次數（Frequency） | 百分比（Percentage） |
|---|---|---|
| 台灣獨立 | 18 | 2.8 |
| 維持現狀 | 418 | 64.1 |
| 中國統一 | 61 | 9.4 |
| 不知道 | 68 | 10.4 |
| 拒答 | 87 | 13.3 |
| 總合 | 652 | 100.0 |

## （七）小三通對環境安全的影響

　　根據資料結果顯示，金門地區的民眾普遍會擔心小三通後，金門地區的環境衛生安全之相關的問題，其中同意程度最高的部分為「我認為政府應該加強來自大陸方面的傳染病管制與防疫」、「我認為大陸的環境衛生欠佳」、「小三通後，我會擔憂大陸傳染病的傳播」與「我認為大陸的傳染性疾病嚴重」。除此之外，環境衛生與垃圾漂流也是金門民眾非常擔憂的議題（如表 11）。

表 11　小三通對環境安全的影響

| | 非常不同意 | 不同意 | 沒意見 | 同意 | 非常同意 | 平均數 | 標準差 |
|---|---|---|---|---|---|---|---|
| 小三通之後,我會憂慮大陸傳染病的傳播。 | 2% | 6% | 13% | 47% | 33% | 4.02 | .932 |
| 小三通之後,我認為在媒體報導下,金門會因為大陸傳染病被污名化。 | 2% | 12% | 18% | 48% | 21% | 3.75 | .974 |
| 我認為政府應該加強來自大陸方面的傳染病管制與防疫。 | 1% | 4% | 12% | 38% | 46% | 4.23 | .878 |
| 我認為大陸的環境衛生欠佳。 | 2% | 4% | 15% | 44% | 35% | 4.06 | .907 |
| 我認為大陸的傳染性疾病嚴重。 | 1% | 5% | 22% | 39% | 33% | 4.00 | .901 |
| 經由小三通前往大陸時,我會擔心生病與感染傳染病。 | 2% | 7% | 19% | 42% | 30% | 3.91 | .970 |
| 我認為大陸垃圾漂流至金門的情形嚴重。 | 2% | 5% | 25% | 40% | 29% | 3.90 | .921 |
| 如果廈門長庚醫院落成後,我會藉由小三通前往就醫而非前往台灣就醫。 | 8% | 19% | 32% | 26% | 15% | 3.22 | 1.161 |

## (八)小三通未來的發展

　　對於「小三通實施以來是否已經達成促進金門地區之建設與發展的目標」之看法,約有超過四成(41%)的民眾持反對的意見,並不同意有達到此目標,有 32%的民眾則沒有意見,只有

27%的民眾認為是有達到當初的目標設定。同樣地，也是將近半數（49%）的民眾認為台灣與大陸直接通航後，對於金門是有負面的影響，但另外有 25%民眾是認為有正面的影響。關於「台灣與大陸直接通航的時間的長短」之議題，將近五成（49%）的民眾都是沒有意見的，有 27%的民眾認為通航時間慢一點比較好。針對「政府是否應該繼續辦理金廈小三通」之議題，約有 56%的民眾顯示應該要繼續辦理金廈小三通，只有 9%的民眾反對金廈小三通（如表 12）。

表 12　對小三通未來的發展

| | 非常同意 | 同意 | 沒意見 | 不同意 | 非常不同意 |
|---|---|---|---|---|---|
| 您是否同意小三通實施以來已達成「促進金門地區之建設與發展」的目標？ | 5% | 22% | 32% | 29% | 12% |
| 現在小三通是試辦性質，您認為政府應該繼續辦理金廈小三通？ | 22% | 34% | 35% | 6% | 3% |
| | 有非常正面的幫助 | 有正面的幫助 | 沒影響 | 有負面的影響 | 有非常負面的影響 |
| 您認為台灣與大陸直接通航後，對金門的發展？ | 4% | 27% | 28% | 29% | 12% |
| 您認為台灣與大陸直接通航後，對小三通的影響？ | 3% | 22% | 26% | 33% | 16% |

| | 越快越好 | 快一點比較好 | 沒意見 | 慢一點比較好 | 越慢越好 |
|---|---|---|---|---|---|
| 您認為台灣與大陸直接通航的時間應該是？ | 9% | 15% | 49% | 12% | 15% |

## 三、金廈小三通政策之安全影響認知測量值轉換結果

### （一）信度分析

　　本研究採用常用的信度檢測方法「Cronbach's α」，針對金廈小三通政策之安全影響認知（小三通對社會安全的影響、三通對經濟安全的影響、小三通對軍事安全的影響、小三通對政治安全的影響、小三通未來的發展）檢測其問卷題項之信度，是否具有一致性、穩定性及可靠性。檢定結果金廈小三通政策之安全影響認知的各項量表之 Cronbach's α 係數值皆達到 0.5 以上（如表13 所示），因此本研究之量表題項檢測結果為一致、穩定與具有可靠性。

表 13　政策之安全影響認知 Cronbach 's α 係數值

| 量表名稱 | 問卷題數 | Cronbach's α 係數 |
|---|---|---|
| 社會安全的影響 | 4～12 | 0.6 |
| 經濟安全的影響 | 13～24 | 0.7 |
| 軍事安全的影響 | 25～31 | 0.5 |
| 政治安全的影響 | 32～37 | 0.7 |
| 未來的發展 | 48～52 | 0.7 |

註：0.4 < Cronbach's α 係數<0.5 為可信，0.5 < Cronbach's α 係數<0.7 為很可信、α 係數>0.8 為非常可信

## （二）因素分析結果

　　為瞭解金門地區居民對於小三通政策在社會安全、經濟安全、軍事安全、政治安全與環境安全所造成的各種影響，以及對於小三通未來發展等，故運用因素分析進行構面縮減，以利在各面向萃取出較有意義的因素組合，利用主成分分析（Principle Component）法萃取出共同因素，並以最大變異轉軸法（Varimax Method）進行直交轉軸，根據 Kaiser 建議之準則，擷取特徵值大於 1 之因素，以因素負荷量之絕對值大於 0.4 之變項來解釋各種影響之構面，同時 KMO 的值若小於.5 時，也不適合進行因素分析。因素分析的結果會呈現兩表格：A.因素分析 KMO 與 Bartlett 檢定表，B.因素分析摘要表（包括有因素命名、因素內容、因素成分值、特徵值、可解釋變異量、累積可解釋變異量、Cronbach α）。政策安全影響認知的各層面內容分別進行因素分析，各層面之題數如下所示：[53]

　　A.小三通對社會安全的影響：共有 9 題。

　　B.小三通對經濟安全的影響：共有 12 題。

　　C.小三通對軍事安全的影響：共有 7 題。

　　D.小三通對政治安全的影響：共有 6 題。

　　E.小三通未來的發展：共有 5 題。

### (1) 小三通對社會安全的影響

　　社會安全影響的因素分析結果顯示，KMO=.73 > .05，表示適合進行因素分析，而 Bartlett 球型考驗的近似卡方分配值為

---

[53] 環境安全影響之因素分析的結果顯示無法萃取構面，因此未進行因素分析。

1046.75（自由度為 36）也有達到顯著水準，代表母群體的相關矩陣間有共同因素存在，也非常適合進行因素分析（如表 14）。因素分析的結果總共產生 3 個構面，接著就構面內項目間之共同特性予以命名如下（如表 15）：

A. 因素一為食品安全，解釋變異量為 21.18%，含 3 項目（開放小三通後，我覺得市面上大陸食品及物品的種類變多了；如果是購買相同的產品，我會先選用台灣產品；對於目前市面上販賣的大陸食品，我不能安心食用）。

B. 因素二為岸邊交易，解釋變異量為 20.69%，包含 3 項目（開放小三通後，我認為金門「岸邊交易」的情況比以前更嚴重；開放小三通後，我覺得經由「岸邊交易」購買大陸貨是犯罪的行為；開放小三通後，我認為仍要繼續取締「岸邊交易」）。

C. 因素三為治安問題，解釋變異量為 15.97%，包含 3 項目（大陸開放觀光客來金門旅遊之後，我覺得金門的社會治安比以前更差；開放小三通後，我覺得金門整體治安比小三通以前還要好；如果大陸食品經過合法檢查進口，且價格比較便宜，會減少對台灣產品的意願）。

表 14　社會安全影響項目因素分析 KMO 與 Bartlett 檢定表

| Kaiser-Meyer-Olkin 取樣適切性量數 | | .73 |
|---|---|---|
| Bartlett 檢定表 | 近似卡方分配 | 1046.75 |
| | 自由度 | 36 |
| | 顯著性 | .00 |

表 15 社會安全影響項目因素分析摘要表

| 因素名稱 | 因素內容 | 成分 | | |
|---|---|---|---|---|
| | | 1 | 2 | 3 |
| 食品安全 | 開放小三通後，我覺得市面上大陸食品及物品的種類變多了。 | 0.784 | | |
| | 如果是購買相同的產品，我會先選用台灣產品。 | 0.717 | | |
| | 對於目前市面上販賣的大陸食品，我不能安心食用。 | 0.715 | | |
| 岸邊交易 | 開放小三通後，我認為金門「岸邊交易」的情況比以前更嚴重。 | | 0.331 | |
| | 開放小三通後，我覺得經由「岸邊交易」購買大陸貨是犯罪的行為。 | | 0.847 | |
| | 開放小三通後，我認為仍要繼續取締「岸邊交易」。 | | 0.797 | |
| 治安問題 | 大陸開放觀光客來金門旅遊之後，我覺得金門的社會治安比以前更差。 | | | 0.537 |
| | 開放小三通後，我覺得金門整體治安比小三通以前還要好。 | | | 0.730 |
| | 如果大陸食品經過合法檢查進口，且價格比較便宜，會減少對台灣產品的意願。 | | | 0.711 |
| 特徵值 | | 1.91 | 1.86 | 1.44 |
| 可解釋變異量% | | 21.18 | 20.69 | 15.97 |
| 累積可解釋變異量% | | 21.18 | 41.87 | 57.84 |
| Cronbach α | | | | 0.6301 |

(2) 小三通對經濟安全的影響

　　經濟安全影響的因素分析結果顯示，KMO＝.79 ＞ .05，表示適合進行因素分析，而 Bartlett 球型考驗的近似卡方分配值為1512.415（自由度為 66）也有達到顯著水準，代表母群體的相關矩陣間有共同因素存在，也非常適合進行因素分析（如表 16）。因素分析的結果總共產生 3 個構面，接著就構面內項目間之共同特性予以命名如下（如表 17）：

A.因素一為<u>大陸投資</u>，解釋變異量為 19.85%、包含 5 項目（開放小三通後，我認為有助於金門地區的經濟發展；我認為應該要開放大陸貨物由金門中轉至台灣的政策；我認為小三通後，金門在經濟上對大陸依賴會愈來愈重；我認為開放在金門當地銀行兌換人民幣的政策非常好；我認為開放小三通後，金門未來的經濟發展應該會與大陸更緊密結合，而非台灣）。

B.因素二為<u>便利投資</u>，解釋變異量為 16.94%，包含 4 項目（開放小三通後，我認為金門資金會更快、更多的流向大陸；我認為金廈之間應該設立跨海大橋以節省時間；我認為金門應該成立經濟特區，或免稅特區；我認為金門應該吸引工業進駐）。

C.因素三為<u>金門經濟</u>，解釋變異量為 15.71%，包含 3 項目（開放小三通後，我個人有在大陸置產或投資；我認為金門應該設立賭場以吸引大陸觀光客；我認為金門應該引進廉價的大陸勞工）。

表 16　經濟安全影響項目因素分析 KMO 與 Bartlett 檢定表

| Kaiser-Meyer-Olkin 取樣適切性量數 | | .79 |
|---|---|---|
| Bartlett 檢定表 | 近似卡方分配 | 1512.415 |
| | 自由度 | 66 |
| | 顯著性 | .000 |

表 17　經濟安全影響項目因素分析摘要表

| 因素名稱 | 因素內容 | 成分 | | |
|---|---|---|---|---|
| | | 1 | 2 | 3 |
| 大陸投資 | 開放小三通後,我認為有助於金門地區的經濟發展。 | 0.590 | | |
| | 我認為應該要開放大陸貨物由金門中轉至台灣的政策。 | 0.472 | | |
| | 我認為小三通後,金門在經濟上對大陸依賴會愈來愈重。 | 0.685 | | |
| | 我認為開放在金門當地銀行兌換人民幣的政策非常好。 | 0.646 | | |
| | 我認為開放小三通後,金門未來的經濟發展應該會與大陸更緊密結合,而非台灣。 | 0.738 | | |
| 便利投資 | 開放小三通後,我認為金門資金會更快、更多的流向大陸。 | | 0.490 | |
| | 我認為金廈之間應該設立跨海大橋以節省時間。 | | 0.587 | |
| | 我認為金門應該成立經濟特區,或免稅特區。 | | 0.750 | |

| | | | 0.652 | |
|---|---|---|---|---|
| 金門經濟 | 開放小三通後，我個人有在大陸置產或投資。 | | | 0.709 |
| | 我認為金門應該設立賭場以吸引大陸觀光客。 | | | 0.625 |
| | 我認為金門應該引進廉價的大陸勞工 。 | | | 0.756 |
| 特徵值 | | 2.38 | 2.03 | 1.88 |
| 可解釋變異量 | | 19.85 | 16.94 | 15.71 |
| 累積可解釋變異量 | | 19.85 | 36.79 | 52.50 |
| Cronbach α | | | | 0.7268 |

（表格上方）我認為金門應該吸引工業進駐。 0.652

## (3) 小三通對軍事安全的影響

軍事安全影響的因素分析結果顯示，KMO＝.659 ＞ .05，表示適合進行因素分析，而 Bartlett 球型考驗的近似卡方分配值為 834.987（自由度為 21）也有達到顯著水準，代表母群體的相關矩陣間有共同因素存在，也非常適合進行因素分析（如表 18）。因素分析的結果總共產生 2 個構面，接著就構面內項目間之共同特性予以命名如下（如表 19）：

　A.因素一為<u>金門安全</u>，解釋變異量為 28.49%，包含 3 項目（我認為小三通之後金門應該持續撤軍，直到沒有軍人駐守而成為非軍事區；我認為小三通之後，金門仍然要維持相當的兵力，以維護國家安全；小三通之後，我會擔憂金門再度成為兩岸衝突的犧牲品）。

　B.因素二為<u>自我保衛</u>，解釋變異量為 26.70%，包含 4 項目（小三通之後，我認為大陸仍可能以軍事攻擊金門；我認

為小三通之後金門民眾仍具戰鬥與敵我意識；如果共軍登
陸，我願意犧牲生命以保衛金門；我認為共軍若攻打金門，
目前金門是具有防衛之能力）。

表 18　軍事安全影響項目因素分析 KMO 與 Bartlett 檢定表

| Kaiser-Meyer-Olkin 取樣適切性量數 | | .659 |
|---|---|---|
| Bartlett 檢定表 | 近似卡方分配 | 834.987 |
| | 自由度 | 21 |
| | 顯著性 | .000 |

表 19　軍事安全影響項目因素分析摘要表

| 因素名稱 | 因素內容 | 成分 1 | 成分 2 |
|---|---|---|---|
| 金門安全 | 我認為小三通之後金門應該持續撤軍，直到沒有軍人駐守而成為非軍事區。 | -0.777 | |
| | 我認為小三通之後，金門仍然要維持相當的兵力，以維護國家安全。 | 0.828 | |
| | 小三通之後，我會擔憂金門再度成為兩岸衝突的犧牲品。 | 0.607 | |
| 自我保衛 | 小三通之後，我認為大陸仍可能以軍事攻擊金門。 | | 0.587 |
| | 我認為小三通之後金門民眾仍具戰鬥與敵我意識。 | | 0.693 |
| | 如果共軍登陸，我願意犧牲生命以保衛金門。 | | 0.561 |

| | | |
|---|---|---|
| 我認為共軍若攻打金門，目前金門是具有防衛之能力　。 | | 0.688 |
| 特徵值 | 1.99 | 1.87 |
| 可解釋變異量 | 28.49 | 26.70 |
| 累積可解釋變異量 | 28.49 | 55.19 |
| Cronbach α | | 0.4931 |

### (4) 小三通對政治安全的影響

政治安全影響的因素分析結果顯示，KMO＝.624 ＞ .05，表示適合進行因素分析，而 Bartlett 球型考驗的近似卡方分配值為 760（自由度為 15）也有達到顯著水準，代表母群體的相關矩陣間有共同因素存在，也非常適合進行因素分析（如表 20）。因素分析的結果總共產生 2 個構面，接著就構面內項目間之共同特性予以命名如下（如表 21）：

A.因素一為大陸印象，解釋變異量為 30.49%，包含 2 項目（我對於中國大陸的印象良好；我對於中國大陸官員的印象良好）。

B.因素二為金廈關係，解釋變異量為 26.70%，包含 4 項目（我認為小三通後，金門人會逐漸向大陸靠攏；我對廈門的印象良好；我認為持續小三通有助於兩岸關係的發展；我認為小三通之後金廈之間的關係更加緊密）。

表 20　政治安全影響項目因素分析 KMO 與 Bartlett 檢定表

| Kaiser-Meyer-Olkin 取樣適切性量數 | | 0.624 |
|---|---|---|
| Bartlett 檢定表 | 近似卡方分配 | 760.000 |
| | 自由度 | 15 |
| | 顯著性 | .000 |

表 21 政治安全影響項目因素分析摘要表

| 因素名稱 | 因素內容 | 成分 | |
|---|---|---|---|
| | | 1 | 2 |
| 大陸印象 | 我對中國共產黨的印象良好。 | 0.890 | |
| | 我對大陸官員的印象良好。 | 0.901 | |
| 金廈關係 | 我認為小三通後，金門人在經濟上會逐漸向大陸靠攏。 | | 0.657 |
| | 我對廈門的印象良好。 | | 0.571 |
| | 我認為小三通持續發展將使兩岸逐漸邁向統一。 | | 0.619 |
| | 我認為小三通之後的金廈之間的關係更加緊密、血濃於水。 | | 0.669 |
| 特徵值 | | 1.83 | 1.60 |
| 可解釋變異量 | | 30.49 | 26.70 |
| 累積可解釋變異量 | | 30.49 | 57.19 |
| Cronbach α | | | 0.6529 |

(5) 小三通未來的發展

　　小三通未來的發展的因素分析結果顯示，KMO＝.692 ＞.05，表示適合進行因素分析，而 Bartlett 球型考驗的近似卡方分配值為 616.408（自由度為 10）也有達到顯著水準，代表母群體的相關矩陣間有共同因素存在，也非常適合進行因素分析（如表 22）。因素分析的結果總共產生 2 個構面，接著就構面內項目間之共同特性予以命名如下（如表 23）：

A. 因素一為<u>直航政策</u>，解釋變異量為 41.714%，包含 3 項目（您認為台灣與大陸直接通航後，對金門發展的影響；您認為台灣與大陸直接通航後，對小三通的影響；您認為台灣與大陸直接通航的時間應該是？）。

B. 因素二為<u>金廈未來發展</u>，解釋變異量為 22.944%，包含 2 項目（您是否同意小三通實施以來已達成「促進金門地區之建設與發展」的目標；現在小三通是試辦性質，您認為政府應該繼續辦理金廈小三通？）。

表 22　對小三通未來的發展項目因素分析 KMO 與 Bartlett 檢定表

| Kaiser-Meyer-Olkin 取樣適切性量數 | | .692 |
|---|---|---|
| Bartlett 檢定表 | 近似卡方分配 | 616.408 |
| | 自由度 | 10 |
| | 顯著性 | .000 |

表 23　對小三通未來的發展項目因素分析摘要表

| 因素名稱 | 因素內容 | 成分 | |
|---|---|---|---|
| | | 1 | 2 |
| 直航政策 | 您認為台灣與大陸直接通航後，對金門的發展？ | 0.853 | |
| | 您認為台灣與大陸直接通航後，對小三通的影響？ | 0.869 | |
| | 您認為台灣與大陸直接通航的時間應該是？ | 0.698 | |

| 金廈未來發展 | 您是否同意小三通實施以來已達成「促進金門地區之建設與發展」的目標？ | | 0.530 |
|---|---|---|---|
| | 現在小三通是試辦性質，您認為政府應該繼續辦理金廈小三通？ | | 0.906 |
| 特徵值 | | 2.086 | 1.147 |
| 可解釋變異量 | | 41.714 | 22.944 |
| 累積可解釋變異量 | | 41.714 | 64.658 |
| Cronbach α | | | 0.6508 |

## （三）金廈小三通政策之環境安全影響認知的關係

　　針對金廈小三通政策實施後之環境安全部份，由於未符合因素分析的基本假設前提，因此針對環境安全議題上，分別進行題項上統計假設檢定，以探討小三通個人親身經驗及個人社經背景與金廈小三通政策之環境安全影響認知的關係。其中樣本群之前往大陸旅遊的平均花費高低並不會影響其對於環境安全各題項之同意程度有顯著性的影響。

　　根據表 24 的結果顯示，有無廈門旅遊經驗對於開放小三通後，對環境安全之影響的同意程度有顯著性的差異存在，包括有「小三通後，我會憂慮大陸傳染病的傳播。」、「我認為大陸的環境衛生欠佳。」、「我認為大陸的傳染性疾病嚴重。」與「廈門長庚醫院落成後，我會藉由小三通前往就醫而非前往台灣就醫。」。尤其是曾經去過廈門旅遊經驗者之同意程度顯著性的低於未曾去過廈門旅遊經驗者。

表 24　廈門旅遊經驗 VS 其對於小三通對環境安全的
影響同意度之差異性分析

| | 是否曾經去過廈門 | 樣本數 | 平均數 | 標準差 | T 值 | 顯著性 |
|---|---|---|---|---|---|---|
| 小三通後，我會憂慮大陸傳染病的傳播。 | 否 | 202 | 4.15 | .935 | 2.283 | .023 |
| | 是 | 450 | 3.97 | .927 | | |
| 我認為大陸的環境衛生欠佳， | 否 | 202 | 4.22 | .876 | 2.911 | .004 |
| | 是 | 450 | 4.00 | .913 | | |
| 我認為大陸的傳染性疾病嚴重。 | 否 | 202 | 4.14 | .876 | 2.704 | .007 |
| | 是 | 450 | 3.93 | .905 | | |
| 經由小三通前往大陸時，我會擔心生病與感染傳染病。 | 否 | 202 | 4.03 | .927 | 2.186 | .029 |
| | 是 | 450 | 3.86 | .985 | | |
| 廈門長庚醫院落成後，我會藉由小三通前往就醫而非前往台灣就醫。 | 否 | 202 | 3.06 | 1.179 | -2.342 | .019 |
| | 是 | 450 | 3.29 | 1.147 | | |

　　根據表 25 的結果顯示，性別對於開放小三通對於環境安全之影響的同意程度有顯著性的差異存在，包括有「小三通後，我

會憂慮大陸傳染病的傳播。」、「小三通之後，我認為在媒體報導下，金門會因為大陸傳染病被污名化。」、「我認為大陸的環境衛生欠佳。」、「我認為大陸的傳染性疾病嚴重。」與「廈門長庚醫院落成後，我會藉由小三通前往就醫而非前往台灣就醫。」其中，對於「廈門長庚醫院落成後，我會藉由小三通前往就醫而非前往台灣就醫。」之同意程度為女性低於男性，其他變數之同意程度皆為女性高於男性。

表 25　性別 VS 其對於小三通對環境安全的影響同意度之差異性分析

|  | 性別 | 樣本數 | 平均數 | 標準差 | T 值 | 顯著性 |
|---|---|---|---|---|---|---|
| 小三通後，我會憂慮大陸傳染病的傳播。 | 女性 | 342 | 4.15 | .861 | 3.530 | .000 |
|  | 男性 | 308 | 3.89 | .992 |  |  |
| 小三通之後，我認為在媒體報導下，金門會因為大陸傳染病被污名化。 | 女性 | 342 | 3.84 | .943 | 2.594 | .010 |
|  | 男性 | 306 | 3.64 | 1.002 |  |  |
| 我認為大陸的環境衛生欠佳。 | 女性 | 342 | 4.17 | .872 | 3.038 | .002 |
|  | 男性 | 308 | 3.95 | .935 |  |  |
| 我認為大陸的傳染性疾病嚴重。 | 女性 | 342 | 4.13 | .844 | 4.058 | .000 |
|  | 男性 | 308 | 3.85 | .941 |  |  |
| 經由小三通前往大陸時，我會擔心生病與感染傳染病。 | 女性 | 342 | 4.05 | .898 | 3.758 | .000 |
|  | 男性 | 308 | 3.76 | 1.027 |  |  |

| 廈門長庚醫院落成後，我會藉由小三通前往就醫而非前往台灣就醫。 | 女性 | 342 | 2.91 | 1.128 | -7.371 | .000 |
| | 男性 | 308 | 3.56 | 1.101 | | |

　　根據表 26 的結果顯示，年齡對於開放小三通對於環境安全當中之「我認為大陸的環境衛生欠佳。」與「我認為大陸的傳染性疾病嚴重。」有顯著的差異性存在，其中年齡為 41～50 歲的樣本群對此項目的同意程度顯著的低於年齡為 21～30 歲的樣本群。

表 26　年齡 VS 其對於小三通對環境安全的影響同意度之差異性分析

| | 年齡 | 樣本數 | 平均數 | 標準差 | F 值 | 事後比較 |
|---|---|---|---|---|---|---|
| 我認為大陸的環境衛生欠佳。 | 21～30 歲（a） | 251 | 4.21 | .857 | 3.984* | c<a |
| | 31～40 歲（b） | 184 | 4.02 | .932 | | |
| | 41～50 歲（c） | 135 | 3.93 | .911 | | |
| | 大於 50 歲（d） | 80 | 3.94 | .946 | | |
| 我認為大陸的傳染性疾病嚴重。 | 21～30 歲（a） | 251 | 4.16 | .872 | 5.062* | c<a |
| | 31～40 歲（b） | 184 | 3.94 | .894 | | |
| | 41～50 歲（c） | 135 | 3.84 | .897 | | |
| | 大於 50 歲（d） | 80 | 3.86 | .951 | | |

　　根據表 27 的結果顯示，樣本之教育程度的高低會影響其對於開放小三通對於環境安全的同意程度，其中包括有「小三通後，我會憂慮大陸傳染病的傳播。」、「小三通之後，我認為在媒體報導下，金門會因為大陸傳染病被污名化。」與「我認為大

陸的環境衛生欠佳。」，根據事後比較分析得知，學歷為大專以上的與學歷為高中之樣本群的同意程度顯著性的高於學歷為國中以下之樣本群的同意程度。另外，教育程度的高低會影響其在「我認為政府應該加強來自大陸方面的傳染病管制與防疫。」、「我認為大陸的傳染性疾病嚴重。」與「小三通前往大陸時，是否擔心生病與感染傳染病」之同意程度，事後比較發現學歷為大專以上的樣本群的同意程度顯著性的高於學歷為國中以下之樣本群的同意程度。

表 27　教育程度 VS 其對於小三通對環境安全的
影響同意度之差異性分析

| | 教育程度 | 樣本數 | 平均數 | 標準差 | F 值 | 事後比較 |
|---|---|---|---|---|---|---|
| 小三通後，我會憂慮大陸傳染病的傳播。 | 國中以下（a） | 104 | 3.68 | 1.151 | 9.761* | b>a |
| | 高中（b） | 230 | 4.02 | .896 | | c>a |
| | 大專以上（c） | 318 | 4.14 | .849 | | |
| 小三通之後，我認為在媒體報導下，金門會因為大陸傳染病被污名化。 | 國中以下（a） | 104 | 3.44 | 1.087 | 6.489* | b>a |
| | 高中（b） | 230 | 3.77 | .994 | | c>a |
| | 大專以上（c） | 316 | 3.83 | .902 | | |
| 我認為政府應該加強來自大陸方面的傳染病管制與防疫。 | 國中以下（a） | 104 | 3.98 | .935 | 7.200* | c>a |
| | 高中（b） | 230 | 4.20 | .926 | | |
| | 大專以上（c） | 316 | 4.34 | .804 | | |

| | | | | | | |
|---|---|---|---|---|---|---|
| 我認為大陸的環境衛生欠佳。 | 國中以下（a） | 104 | 3.71 | 1.076 | 12.012* | b>a |
| | 高中（b） | 230 | 4.03 | .886 | | c>a |
| | 大專以上（c） | 318 | 4.20 | .828 | | |
| 我認為大陸的傳染性疾病嚴重。 | 國中以下（a） | 104 | 3.75 | 1.002 | 7.247* | c>a |
| | 高中（b） | 230 | 3.94 | .930 | | |
| | 大專以上（c） | 318 | 4.12 | .823 | | |
| 小三通前往大陸時，是否擔心生病與感染傳染病 | 國中以下（a） | 104 | 3.65 | 1.139 | 5.167* | c>a |
| | 高中（b） | 230 | 3.90 | .964 | | |
| | 大專以上（c） | 318 | 4.00 | .900 | | |

　　根據表 28 的結果顯示，樣本之職業會影響其對於開放小三通對於環境安全的同意程度，包括在「小三通後，我會憂慮大陸傳染病的傳播。」、「我認為大陸的環境衛生欠佳。」與「廈門長庚醫院落成後，我會藉由小三通前往就醫而非前往台灣就醫。」有顯著的差異性存在，其中職業為軍公教的樣本之同意程度顯著性的高於從工業之樣本群。另外在「我認為大陸的傳染性疾病嚴重。」的事後比較分析發現，其中職業為商業與軍公教的樣本之同意程度顯著性的高於從工業之樣本群。

表 28　職業 VS 其對於小三通對環境安全的影響同意度之差異性分析

| | 職業 | 樣本數 | 平均數 | 標準差 | F 值 | 事後比較 |
|---|---|---|---|---|---|---|
| 小三通後，我會憂慮大陸傳染病的傳播。 | 農漁（a） | 62 | 4.10 | .900 | 4.023* | d>b |
| | 工（b） | 93 | 3.73 | .874 | | |
| | 商（c） | 223 | 4.02 | .970 | | |
| | 軍公教（d） | 265 | 4.11 | .918 | | |

| | | 樣本數 | 平均數 | 標準差 | F 值 | 事後比較 |
|---|---|---|---|---|---|---|
| 我認為大陸的環境衛生欠佳。 | 農漁（a） | 62 | 3.94 | 1.022 | 4.268* | d>b |
| | 工（b） | 93 | 3.81 | .875 | | |
| | 商（c） | 223 | 4.08 | .950 | | |
| | 軍公教（d） | 265 | 4.17 | .839 | | |
| 我認為大陸的傳染性疾病嚴重。 | 農漁（a） | 62 | 3.81 | 1.053 | 5.063* | c>b |
| | 工（b） | 93 | 3.72 | .852 | | d>b |
| | 商（c） | 223 | 4.07 | .905 | | |
| | 軍公教（d） | 265 | 4.08 | .854 | | |
| 廈門長庚醫院落成後，我會藉由小三通前往就醫而非前往台灣就醫。 | 農漁（a） | 62 | 3.18 | 1.124 | 1.923 | d>b |
| | 工（b） | 93 | 3.27 | 1.054 | | |
| | 商（c） | 223 | 3.08 | 1.187 | | |
| | 軍公教（d） | 265 | 3.33 | 1.181 | | |

　　根據表 29 的結果顯示，樣本之所得高低會影響其對於開放小三通對於環境安全的同意程度，根據事後比較分析的結果顯示，針對「廈門長庚醫院落成後，我會藉由小三通前往就醫而非前往台灣就醫。」此變項的同意程度，所得收入高於 71 萬的樣本群之同意程度顯著性的高於所得收入低於 30 萬的樣本群。

表 29　收入 VS 其對於小三通對環境安全的影響同意度之差異性分析

| | 收入 | 樣本數 | 平均數 | 標準差 | F 值 | 事後比較 |
|---|---|---|---|---|---|---|
| 廈門長庚醫院落成後，我會藉由小三通前往就醫而非前往台灣就醫。 | <30 萬（a） | 270 | 3.01 | 1.134 | 6.145* | d>a |
| | 31～50 萬（b） | 171 | 3.30 | 1.179 | | |
| | 51～70 萬（c） | 95 | 3.37 | 1.130 | | |
| | >71 萬（d） | 113 | 3.50 | 1.119 | | |

　　根據表 30 的結果顯示，樣本群之政黨屬性會影響其對於開放小三通對於環境安全的同意程度，包括「我認為政府應該加強來自大陸方面的傳染病管制與防疫。」、「我認為大陸的傳染性疾病嚴重。」與「我認為大陸垃圾漂流至金門的情形嚴重。」。假設檢定的結果顯示，在政黨屬性上為國民黨之樣本群之同意程度顯著性的高於認同其他政黨之樣本群。

表 30　政黨屬性 VS 其對於小三通對環境安全的
影響同意度之差異性分析

| | 政黨屬性 | 樣本數 | 平均數 | 標準差 | T 值 | 顯著性 |
|---|---|---|---|---|---|---|
| 我認為政府應該加強來自大陸方面的傳染病管制與防疫。 | 國民黨 | 238 | 4.37 | .789 | 3.018 | .003* |
| | 非國民黨 | 412 | 4.16 | .918 | | |
| 我認為大陸的傳染性疾病嚴重。 | 國民黨 | 239 | 4.03 | .907 | 2.461 | .014* |
| | 非國民黨 | 413 | 3.84 | .999 | | |
| 我認為大陸垃圾漂流至金門的情形嚴重。 | 國民黨 | 239 | 4.01 | .884 | 2.286 | .023* |
| | 非國民黨 | 413 | 3.84 | .938 | | |

## 四、假設檢定

　　根據因素分析產生之構面與相關變數進行假設檢定，先以因素分析的結果，再將歸屬於同一構面之變數的分數加以加總求取平均數，再以此構面的平均數進行假設檢定。因素分析產生之構面如下：

　　1. 小三通對社會安全的影響之三個構面為：食品安全、岸邊交易、治安問題

2. 小三通對經濟安全的影響之三個構面為：大陸投資、便利投資、金門經濟

3. 小三通對軍事安全的影響之兩個構面為：金門安全、自我保衛

4. 小三通對政治安全的影響之兩個構面為：大陸印象、金廈關係

5. 對小三通未來的發展之兩個構面為：直航政策、金廈未來發展

## （一）假設一檢定結果

金門縣民眾不同的小三通個人親身經驗對金廈小三通政策之安全影響認知會有差異。

(1) 假設 1-1 是否有經由小三通前往過大陸之金門民眾，對金廈小三通政策之安全影響認知會有差異。

　　1. 假設 1-1-a 是否有經由小三通前往過大陸之金門民眾，對金門小三通後的社會安全之問題的看法有差異性存在。

　　2. 假設 1-1-b 是否有經由小三通前往過大陸之金門民眾，對金門小三通後的經濟安全之問題的看法有差異性存在。

　　3. 假設 1-1-c 是否有經由小三通前往過大陸之金門民眾，對金門小三通後的軍事安全之問題的看法有差異性存在。

　　4. 假設 1-1-d 是否有經由小三通前往過大陸之金門民眾，對金門小三通後的政治安全之問題的看法有差異性存在。

　　5. 假設 1-1-e 是否有經由小三通前往過大陸之金門民眾，對金門小三通後未來發展之問題的看法有差異性存在。

　　　　採用 t 檢定進行統計假設檢定，所得結果如表 31。根據表 31 結果顯示，是否前往過廈門之旅遊經驗只有在「社會安全－岸邊交易」、「經濟安全－大陸投資」、「經濟安全－金門經濟」與「政治安全－大陸印象」四個構面產生顯著性的差異。

　　「社會安全－岸邊交易」構面上，未曾經由小三通前往大陸的受訪者與曾經前往大陸的受訪者有顯著的差異，未曾經由小三通前往大陸的受訪者認為應持續取締日益嚴重的岸邊交易。

　　「經濟安全－大陸投資」構面上，曾經由小三通前往大陸的受訪者與未曾由小三通前往大陸的受訪者有顯著差異，曾經由小三通前往大陸的受訪者較未曾經由小三通前往大陸的受訪者更認同開放小三通後，有助於金門地區的經濟發展，而金門未來的經濟發展應該會與大陸更緊密結合，且經濟上對大陸依賴會愈來愈重；同時亦認同大陸貨物由金門中轉至台灣的政策及金門當地銀行兌換人民幣的政策值得推動。

　　「經濟安全－金門經濟」構面上，未曾經由小三通前往大陸的受訪者與曾由小三通前往大陸的受訪者有顯著差異，未曾經由小三通前往大陸的受訪者較曾經由小三通前往大陸的受訪者更不認同開放小三通後，金門人會在大陸置產或投資，亦不認同金門應該設立賭場以吸引大陸觀光客及引進廉價的大陸勞工。與其他構面相較之下，「經濟安全－金門經濟」構面平均分數上曾前往者與未曾前往者皆相當低，顯見受訪者反對的立場。

　　「政治安全－大陸印象」構面上，未曾經由小三通前往大陸的受訪者與曾由小三通前往大陸的受訪者有顯著差異，未曾經由小三通前往大陸的受訪者較曾經由小三通前往大陸的受訪者更不認同金門人會因開放小三通而對於中國大陸及大陸官員的印象更加良好。

表 31　廈門旅遊經驗 VS 其對於相關安全議題的
影響同意度之差異性分析

| 政策之安全影響認知 | 因素構面 | 是否曾經去過廈門 | 樣本數 | 平均數 | 標準差 | T 值 | 顯著性 |
|---|---|---|---|---|---|---|---|
| a.社會安全 | 食品安全 | 否 | 202 | 4.0347 | .73182 | 1.341 | .18 |
| | | 是 | 448 | 3.9516 | .72825 | | |
| | 岸邊交易 | 否 | 202 | 3.5693 | .74786 | 2.093 | .03 |
| | | 是 | 450 | 3.4363 | .75641 | | |
| | 治安問題 | 否 | 202 | 2.9637 | .50185 | -.958 | .338 |
| | | 是 | 449 | 3.0052 | .53101 | | |
| b.經濟安全 | 大陸投資 | 否 | 202 | 3.4069 | .68047 | -3.091 | .037 |
| | | 是 | 445 | 3.5222 | .63571 | | |
| | 便利投資 | 否 | 201 | 3.6119 | .71320 | -1.668 | .096 |
| | | 是 | 448 | 3.7126 | .70562 | | |
| | 金門經濟 | 否 | 202 | 2.3333 | .77410 | -3.959 | .000 |
| | | 是 | 449 | 2.6206 | .89107 | | |
| c.軍事安全 | 金門安全 | 否 | 201 | 3.1857 | .55757 | .145 | .885 |
| | | 是 | 449 | 3.1789 | .55089 | | |
| | 自我保衛 | 否 | 200 | 2.9162 | .69649 | .048 | .962 |
| | | 是 | 450 | 2.9133 | .77617 | | |
| d.政治安全 | 大陸印象 | 否 | 202 | 2.2327 | .78880 | -3.179 | .002 |
| | | 是 | 449 | 2.4521 | .86952 | | |
| | 金廈關係 | 否 | 201 | 3.0808 | .60930 | -1.676 | .095 |
| | | 是 | 450 | 3.1678 | .61615 | | |
| e.未來發展 | 直航政策 | 否 | 201 | 3.1774 | .83268 | -.730 | .466 |
| | | 是 | 449 | 3.2331 | .92614 | | |
| | 金廈未來發展 | 否 | 202 | 2.7946 | .76041 | .600 | .549 |
| | | 是 | 448 | 2.7556 | .78004 | | |

　　　　上述假設檢定中是否前往廈門旅遊的經驗對小三通之後的軍事安全與未來發展之構面的看法皆顯示沒有差異，因此本研究進一步檢視是否前往廈門旅遊的經驗對小三通之後的軍事安全與未來發展之各題項的看法是否有差異。

　　　　根據 t 檢定進行統計假設檢定結果如表 32 所示，在軍事安全之題項上，根據表 32 的結果顯示，有廈門旅遊經驗者對於「小三通之後，我認為大陸仍有可能會軍事攻擊金門。」之同意程度顯著性的低於未曾去過廈門旅遊經驗者。在小三通後的未來發展之題項上，顯示是否有前往大陸廈門旅遊的經驗並不會影響金門民眾對金門未來發展的看法。

表 32　廈門旅遊經驗 VS 其對於小三通後對軍事安全的
影響同意度之差異性分析

| | 是否曾經去過廈門 | 樣本數 | 平均數 | 標準差 | T 值 | 顯著性 |
|---|---|---|---|---|---|---|
| 小三通之後，我認為大陸仍可能以軍事攻擊金門。 | 否 | 201 | 3.20 | 1.153 | 2.673 | .008 |
| | 是 | 450 | 2.94 | 1.108 | | |

（二）假設二檢定結果

　　金門縣民眾不同的個人社經背景對金廈小三通政策之安全影響認知有差異性存在。

(1) 假設 2-1：不同性別的金門民眾，對金廈小三通政策之安全影響認知會有差異。

1. 假設 2-1-a 不同性別的金門民眾，對金門小三通後的社會安全之問題的看法有差異性存在。
2. 假設 2-1-b 不同性別的金門民眾，對金門小三通後的經濟安全之問題的看法有差異性存在。
3. 假設 2-1-c 不同性別的金門民眾，對金門小三通後的軍事安全之問題的看法有差異性存在。
4. 假設 2-1-d 不同性別的金門民眾，對金門小三通後的政治安全之問題的看法有差異性存在。
5. 假設 2-1-e 不同性別的金門民眾，對金門小三通後的未來發展之問題的看法有差異性存在。

　　採用 t 檢定進行統計假設檢定，所得結果如表 33。根據表 33 結果顯示，性別在「社會安全－食品安全與岸邊交易」、「經濟安全－大陸投資、便利投資、金門經濟」、「軍事安全－金門安全、自我保衛」、「政治安全－金廈關係」與「未來發展－金廈未來發展」之構面皆有顯著性的差異存在。

　　「社會安全－食品安全」構面上，男性與女性有顯著差異，女性受訪者較男性受訪者更同意開放小三通後，市面上大陸食品及物品的種類變多，但目前市面上販賣的大陸食品，並不能安心食用，因此將會優先選用台灣產品。

　　「社會安全－岸邊交易」構面上，男性與女性有顯著差異，女性受訪者較男性受訪者更同意開放小三通後，金門「岸邊交易」的情況比以前更嚴重，認為「岸邊交易」購買大陸貨是犯罪的行為，因此開放小三通後仍要繼續取締「岸邊交易」。

　　「經濟安全－大陸投資」構面上，男性與女性有顯著差異，男性受訪者較女性受訪者更認同開放小三通後，有助於金門地區的經濟發展，而金門未來的經濟發展應該會與大陸更緊密結合，且經濟上對大陸依賴會愈來愈重；同時亦認同大陸貨物由金門中轉至台灣的政策及金門當地銀行兌換人民幣的政策值得推動。

　　「經濟安全－便利投資」構面上，男性與女性有顯著差異，男性較女性更認同開放小三通後，金門資金會更快、更多的流向大陸，因此認為應吸引工業進駐，並設立跨海大橋以節省時間，以成立經濟特區或免稅特區繁榮地區經濟。

　　「經濟安全－金門經濟」構面上，男性與女性有顯著差異，女性受訪者較男性受訪者更不認同開放小三通後，金門人會在大陸置產或投資，亦不認同金門應該設立賭場以吸引大陸觀光客及引進廉價的大陸勞工。

　　「軍事安全－金門安全」構面上，男性與女性有顯著差異，男性受訪者較女性受訪者不擔憂金門再度成為兩岸衝突的犧牲品，但不認同小三通之後金門應持續撤軍，直到沒有軍人駐守而成為非軍事區，且認為金門仍然要維持相當的兵力，以維護國家安全。

　　「軍事安全－自我保衛」構面上，男性與女性有顯著差異，女性受訪者較男性受訪者更同意小三通之後，大陸仍可能以軍事攻擊金門，如果共軍登陸，願意犧牲生命以保衛金門，因此金門民眾仍具戰鬥與敵我意識，並具有防衛之能力。

　　「政治安全－金廈關係」構面上，男性與女性有顯著差異，男性受訪者較女性受訪者更認同小三通後，金門人對廈門的印象更加良好，金廈之間的關係更加緊密、血濃於水，而在經濟上會逐漸向大陸靠攏，亦認為小三通持續發展將使兩岸逐漸邁向統一。

　　「未來發展－金廈未來發展」構面上，男性與女性有顯著差異，女性受訪者較男性受訪者更認同實施小三通有達成促進金門地區的建設與發展，政府應繼續辦理金廈小三通。

表 33　性別 VS 其對於政策安全影響認知的影響同意度之差異性分析

| 政策之安全影響認知 | 因素構面 | 性別 | 樣本數 | 平均數 | 標準差 | T 值 | 顯著性 |
|---|---|---|---|---|---|---|---|
| a.社會安全 | 食品安全 | 女性 | 341 | 4.0811 | .70405 | 3.922 | .00 |
| | | 男性 | 307 | 3.8578 | .74123 | | |
| | 岸邊交易 | 女性 | 342 | 3.5789 | .70614 | 3.638 | .00 |
| | | 男性 | 308 | 3.3636 | .79344 | | |
| | 治安問題 | 女性 | 342 | 2.9756 | .51411 | .911 | .36 |
| | | 男性 | 307 | 3.0130 | .52929 | | |
| b.經濟安全 | 大陸投資 | 女性 | 340 | 3.3665 | .62338 | 4.977 | .00 |
| | | 男性 | 305 | 3.6177 | .65460 | | |
| | 便利投資 | 女性 | 340 | 3.6140 | .71235 | 2.482 | .01 |
| | | 男性 | 307 | 3.7516 | .69751 | | |
| | 金門經濟 | 女性 | 342 | 2.3460 | .81380 | 5.893 | .00 |
| | | 男性 | 307 | 2.7394 | .87952 | | |
| c.軍事安全 | 金門安全 | 女性 | 340 | 3.2422 | .52207 | 2.998 | .00 |
| | | 男性 | 308 | 3.1126 | .57857 | | |
| | 自我保衛 | 女性 | 341 | 2.9751 | .70641 | 2.171 | .03 |
| | | 男性 | 307 | 2.8469 | .79609 | | |

| d.政治安全 | 大陸印象 | 女性 | 342 | 2.3450 | .84205 | 1.267 | .20 |
| | | 男性 | 307 | 2.4300 | .86176 | | |
| | 金廈關係 | 女性 | 341 | 3.0535 | .57926 | 3.749 | .00 |
| | | 男性 | 308 | 3.2338 | .63948 | | |
| e.未來發展 | 直航政策 | 女性 | 342 | 3.2622 | .86408 | 1.345 | .17 |
| | | 男性 | 306 | 3.1667 | .93554 | | |
| | 金廈未來發展 | 女性 | 342 | 2.8231 | .77070 | 1.876 | .06 |
| | | 男性 | 306 | 2.7092 | .77272 | | |

(2) 假設 2-2：不同年齡的金門民眾，對金廈小三通政策之安全
影響認知會有差異。

1. 假設 2-2-a 不同年齡的金門民眾，對金門小三通後的社會
安全之問題的看法有差異性存在。

2. 假設 2-2-b 不同年齡的金門民眾，對金門小三通後的經濟
安全之問題的看法有差異性存在。

3. 假設 2-2-c 不同年齡的金門民眾，對金門小三通後的軍事
安全之問題的看法有差異性存在。

4. 假設 2-2-d 不同年齡的金門民眾，對金門小三通後的政治
安全之問題的看法有差異性存在。

5. 假設 2-2-e 不同年齡的金門民眾，對金門小三通後的未來
發展之問題的看法有差異性存在。

採用單因子變異數分析進行統計假設檢定，所得結果
如表 34。根據表 34 結果顯示，年齡在「社會安全－食品安
全」、「經濟安全－便利投資、金門經濟」、「軍事安全－自
我保衛」之構面皆有顯著性的差異存在。

　　「社會安全－食品安全」構面上，20～30 歲之民眾比 41～50 歲對「社會安全－食品安全」構面之同意程度較高，且達顯著差異，表示受訪者中 20～30 歲之民眾相較於 41～50 歲的民眾對市面上的大陸食品及產品的增加與使用認為是不安全的。

　　「經濟安全－便利投資、金門經濟」構面上，經統計分析之 $p$ 值皆顯示有顯著差異，但於事後檢定中，並未顯示年齡層中何者具有差異，因此未予解釋。

　　「軍事安全－自我保衛」構面上，41～50 歲的樣本群顯著性高於 20～30 歲樣本群，41～50 歲的樣本群顯著性高於 31～40 歲樣本群，超過 51 歲的樣本群顯著性高於 20～30 歲樣本群，超過 51 歲的樣本群顯著性高於 31～40 歲樣本群，表示年齡層為 41～50 歲及超過 51 歲的受訪者較 20～30 歲、31～40 歲的民眾認同金門是具有自我保衛的能力。

表 34　年齡*VS 其對於相關安全議題的影響同意度之差異性分析

| 政策之安全影響認知 | 因素構面 | | 平方和 | 自由度 | F 值 | 顯著性 | 事後比較 |
|---|---|---|---|---|---|---|---|
| a.社會安全 | 食品安全 | 組間 | 7.420 | 3 | 4.730 | .003 | 20～30 歲 >41～50 歲 |
| | | 組內 | 336.724 | 644 | | | |
| | 岸邊交易 | 組間 | 3.047 | 3 | 1.786 | .149 | |
| | | 組內 | 367.388 | 646 | | | |
| | 治安問題 | 組間 | .524 | 3 | .640 | .590 | |
| | | 組內 | 176.087 | 645 | | | |
| b.經濟安全 | 大陸投資 | 組間 | .479 | 3 | .375 | .771 | |
| | | 組內 | 272.984 | 641 | | | |

| | | | | | | | |
|---|---|---|---|---|---|---|---|
| | 便利投資 | 組間 | 4.816 | 3 | 3.220 | .022 | |
| | | 組內 | 320.595 | 643 | | | |
| | 金門經濟 | 組間 | 7.083 | 3 | 3.189 | .023 | |
| | | 組內 | 477.588 | 645 | | | |
| c.軍事安全 | 金門安全 | 組間 | 1.276 | 3 | 1.397 | .242 | |
| | | 組內 | 195.959 | 644 | | | |
| | 自我保衛 | 組間 | 19.402 | 3 | 12.075 | .000 | 41～50 歲>20～30 歲<br>41～50 歲>31～40 歲<br>超過 51 歲>20～30 歲<br>超過 51 歲>31～40 歲 |
| | | 組內 | 344.910 | 644 | | | |
| d.政治安全 | 大陸印象 | 組間 | 1.543 | 3 | .708 | .547 | |
| | | 組內 | 468.424 | 645 | | | |
| | 金廈關係 | 組間 | .486 | 3 | .428 | .733 | |
| | | 組內 | 244.489 | 645 | | | |
| e.未來發展 | 直航政策 | 組間 | 4.553 | 3 | 1.885 | .131 | |
| | | 組內 | 518.566 | 644 | | | |
| | 金廈未來發展 | 組間 | 4.635 | 3 | 2.600 | .051 | |
| | | 組內 | 382.661 | 644 | | | |

*年齡分成：1）20～30 歲　2）31～40 歲　3）41～50 歲　4）51 歲以上

上述假設檢定中不同年齡的金門民眾對小三通之後的政治安全與未來發展之構面的看法皆顯示沒有差異，因此本研究進一步檢視不同年齡的金門民眾對小三通之後的政治安全與未來發展之各題項的看法是否有差異，根據單因

子變異數分析的檢定結果，樣本群之年齡的高低並不會影響其對於政治安全與未來發展等各題項之同意程度。

(3) 假設 2-3：不同教育程度的金門民眾，對金廈小三通政策之安全影響認知會有差異。

1. 假設 2-3-a 不同教育程度的金門民眾，對金門小三通後的社會安全之問題的看法有差異性存在。

2. 假設 2-3-b 不同教育程度的金門民眾，對金門小三通後的經濟安全之問題的看法有差異性存在。

3. 假設 2-3-c 不同教育程度的金門民眾，對金門小三通後的軍事安全之問題的看法有差異性存在。

4. 假設 2-3-d 不同教育程度的金門民眾，對金門小三通後的政治安全之問題的看法有差異性存在。

5. 假設 2-3-e 不同教育程度的金門民眾，對金門小三通後的未來發展之問題的看法有差異性存在。

採用單因子變異數分析進行統計假設檢定，所得結果如表 35。根據表 35 結果顯示，不同教育程度在「社會安全－食品安全」、「經濟安全－大陸投資、金門經濟」、「軍事安全－自我保衛」、「政治安全－大陸印象」與「未來發展－金廈未來發展」之構面皆有顯著性的差異存在。

「社會安全－食品安全」構面上，結果顯示教育程度在大專以上之民眾比教育程度在國中以下之民眾對「社會安全－食品安全」構面之同意程度較高，且達顯著差異；教育程度為高中之民眾比教育程度在國中以下之民眾對「社會安全－食品安全」構面之同意程度較高，且達顯著

差異。整體而言，教育程度為大專以上及高中的民眾較於國中以下之民眾認為大陸食品及產品較不安全。

「經濟安全－大陸投資」之構面之同意程度上，教育程度在大專以上之民眾顯著性的高於教育程度在國中以下之民眾，亦顯著性的高於教育程度為高中之民眾。整體而言，教育程度為大專以上之民眾較國中以下及高中程度的民眾更認為開放小三通後未來金門的發展將隨著大陸經濟發展而改變。

「經濟安全－金門經濟」之構面之同意程度上，經統計分析之 $p$ 值皆顯示有顯著差異，但於事後檢定中，並未顯示教育程度中何者具有差異，因此未予解釋。

「軍事安全－自我保衛」之構面之同意程度上，教育程度在國中以下與高中之民眾皆顯著性的高於教育程度在大專以上之民眾，表示國中以下與高中之民眾較大專以上的民眾更認為金門人於三通後仍具有自我保衛的能力。

「政治安全－大陸印象」之構面之同意程度上，教育程度在國中以下與高中之民眾皆顯著性的高於教育程度在大專以上之民眾，表示國中以下與高中之民眾較大專以上民眾更認為開放三通有助於增加對中國大陸及其官員的良好印象。

「未來發展－金廈未來發展」之構面之同意程度上，教育程度為高中之民眾顯著性的高於教育程度在大專以上之民眾，表示高中的民眾較大專以上民眾認為實施小三通有達成促進金門地區的建設與發展，政府應繼續辦理。

表 35　教育程度*VS 其對於相關安全議題的影響同意度之差異性分析

| 政策之安全影響認知 | 因素構面 | | 平方和 | 自由度 | F 值 | 顯著性 | 事後比較 |
|---|---|---|---|---|---|---|---|
| a.社會安全 | 食品安全 | 組間 | 14.203 | 2 | 13.862 | .000 | 大專以上>國中以下 高中>國中以下 |
| | | 組內 | 331.466 | 647 | | | |
| | 岸邊交易 | 組間 | 1.960 | 2 | 1.720 | .180 | |
| | | 組內 | 369.821 | 649 | | | |
| | 治安問題 | 組間 | .151 | 2 | .277 | .758 | |
| | | 組內 | 177.032 | 648 | | | |
| b.經濟安全 | 大陸投資 | 組間 | 8.441 | 2 | 10.222 | .000 | 大專以上>國中以下 大專以上>高中 |
| | | 組內 | 265.906 | 644 | | | |
| | 便利投資 | 組間 | .424 | 2 | .421 | .657 | |
| | | 組內 | 325.275 | 646 | | | |
| | 金門經濟 | 組間 | 4.839 | 2 | 3.248 | .040 | |
| | | 組內 | 482.821 | 648 | | | |
| c.軍事安全 | 金門安全 | 組間 | .551 | 2 | .902 | .406 | |
| | | 組內 | 197.593 | 647 | | | |
| | 自我保衛 | 組間 | 21.337 | 2 | 19.967 | .000 | 國中以下>大專以上 高中>大專以上 |
| | | 組內 | 345.694 | 647 | | | |

| d.政治安全 | 大陸印象 | 組間 | 14.939 | 2 | 10.625 | .000 | 國中以下><br>大專以上<br>高中>大專<br>以上 |
|---|---|---|---|---|---|---|---|
| | | 組內 | 455.555 | 648 | | | |
| | 金廈關係 | 組間 | .448 | 2 | .591 | .554 | |
| | | 組內 | 245.309 | 648 | | | |
| e.未來發展 | 直航政策 | 組間 | .450 | 2 | .278 | .757 | |
| | | 組內 | 522.919 | 647 | | | |
| | 金廈未來<br>發展 | 組間 | 4.080 | 2 | 3.434 | .033 | 高中>大專<br>以上 |
| | | 組內 | 384.342 | 647 | | | |

\*教育程度分成：1）國中以下　2）高中　3）大專以上

(4) 假設 2-4：不同職業的金門民眾，對金廈小三通政策之安全
影響認知會有差異。

1. 假設 2-4-a 不同職業的金門民眾，對金門小三通後的社會
安全之問題的看法有差異性存在。
2. 假設 2-4-b 不同職業的金門民眾，對金門小三通後的經濟
安全之問題的看法有差異性存在。
3. 假設 2-4-c 不同職業的金門民眾，對金門小三通後的軍事
安全之問題的看法有差異性存在。
4. 假設 2-4-d 不同職業的金門民眾，對金門小三通後的政治
安全之問題的看法有差異性存在。
5. 假設 2-4-e 不同職業的金門民眾，對金門小三通後的未來
發展之問題的看法有差異性存在。

採用單因子變異數分析進行統計假設檢定，所得結果
如表 36。根據表 36 結果顯示，不同職業類別在「社會安全

－岸邊交易」、「經濟安全－金門經濟」、「軍事安全－自我保衛」與「政治安全－大陸印象」之構面皆有顯著性的差異存在。

「社會安全－岸邊交易」之構面的同意程度上，從事農漁業之民眾的同意程度顯著性的高於從事工業之民眾，表示從事農漁業的民眾較從事工業的民眾認為開放小三通之後，非法的岸邊交易應持續取締。

「軍事安全－自我保衛」之構面的同意程度上，從事商業之民眾的同意程度顯著性的高於從事軍公教之民眾，表示從事商業的民眾較從事軍公教的民眾認為小三通之後金門仍具有自我防衛的能力。

「政治安全－大陸印象」之構面的同意程度上，從事工業之民眾的同意程度顯著性的高於從事軍公教之民眾，表示從事工業的民眾較從事軍公教的民眾認為開放小三通有助於增加對中國大陸及其官員的良好印象。

表 36　職業*VS 其對於相關安全議題的影響同意度之差異性分析

| 政策之安全影響認知 | 因素構面 | | 平方和 | 自由度 | F 值 | 顯著性 | 事後比較 |
|---|---|---|---|---|---|---|---|
| a.社會安全 | 食品安全 | 組間 | 4.156 | 3 | 2.603 | .051 | |
| | | 組內 | 338.953 | 637 | | | |
| | 岸邊交易 | 組間 | 5.252 | 3 | 3.070 | .027 | 農漁>工 |
| | | 組內 | 364.441 | 639 | | | |
| | 治安問題 | 組間 | .582 | 3 | .709 | .547 | |
| | | 組內 | 174.578 | 638 | | | |

| b.經濟安全 | 大陸投資 | 組間 | 1.722 | 3 | 1.344 | .259 | |
| | | 組內 | 270.655 | 634 | | | |
| | 便利投資 | 組間 | 2.409 | 3 | 1.598 | .189 | |
| | | 組內 | 319.594 | 636 | | | |
| | 金門經濟 | 組間 | 6.879 | 3 | 3.063 | .028 | |
| | | 組內 | 477.561 | 638 | | | |
| c.軍事安全 | 金門安全 | 組間 | .588 | 3 | .636 | .592 | |
| | | 組內 | 196.410 | 637 | | | |
| | 自我保衛 | 組間 | 5.417 | 3 | 3.217 | .022 | 商>軍公教 |
| | | 組內 | 357.603 | 637 | | | |
| d.政治安全 | 大陸印象 | 組間 | 11.627 | 3 | 5.460 | .001 | 工>軍公教 |
| | | 組內 | 452.876 | 638 | | | |
| | 金廈關係 | 組間 | 1.923 | 3 | 1.688 | .168 | |
| | | 組內 | 242.245 | 638 | | | |
| e.未來發展 | 直航政策 | 組間 | .673 | 3 | .280 | .840 | |
| | | 組內 | 510.832 | 637 | | | |
| | 金廈未來發展 | 組間 | 2.322 | 3 | 1.291 | .277 | |
| | | 組內 | 381.878 | 637 | | | |

*職業分成：1）農漁　2）工　3）商　4）軍公教

上述假設檢定中不同職業的金門民眾對小三通之後未來發展之構面的看法皆顯示沒有差異，因此本研究進一步檢視不同職業的金門民眾對小三通之後未來發展之各題項的看法是否有差異。

根據單因子變異數分析的檢定結果如表37顯示，樣本之職業會影響其對於未來發展的同意程度，包括在「台灣與大陸直接通航的時間之快慢」，與「政府應該繼續辦理金廈「小三通」」，其中職業為商業的民眾較軍公教的民眾認

為直航時間應該越快越好；職業為農漁業及商業的民眾較軍公教民眾更認同政府應該繼續辦理小三通。

表 37　職業 VS 其對於小三通未來發展之同意度之差異性分析

| | 職業 | 樣本數 | 平均數 | 標準差 | F 值 | 事後比較 |
|---|---|---|---|---|---|---|
| 台灣與大陸直接通航的時間之快慢 | 農漁（a） | 62 | 3.18 | 1.000 | 3.317* | c>d |
| | 工（b） | 93 | 2.96 | 1.031 | | |
| | 商（c） | 223 | 3.27 | 1.131 | | |
| | 軍公教（d） | 264 | 2.98 | 1.130 | | |
| 政府應該繼續辦理金廈「小三通」*1 | 農漁（a） | 62 | 2.68 | .954 | 6.724* | a>d |
| | 工（b） | 93 | 2.42 | .959 | | c>d |
| | 商（c） | 223 | 2.44 | 1.007 | | |
| | 軍公教（d） | 264 | 2.16 | .913 | | |

*1 此變數之衡量方式為：1.非常同意 2.同意 3.沒意見 4.不同意 5.非常不同意

(5) 假設 2-5：不同年收入的金門民眾，對金廈小三通政策之安全影響認知會有差異。

　　1. 假設 2-5-a 不同年收入的金門民眾，對金門小三通後的社會安全之問題的看法有差異性存在。

　　2. 假設 2-5-b 不同年收入的金門民眾，對金門小三通後的經濟安全之問題的看法有差異性存在。

　　3. 假設 2-5-c 不同年收入的金門民眾，對金門小三通後的軍事安全之問題的看法有差異性存在。

　　4. 假設 2-5-d 不同年收入的金門民眾，對金門小三通後的政治安全之問題的看法有差異性存在。

5. 假設 2-5-e 不同年收入的金門民眾，對金門小三通後的未來發展之問題的看法有差異性存在。

採用單因子變異數分析進行統計假設檢定，所得結果如表 38。根據表 38 結果顯示，不同收入之民眾在「經濟安全－大陸投資、金門經濟」之構面的同意程度上皆有顯著性的差異存在。

「經濟安全－大陸投資」之構面的同意程度上，年收入高於 71 萬元的民眾之同意程度顯著性的高於年收入低於 30 萬元之民眾，表示年收入高於 71 萬元的民眾較年收入低於 30 萬元的民眾認同開放小三通後金門的經濟發展會隨著大陸經濟發展而改變。

「經濟安全－金門經濟」之構面的同意程度上，年收入高於 71 萬元與年收入為 51～70 萬元的民眾之同意程度皆顯著性的高於年收入低於 30 萬元之民眾，表示年收入高於 71 萬元與年收入為 51～70 萬元的民眾較年收入低於 30 萬元之民眾認為開放小三通後會吸引前往大陸投資置產，吸引大陸觀光客及勞工的引進。

表 38　年收入*VS 其對於相關安全議題的影響同意度之差異性分析

| 政策之安全影響認知 | 因素構面 | | 平方和 | 自由度 | F 值 | 顯著性 | 事後比較 |
|---|---|---|---|---|---|---|---|
| a.社會安全 | 食品安全 | 組間 | 1.960 | 3 | 1.236 | .296 | |
| | | 組內 | 339.899 | 643 | | | |
| | 岸邊交易 | 組間 | 4.017 | 3 | 2.373 | .069 | |
| | | 組內 | 363.894 | 645 | | | |

| | | | | | | |
|---|---|---|---|---|---|---|
| | 治安問題 | 組間 | .565 | 3 | .693 | .556 | |
| | | 組內 | 175.063 | 644 | | | |
| b.經濟安全 | 大陸投資 | 組間 | 5.934 | 3 | 4.725 | .003 | 71 萬元以上 >30 萬元以下 |
| | | 組內 | 267.932 | 640 | | | |
| | 便利投資 | 組間 | 3.697 | 3 | 2.465 | .061 | |
| | | 組內 | 320.973 | 642 | | | |
| | 金門經濟 | 組間 | 20.472 | 3 | 9.423 | .000 | 51～70 萬元 >30 萬元以下 71 萬元以上 >30 萬元以下 |
| | | 組內 | 466.382 | 644 | | | |
| c.軍事安全 | 金門安全 | 組間 | .301 | 3 | .327 | .806 | |
| | | 組內 | 197.319 | 643 | | | |
| | 自我保衛 | 組間 | 1.561 | 3 | .918 | .432 | |
| | | 組內 | 364.572 | 643 | | | |
| d.政治安全 | 大陸印象 | 組間 | 1.742 | 3 | .805 | .492 | |
| | | 組內 | 464.758 | 644 | | | |
| | 金廈關係 | 組間 | 2.287 | 3 | 2.033 | .108 | |
| | | 組內 | 241.434 | 644 | | | |
| e.未來發展 | 直航政策 | 組間 | 2.574 | 3 | 1.071 | .361 | |
| | | 組內 | 515.253 | 643 | | | |
| | 金廈未來發展 | 組間 | 1.600 | 3 | .894 | .444 | |
| | | 組內 | 383.586 | 643 | | | |

*收入分成：1）30 萬元以下　2）31～50 萬元　3）51～70 萬元　4）超過 71 萬元以上

　　上述假設檢定中不同年收入的金門民眾對小三通之後社會安全、軍事安全、政治安全、未來發展之構面的看法皆顯示沒有差異，因此本研究進一步檢視不同年收入的金門民眾對小三通之後社會安全、軍事安全、政治安全、未來發展之各題項的看法是否有差異。根據依單因子變異數

　　分析結果，顯示金門民眾年收入的不同並不會影響其對小三通之後政治安全之各題項的同意程度；而其他如社會安全、軍事安全及未來發展的題項檢定結果敘述如下：

　　根據表 39 的結果顯示，樣本之所得高低會影響其對於開放小三通對於社會安全的同意程度，根據事後比較得知，針對「如果大陸食品經過合法檢查進口，且價格比較便宜，會減少我對購買台灣產品的意願。」的同意程度，年所得高於 71 萬元的樣本之同意程度顯著性的高於年收入低於 30 萬的樣本群，表示年收入高於 71 萬元的收入者較年收入 30 萬的民眾認為經過合法檢查進口的大陸廉價產品，將改變其購買台灣產品的意願。而針對「開放小三通後，我認為仍要繼續對取締「岸邊交易（與大陸漁民在我岸邊交易）」之事後比較分析的結果得知，年所得高於 71 萬元的樣本之同意程度顯著性的高於年收入為 31 到 50 萬元的樣本群，表示高於 71 萬元的民眾較年收入為 31 到 50 萬元者認為應持續取締「岸邊交易」。

表 39　收入 VS 其對於小三通對社會安全的影響同意度之差異性分析

| | 收入 | 樣本數 | 平均數 | 標準差 | F 值 | 事後比較 |
|---|---|---|---|---|---|---|
| 如果大陸食品經過合法檢查進口，且價格比較便宜，會減少對台灣產品的意願。 | <30 萬（a） | 270 | 3.06 | 1.077 | 3.403* | d>a |
| | 31～50 萬（b） | 171 | 3.29 | 1.120 | | |
| | 51～70 萬（c） | 95 | 3.31 | 1.158 | | |
| | >71 萬（d） | 113 | 3.42 | 1.132 | | |
| 開放小三通後，我認為仍要繼續取締「岸邊交易」。 | <30 萬（a） | 270 | 3.66 | .913 | 3.639* | d>b |
| | 31～50 萬（b） | 171 | 3.44 | 1.018 | | |
| | 51～70 萬（c） | 95 | 3.52 | 1.100 | | |
| | >71 萬（d） | 113 | 3.81 | .999 | | |

　　根據表 40 的結果顯示，樣本之所得高低會影響其對於開放小三通對於軍事安全的同意程度，包括「我認為小三通之後金門應該持續撤軍，直到沒有軍人駐守而成為非軍事區。」、「我認為小三通之後，金門仍然要維持相當的兵力，以維護我國家安全。」與「小三通之後，我會擔憂金門會再度成為兩岸衝突之犧牲品。」的同意程度。

　　根據事後比較的結果顯示，針對「我認為小三通之後金門應該持續撤軍，直到沒有軍人駐守而成為非軍事區。」部份，所得收入高於 51 萬的民眾之同意程度顯著性的高於所得收入低於 50 萬的民眾，表示年收入高於 51 萬元的民眾較年收入低於 50 萬元的民眾更認為金門應持續撤軍。

　　針對「我認為小三通之後，金門仍然要維持相當的兵力，以維護我國家安全。」部份，年收入高於 70 萬元的民眾較年收入低於 50 萬元的民眾更認為金門應維持相當的兵力。

　　針對「小三通之後，我會擔憂金門會再度成為兩岸衝突之犧牲品。」部份，年收入高於 70 萬元的民眾較年收入低於 30 萬元的民眾更擔心金門成為兩岸衝突的犧牲品。

表 40　收入 VS 其對於小三通對軍事安全的影響同意度之差異性分析

| | 收入 | 樣本數 | 平均數 | 標準差 | F 值 | 事後比較 |
|---|---|---|---|---|---|---|
| 我認為小三通之後金門應該持續撤軍，直到沒有軍人駐守而成為非軍事區。 | <30 萬（a） | 270 | 2.10 | 1.035 | 17.435* | c>a |
| | 31～50 萬(b) | 170 | 2.28 | 1.182 | | d>a |
| | 51～70 萬(c) | 95 | 2.77 | 1.233 | | c>b |
| | >71 萬（d） | 113 | 2.91 | 1.286 | | d>b |
| 我認為小三通之後，金門仍然要維持相當的兵力，以維護國家安全。 | <30 萬（a） | 269 | 4.03 | .979 | 7.661* | c>a |
| | 31～50 萬(b) | 171 | 3.96 | 1.014 | | d>a |
| | 51～70 萬(c) | 95 | 3.61 | 1.065 | | d>b |
| | >71 萬（d） | 113 | 3.59 | 1.049 | | |
| 小三通之後，我會擔憂金門再度成為兩岸衝突的犧牲品。 | <30 萬（a） | 270 | 3.47 | 1.100 | 4.972* | d>a |
| | 31～50 萬(b) | 171 | 3.20 | 1.120 | | |
| | 51～70 萬(c) | 95 | 3.17 | 1.117 | | |
| | >71 萬（d） | 113 | 3.04 | 1.113 | | |

　　根據表 41 的結果顯示，樣本之所得高低會影響其對於小三通未來發展的同意程度，根據事後比較分析的結果顯示，針對「是否應該繼續辦理金廈「小三通」」此變項的同意程度，年收入低於 30 萬的樣本群之同意程度顯著性的高於年收入高於 71 萬的樣本群，顯示年收入越低的民眾越同意可以繼續辦理金廈小三通政策。

表 41　收入 VS 其對於小三通未來發展之同意度之差異性分析

| | 收入 | 樣本數 | 平均數 | 標準差 | F 值 | 事後比較 |
|---|---|---|---|---|---|---|
| 是否應該繼續辦理金廈「小三通」 | <30 萬（a） | 270 | 2.47 | .911 | 4.012 | a>d |
| | 31～50 萬（b） | 171 | 2.30 | 1.005 | | |
| | 51～70 萬（c） | 95 | 2.34 | .974 | | |
| | >71 萬（d） | 112 | 2.10 | 1.013 | | |

(6) 假設 2-6：不同政黨屬性之金門民眾，對金廈小三通政策之安全影響認知會有差異。

　　1. 假設 2-6-a 是否為特定政黨屬性之金門民眾，對金門小三通後的社會安全之問題的看法有差異性存在。

　　2. 假設 2-6-b 是否為特定政黨屬性之金門民眾，對金門小三通後的經濟安全之問題的看法有差異性存在。

　　3. 假設 2-6-c 是否為特定政黨屬性之金門民眾，對金門小三通後的軍事安全之問題的看法有差異性存在。

　　4. 假設 2-6-d 是否為特定政黨屬性之金門民眾，對金門小三通後的政治安全之問題的看法有差異性存在。

　　5. 假設 2-6-e 是否為特定政黨屬性之金門民眾，對金門小三通後的未來發展之問題的看法有差異性存在。

　　　採用 t 檢定進行統計假設檢定，所得結果如表 42。根據表 42 結果顯示，有無特定的政黨屬性只有在「經濟安全－便利投資」與「政治安全－金廈關係」兩個構面產生顯著性的差異。

　　　「經濟安全－便利投資」上，有政黨屬性的民眾較沒有政黨屬性的民眾更認同開放小三通後，金門資金會更快、更

多的流向大陸，因此認為應吸引工業進駐，並設立跨海大橋以節省時間，以成立經濟特區或免稅特區繁榮地區經濟。

「政治安全－金廈關係」上，有政黨屬性的民眾較沒有政黨屬性的民眾更認同小三通後，金門人對廈門的印象更加良好，金廈之間的關係更加緊密，而在政治上會逐漸向大陸靠攏，亦認為持續小三通有助於兩岸關係的發展。

表 42　特定政黨屬性 VS 其對於相關安全議題的
影響同意度之差異性分析

| 政策之安全影響認知 | 因素構面 | 特定政黨屬性 | 樣本數 | 平均數 | 標準差 | T 值 | 顯著性 |
|---|---|---|---|---|---|---|---|
| a.社會安全 | 食品安全 | 有政黨屬性* | 277 | 4.0084 | .73085 | .933 | .35 |
| | | 沒有政黨屬性 | 373 | 3.9544 | .72916 | | |
| | 岸邊交易 | 有政黨屬性 | 278 | 3.5396 | .79043 | 1.789 | .07 |
| | | 沒有政黨屬性 | 374 | 3.4314 | .72646 | | |
| | 治安問題 | 有政黨屬性 | 277 | 2.9627 | .56092 | 1.222 | .22 |
| | | 沒有政黨屬性 | 374 | 3.0143 | .49100 | | |
| b.經濟安全 | 大陸投資 | 有政黨屬性 | 275 | 3.5345 | .62695 | 1.638 | .10 |
| | | 沒有政黨屬性 | 372 | 3.4505 | .66796 | | |
| | 便利投資 | 有政黨屬性 | 276 | 3.7754 | .71178 | 2.920 | *.00* |
| | | 沒有政黨屬性 | 373 | 3.6119 | .69973 | | |
| | 金門經濟 | 有政黨屬性 | 277 | 2.4801 | .84943 | 1.302 | .19 |
| | | 沒有政黨屬性 | 374 | 2.5695 | .87755 | | |
| c.軍事安全 | 金門安全 | 有政黨屬性 | 278 | 3.1990 | .55895 | .718 | .47 |
| | | 沒有政黨屬性 | 372 | 3.1676 | .54808 | | |
| | 自我保衛 | 有政黨屬性 | 278 | 2.9613 | .80308 | 1.357 | .17 |
| | | 沒有政黨屬性 | 372 | 2.8790 | .71054 | | |

| d.政治安全 | 大陸印象 | 有政黨屬性 | 277 | 2.3935 | .85890 | .244 | .80 |
| | | 沒有政黨屬性 | 374 | 2.3770 | .84581 | | |
| | 金廈關係 | 有政黨屬性 | 278 | 3.2140 | .63485 | 2.630 | *.00* |
| | | 沒有政黨屬性 | 373 | 3.0865 | .59461 | | |
| e.未來發展 | 直航政策 | 有政黨屬性 | 277 | 3.2190 | .90987 | .076 | .93 |
| | | 沒有政黨屬性 | 373 | 3.2136 | .89032 | | |
| | 金廈未來發展 | 有政黨屬性 | 277 | 2.7419 | .79808 | .733 | .46 |
| | | 沒有政黨屬性 | 373 | 2.7869 | .75546 | | |

*有政黨屬性包括的樣本有民進黨、國民黨、親民黨、新黨與台聯

## （三）假設三檢定結果

金門民眾的社經背景與其小三通親身經驗之關係。

(1) H3-1：金門民眾社經背景與其是否有經由小三通前往大陸經驗之關係。

透過交叉表分析結果顯示（如表 43、表 44），樣本群其年齡、年所得等個人社經背景特性與是否有經由小三通前往大陸的經驗有顯著的關係存在，而性別、教育程度、職業、政黨屬性與是否有經由小三通前往大陸的經驗沒有顯著的關係存在。

在年齡分布上，本研究調查的樣本群中有 69.1%的樣本曾經由小三通前往大陸，有 30.9%的樣本未曾經由小三通前往大陸。依曾經由小三通前往大陸的樣本而言，以年齡層為 20～30 歲、31～40 歲的樣本比例最高，分別為 32.5%及 30.7%，其次為 41～50 歲的樣本比例為 24.1%。依各年齡層是否經由小三通前往大陸而言，年齡為 31～40 歲、41～50 歲、51

～60 歲的樣本曾經經由小三通前往大陸的比例皆高達 74%
以上，而年齡為 20～30 歲的樣本曾經經由小三通前往大陸
的比例相對的低於其他年齡層的比例，因此樣本群中年齡層
為 31～40 歲、41～50 歲、51～60 歲的樣本相對上有較多經
由小三通通前往大陸的經驗。

在年所得分布上，本研究調查的樣本群中有 69.2%的樣
本曾經由小三通前往大陸，有 30.8%的樣本未曾經由小三通
前往大陸。依曾經由小三通前往大陸的樣本而言，以年所得
為 30 萬元以下的樣本比例最高，佔 37.4%，其次為年所得
31～50 萬元的樣本，佔 30.5%。依各年所得分類是否經由
小三通前往大陸而言，以年所得為 31～50 萬元、51～70 萬
元的樣本曾經經由小三通前往大陸的比例最高，二者皆達
77%以上，而年所得為 91 萬元以上及 30 萬元以下的樣本曾
經經由小三通前往大陸的比例相對的低於其他年所得者，因
此年所得為 31～50 萬元、51～70 萬元的樣本相對上有較多
經由小三通前往大陸的經驗。

表 43　經由小三通前往大陸之經驗 VS 年齡之交叉分析

| | | 是否曾經去過廈門 | | 卡方值 | 顯著性 |
| | | 否 | 是 | | |
|---|---|---|---|---|---|
| 20～30 歲 | 次數 | 105 | 146 | 25.84 | 0.000 |
| | 欄（%） | 41.8% | 58.2% | | |
| | 列（%） | 52.2% | 32.5% | | |
| 31～40 歲 | 次數 | 46 | 138 | | |
| | 欄（%） | 25.0% | 75.0% | | |
| | 列（%） | 22.9% | 30.7% | | |

| | | 27 | 108 | | |
|---|---|---|---|---|---|
| 41～50 歲 | 次數 | 27 | 108 | | |
| | 欄（%） | 20.0% | 80.0% | | |
| | 列（%） | 13.4% | 24.1% | | |
| 51～60 歲 | 次數 | 16 | 46 | | |
| | 欄（%） | 25.8% | 74.2% | | |
| | 列（%） | 8.0% | 10.2% | | |
| 60 歲以上 | 次數 | 7 | 11 | | |
| | 欄（%） | 38.9% | 61.1% | | |
| | 列（%） | 3.5% | 2.4% | | |
| 總合 | 次數 | 201 | 449 | | |
| | 欄（%） | 30.9% | 69.1% | | |
| | 列（%） | 100.0% | 100.0% | | |

表 44　經由小三通前往大陸之經驗 VS 年所得之交叉分析

| | | 是否曾經去過廈門 | | 卡方值 | 顯著性 |
|---|---|---|---|---|---|
| | | 否 | 是 | | |
| 30 萬元以下 | 次數 | 102 | 168 | 22.500 | 0.000 |
| | 欄（%） | 37.8% | 62.2% | | |
| | 列（%） | 51.0% | 37.4% | | |
| 31～50 萬元 | 次數 | 34 | 137 | | |
| | 欄（%） | 19.9% | 80.1% | | |
| | 列（%） | 17.0% | 30.5% | | |
| 51～70 萬元 | 次數 | 21 | 74 | | |
| | 欄（%） | 22.1% | 77.9% | | |
| | 列（%） | 10.5% | 16.5% | | |
| 71～90 萬元 | 次數 | 19 | 36 | | |
| | 欄（%） | 34.5% | 65.5% | | |
| | 列（%） | 9.5% | 8.0% | | |

| | | 24 | 34 | | |
|---|---|---|---|---|---|
| 91 萬元以上 | 次數 | 24 | 34 | | |
| | 欄（%） | 41.4% | 58.6% | | |
| | 列（%） | 12.0% | 7.6% | | |
| 總合 | 次數 | 200 | 449 | | |
| | 欄（%） | 30.8% | 69.2% | | |
| | 列（%） | 100.0% | 100.0% | | |

# 伍、結論與建議

## 一、結論

### （一）問卷抽樣調查部份

　　本研究之主要研究對象為年滿 20 歲以上的金門地區民眾，抽樣調查份數 900 份問卷，回收 701 份問卷，有效問卷份數為 652 份。其中，女性樣本略高於男性樣本；而年齡則以 20～30 歲的樣本群居多；職業以從事商業活動及軍公教人員佔半數以上；收入方面半數以上年所得低於 50 萬元；政黨認同上有將近六成的民眾沒有特定的政黨屬性；居住地區以金城鎮所佔比例最高。

　　受訪者個人親身經驗上，是否曾經由小三通前往大陸旅遊部份，近七成左右的受訪者有經由小三通前往大陸的經驗；而到大陸的平均花費，多數介於一萬到二萬台幣之間；到大陸之主要目的則以旅遊為主。

## （二）金廈小三通政策之安全影響認知

社會安全部份，受訪者認為開放小三通之後，金門地區的整體治安沒有比較好，大陸開放觀光客到金門旅遊後，金門的治安變的較差，而市面上的大陸貨與台灣產品，受訪者仍對台灣產品的購買意願較高與信賴較佳。

經濟安全部份，受訪者認為金門應該成立經濟特區，或免稅區，但不應引進廉價的大陸勞工及設立賭場以吸引大陸觀光客。

軍事安全部分，受訪者認為小三通後，金門目前不具戰備防禦之能力，仍擔憂金門再度成為兩岸衝突的犧牲品，因此多數人皆認同要維持相當的兵力以維護金門安全，不同意持續撤軍成為非軍事區。

政治安全部份，受訪者認為小三通後，金門人會逐漸向大陸靠攏，金廈之間的關係將因小三通而更加緊密，且持續小三通有助於兩岸關係的發展。多數受訪者因小三通之後對廈門的印象良好，但小三通之後對中國大陸及其官員並沒有增加良好印象。在族群認同上，約四成的受訪者認為自己既是台灣人也是中國人，兩岸之關係上則有超過六成的受訪者認為台灣與中國應該維持現狀。

環境安全部份，普遍會擔心小三通後，金門地區的環境衛生安全之相關的問題，認為大陸的環境衛生欠佳、大陸傳染病的傳播及傳染性疾病嚴重，因此認為政府應該加強來自大陸方面的傳染病管制與防疫，其次環境衛生與垃圾漂流也是金門民眾非常擔憂的議題。

　　未來發展部份，約有超過四成的受訪者認為小三通實施以來並未達成促進金門地區之建設與發展的目標，約二成七的受訪者認為有達到當初的目標設定；近半數的受訪者認為台灣與大陸直接通航後，對於金門是有負面的影響；近五成的受訪者認為台灣與大陸直接通航的時間的長短沒有意見，約有三成的受訪者認為通航時間慢一點比較好；半數以上受訪者認為政府應繼續辦理金廈小三通。

## （三）測量值轉換結果

　　本研究採用 Cronbach's α 針對金廈小三通政策之安全影響認知（小三通對社會安全的影響、三通對經濟安全的影響、小三通對軍事安全的影響、小三通對政治安全的影響、小三通未來的發展）檢測其問卷題項之信度，因此本研究之上述量表題項檢測結果皆達到 0.5 以上為一致、穩定與具有可靠性的量表，唯小三通對環境安全部份，未達檢測標準，因此未進行因素分析。

　　運用因素分析進行小三通政策在社會安全、經濟安全、軍事安全、政治安全、與未來發展等題項縮減，以萃取出較有意義的因素構面，其中小三通對社會安全的影響萃取出食品安全、岸邊交易、治安問題等構面；小三通對經濟安全的影響萃取出大陸投資、便利投資、金門經濟等構面；小三通對軍事安全的影響萃取出金門安全、自我保衛等構面；小三通對政治安全的影響萃取出大陸印象、金廈關係等構面；小三通未來的發展萃取出直航政策、金廈未來發展等構面。

## （四）假設檢定結果

　　金門縣民眾對金廈小三通政策之安全影響認知（包含社會安全影響、經濟安全影響、軍事安全影響、政治安全影響、未來發展影響等部份）的看法分別會受到個人親身經驗與社經背景的影響如下：

1. 在社會安全議題構面上會受到是否前往過大陸旅遊、性別、年齡、教育程度、及職業等的影響。

　　　「社會安全－食品安全」構面上，女性、20～30歲、教育程度為大專以上及高中以上的受訪者相較於男性、41～50歲、教育程度為國中以下之受訪者更同意開放小三通後，市面上大陸食品及物品的種類變多，但目前市面上販賣的大陸食品，並不能安心食用，因此將會優先選用台灣產品。

　　　「社會安全－岸邊交易」構面上，未曾經由小三通前往大陸的受訪者、女性、從事農漁業之受訪者相較於未曾經由小三通前往大陸、男性、從事工業的受訪者更同意開放小三通後，金門「岸邊交易」的情況比以前更嚴重，認為「岸邊交易」購買大陸貨是犯罪的行為，因此開放小三通後仍要繼續取締「岸邊交易」。

2. 在經濟安全議題構面上會受到是否經由小三通前往過大陸旅遊、性別、年齡、教育程度、職業、年收入、及政黨屬性等的影響。

　　　「經濟安全－大陸投資」構面上，曾經由小三通前往大陸、男性、教育程度為大專以上、年收入高於71萬元的受訪者相較於未曾經由小三通前往大陸、女性、教育程度為國中

以下及高中程度、年收入低於 30 萬元的受訪者更認同開放小
三通後，有助於金門地區的經濟發展，而金門未來的經濟發
展應該會與大陸更緊密結合，且經濟上對大陸依賴會愈來愈
重；同時亦認同大陸貨物由金門中轉至台灣的政策及金門當
地銀行兌換人民幣的政策值得推動。

　　「經濟安全－便利投資」構面上，男性、有政黨屬性的
受訪者相較於女性、沒有政黨屬性的受訪者更認同開放小三
通後，金門資金會更快、更多的流向大陸，因此認為應吸引
工業進駐，並設立跨海大橋以節省時間，以成立經濟特區或
免稅特區繁榮地區經濟。

　　「經濟安全－金門經濟」構面上，曾經由小三通前往大
陸、男性、年收入高於 71 萬元與 51～70 萬元的受訪者相較
於未曾經由小三通前往大陸、女性、年收入低於 30 萬元的受
訪者較認同開放小三通後，金門人會在大陸置產或投資，亦
認同金門應該設立賭場以吸引大陸觀光客及引進廉價的大陸
勞工。

3. 就軍事安全議題構面上會受到性別、年齡、教育程度、職業、
及年收入等的影響。

　　「軍事安全－金門安全」構面上，男性受訪者較女性受
訪者不擔憂金門再度成為兩岸衝突的犧牲品，但不認同小三
通之後金門應持續撤軍，直到沒有軍人駐守而成為非軍事
區，且認為金門仍然要維持相當的兵力，以維護國家安全。

　　「軍事安全－自我保衛」構面上，女性、年齡為 41～50
歲及超過 51 歲、教育程度為國中以下與高中、從事商業的受
訪者相較於男性、年齡為 20～30 歲及 31～40 歲、教育程度

為大專以上、從事軍公教的受訪者更同意小三通之後，大陸仍可能以軍事攻擊金門，如果共軍登陸願犧牲生命以保衛金門，因此金門民眾仍具戰鬥與敵我意識，並具有防衛之能力。

4. 就政治安全議題構面上會受到是否經由小三通前往過大陸旅遊、性別、教育程度、職業、及政黨屬性等的影響。

「政治安全－大陸印象」構面上，曾經由小三通前往大陸、教育程度為國中以下與高中、從事工業的受訪者相較於未曾經由小三通前往大陸、教育程度為大專以上、從事軍公教的受訪者更認同金門人會因開放小三通而對於中國大陸及中國大陸官員的印象更加良好。

「政治安全－金廈關係」構面上，男性、有政黨屬性的受訪者相較於女性、沒有政黨屬性的受訪者更認同小三通後，金門人對廈門的印象更加良好，金廈之間的關係更加緊密，而在政治上會逐漸向大陸靠攏，亦認為持續小三通將有助於兩岸關係的發展。

5. 在未來發展議題構面上會受到性別及教育程度的影響。

「未來發展－金廈未來發展」構面上，女性、教育程度為高中的受訪者相較於男性、教育程度大專以上受訪者更認同實施小三通有達成促進金門地區的建設與發展，政府應繼續辦理金廈小三通。

其中，個人親身經驗與社經背景的關係以經由小三通前往大陸的經驗與其年齡、所得等有顯著的關係存在，年齡層為 31～40 歲、41～50 歲、51～60 歲的樣本及年所得為 31～50 萬元、51～70 萬元的樣本皆多數有經由小三通前往大陸的經驗。

表 45　假設檢定顯著性摘要表

| 自變項 | 依變項 | | | | | | | | | | | |
| --- | --- | --- | --- | --- | --- | --- | --- | --- | --- | --- | --- | --- |
| | 社會安全 | | | 經濟安全 | | | 軍事安全 | | 政治安全 | | 未來發展 | |
| | 食品安全 | 岸邊交易 | 治安問題 | 大陸投資 | 便利投資 | 金門經濟 | 金門安全 | 自我保衛 | 大陸印象 | 金廈關係 | 直航政策 | 金廈未來發展 |
| 是否前往過大陸 | | ＊ | | ＊ | | ＊ | | | ＊ | | | |
| 性別 | ＊ | ＊ | | ＊ | ＊ | ＊ | ＊ | ＊ | | ＊ | | ＊ |
| 年齡 | ＊ | | | | ＊ | ＊ | | ＊ | | | | |
| 教育程度 | ＊ | | | ＊ | | ＊ | | | ＊ | ＊ | | ＊ |
| 職業 | | ＊ | | | | ＊ | | | ＊ | ＊ | | |
| 年收入 | | | | ＊ | | ＊ | | | | | | |
| 政黨屬性 | | | | | ＊ | | | | | ＊ | | |

＊表示該假設有達到顯著差異

## 二、研究建議

　　本研究建議可區分為政策實施成效、對政府政策實行的建議及對後續研究的建議三大部份,其中對政府政策實行的建議,將依據社會安全、經濟安全、軍事安全、政治安全、環境安全、及未來發展部份分別提出改善意見。

## (一)政策實施成效

　　研究結果顯示受訪者認為小三通實施以來,並未完全達成促進金門地區之建設與發展的目標,僅不到三成的受訪者認為有達到當初的目標設定,可見受訪者普遍認為小三通仍可為金門帶來

更好的發展，而實施至今並未有許多促進金門發展的事蹟廣為人民所讚賞，但仍有半數以上受訪者支持政府應繼續辦理金廈小三通政策，對未來的小三通政策寄予期望。

　　兩岸直航的議題有近半數的受訪者認為台灣與大陸直接通航後，對於金門是有負面的影響，多數皆希望能慢一點實施直接通航，政府應考量直航後對金門可能的影響，並及早做好應對措施。

## （二）對政府金廈小三通政策實行的建議

(1) 社會安全部分：

1. 金門地區的整體治安應加強維護，以袪除民眾對治安變壞的恐懼和疑慮。
2. 嚴格對大陸產品品質加強查驗，以確保民眾食的安全。
3. 嚴格加強取締岸邊交易，杜絕走私、偷渡案件發生。
4. 有關「除罪化」問題，應重新評估當地實際需要與民生需求，先確認係出於當地人民之需要，且未有妨礙國家安全之虞者，才准予考量開放，並應加強宣導，避免民眾對「除罪化」錯誤的認知，以進一步確保我社會與國家安全。

(2) 經濟安全部分：

1. 可於金門成立經濟特區或免稅區等，或藉由目前小三通所形成的經濟圈，將兩岸共同推動農業交流、物流整合以及進一步推動「金廈經濟商圈」等合作方案更加具體化。

2. 在可維持自給自足的條件下，減少過度依賴大陸經濟之可能性。

3. 創造出金門當地獨特的特色和優勢，有效結合金廈的差異性和依存度，進而經由經貿交往，促進兩岸利益與建立和平關係。

(3) 軍事安全部分：

1. 金門民眾對於兩岸軍事衝突的疑慮仍在，應在兩岸達成互信的基礎上，以持續開放小三通直航互表誠意，以增加接觸並減少兩岸摩擦和軍事衝突的機會。

2. 在中共迄未放棄以武力解決台海問題，且我又持續在外島撤軍之政策下，可嘗試在金門、馬祖外島設立「和平實驗區」、「軍事緩衝區」等做為緩衝機制，以減少直接對台灣本島軍事安全上的衝擊，

(4) 政治安全部分：

1. 小三通後金廈之間的關係更加緊密，可透過「第二軌道」的民間交流，進而影響兩岸官方朝向和平共存的方向發展。

2. 在現行階段，統獨問題恐激化兩岸的對立和衝突，本研究亦顯示受訪民眾超過六成認為台灣與中國應該維持現狀，主張統一的只有 10%左右，主張台灣獨立的只有 3%。兩岸如能暫時拋開統獨議題以減少衝突的可能性，對於金、馬外島以及國家安全均有較為正面的影響。

(5) 環境安全部分：

1. 加強來自中國大陸方面的傳染病管制與防疫工作。應建立兩岸之間疫情信息監控系統，以切實掌握疫疾病；另在入出境口岸方面，亦應加強對進出口貨物和人員的檢疫工作。
2. 環境衛生與垃圾漂流造成隱憂，應廣邀金門地區社團機關共同維護遭污染的海灘，並與廈門地方當局達成環保共識，共維海岸環境生態與安全。
3. 有關環境衛生安全方面，兩岸政府更應隨時保持聯繫、達成共識，並建立專責與互信機制，以確保雙方環境安全方面之無虞。

（三）後續研究建議

(1) 透過本研究可瞭解現階段金門民眾對於小三通政策實施的政策安全認知，然而政策安全面向廣泛，未來研究將針對單一因素或構面進行研究。
(2) 本研究中的性別與教育程度皆可檢測出對於小三通政策實施後的政策安全認知上之不同，因此具有差異，未來政府單位應普及政策與資訊予各階層民眾，並可事先藉由民眾的性別及教育程度瞭解民眾對政策安全的需求。

（本文部分發表於國內 TSSCI 期刊以及具有審查制度之期刊）

# 「小三通」後金廈走私與
# 偷渡跨境犯罪之研究

## 壹、前言

　　近年來，儘管兩岸之間的關係錯綜複雜，但是雙方仍有部分政策施行，讓兩岸的交流持續擴大，「小三通」即是其中之一。隨著兩岸局勢從軍事對抗走向民間交流，原本位於戰爭最前線的金門也在 1992 年 11 月 7 日解除戒嚴並終止戰地政務，門戶自是洞開。金門又因與廈門僅一水之隔，有其歷史同源與地理接近之利，自古以來金廈兩地即往來熱絡，直至一九四九年兩岸分治時才中斷。自從金門解除戒嚴，海防與邊防不再如以往嚴密之後，金廈海域的民間交流又開始恢復。1998 年 5 月，中共國務院亦批准在金門對岸的大嶝島設立對台小額貿易商品交易市場，致使金廈海域之民間貿易更趨頻繁。在此趨勢之下，加上金門、馬祖民意的壓力，我政府遂於 2000 年 3 月 21 日通過「離島建設條例」，規定：「在台灣本島與大陸地區全面通航之前，得先試辦金門、馬祖、澎湖地區與大陸地區通航，不受台灣地區與大陸地區人民關係條例等法令限制。……」其後，立法院又於同年 6 月 13 日決議：「政府應在三個月內完成小三通評估，在三個月內完成規

劃後，隨即實施優先試辦項目：一、除罪化。[1]二、可操之在我部分。[2]……」，據此，行政院乃相繼擬具兩岸「小三通」影響評估報告，並完成修正後轉立法院備查，使小三通的規劃有了具體的藍圖。[3]行政院復於 2000 年 12 月 15 日發布「試辦金門馬祖與大陸地區通航實施辦法」，並於 2001 年 1 月 1 日起正式實施。

　　金廈小三通是金門戰地角色不變與轉型的重要轉捩點，但是金廈交流所衍生的相關問題卻正方興未艾，其中又以治安問題最為立即和明顯。金門在實施戰地政務期間，屬行軍、政一元化的政策，其治安情況一直獲得有效的控制，在 1992 年解除戒嚴之前，每年犯罪案件總數始終維持在兩百件以下，而走私與偷渡更是絕少。解除戒嚴之後，金廈海域活動日熾，走私偷渡亦逐漸興盛。小三通實施之後，金廈海域的走私與偷渡活動並不見趨緩，尤有進者，走私與偷渡不僅在方式上產生變化，走私毒品之犯罪案件更是時有所聞。[4]

---

[1] 小三通有關「除罪化」問題主要是考量金馬地區與大陸地區不可分割之密切關係及民生需求，經分析若犯罪行為係出於當地人民之需要，且無礙國家安全者，將優先考量開放或放寬管制，予以「除罪化」；惟若考量有違國家安全或非關當地民生需求者，則不予「除罪化」。

[2] 「可操之在我」之意義係指小三通之規劃事項，不必然須經兩岸協商即可運作。大致上可分為兩類：（一）大陸方面已對我方民眾或業者開放，只要該等開放措施不改變，即可運作。（二）我方對大陸民眾或業者主動開放，若大陸方面不作相對限制，即可運作。參閱陳建民，《兩岸關係發展過程中金門角色變遷與定位之研究──「小三通」後的觀察》（台南：久洋出版社，2003 年 3 月），頁 40-41。

[3] 行政院大陸委員會編，《兩岸「小三通」影響評估及規劃方向》（台北：行政院大陸委員會，2000 年 10 月 2 日），頁 1-2。

[4] 例如：根據報導指出，金門縣警局於 2005 年 9 月 18 日配合基隆市警局與高雄海關金門辦事處、海巡署、境管局等單位共同查獲假台商利用小三通管

　　金廈之間的問題涉及兩岸複雜的政治、經濟與社會等層面，金廈之間的治安問題，不能僅靠金廈兩地之地方政府可以獨立解決，必須要有兩岸中央政府的支持才可能有進一步的互動和合作，[5]而金廈海域之走私與偷渡問題，不啻為兩岸走私偷渡問題之縮影，探討此項問題亦有助於瞭解兩岸之間相關犯罪行為。然而金廈之間的小三通又添增了其間的複雜性，包括政治上和政策上等方面的因素，都是影響金廈海域走私偷渡的重要因素。本研究有鑒於此，乃藉由相關文獻與統計資料，針對小三通實施後金廈海域之治安狀況加以分析，從而探討走私與偷渡活動之發生原因、特性與模式等，並據以分析其對兩岸關係所造成的影響，俾提供防制上之可行策略。

# 貳、走私與偷渡之相關理論與成因

## 一、相關理論與文獻探討

　　「走私」一詞，依據《辭源》的解釋即「不依法律納稅私運貨物之行為」。惟在現行兩岸各屬不同的制度之下，亦有不同的

---

道，自廈門搭船入境金門並夾帶海洛英闖關之案件。警方從嫌犯穿在身上的運動鞋內，起出所夾帶的 348.3 公克海洛英粉末，企圖從廈門經金門小三通路線中轉至台中。〈小三通旅客夾帶毒品闖關台籍男子送辦〉，《金門日報》，2005 年 9 月 19 日，http://web2.kinmen.gov.tw/eNews/index/eNews.aspx。

[5]　楊永年，〈金廈地區治安管理之研究〉，《金廈地區治安管理研討會論文集》，2003 年 2 月 22 日，頁 3。

法律規定。依據「中華人民共和國暫行海關法」之規定，走私係指運輸或攜帶貨物、貨幣、金銀及其他物品，不經過設關地方進出國境，或經過設關地方而逃避監管者；至於我國之規定，依據「海關緝私條例」第三條之規定，走私係指意圖規避檢查、偷漏關稅或逃避管制，未經向海關申報而運輸貨物進、出國境而言。[6]本文所指的「走私」主要是指兩岸三地之間私運貨物進、出國境之違法犯罪行為。至於「偷渡」一詞僅為通俗之說法，若依法律上之用語與概念言之，則應以「非法入出境」或「非法移民」（illegal immigrant）稱之，較能符合現今各國對「偷渡」內容之詮釋。[7]就一般學者的看法，「偷渡」可以視為是一種非法入境行為和非法移民現象，亦即一種違反國家出入境管制的人口流動。[8]依據中國大陸「全國人大常委會關於嚴懲組織、運送他人偷越國（邊）境犯罪的補充規定」，「偷渡」係指以勞務輸出、經貿往來或者其他名義，弄虛作假，騙取護照、簽證等出境證件或為他人提供偽造、變造的護照、簽證等出入境證件，或者倒賣護照、簽證等出入境證件，為組織、運送他人偷越國（邊）境等行為；至於我國之規定，依據「國家安全法」之立法意旨，指「凡未持有合法入出境證件，且未經主管機關許可，而企圖入出境者」，皆可稱

---

[6] 「走私」一般咸以為係國與國之間非法輸送貨物，但由於台灣和大陸之間的特殊關係，我政府為有效防止大陸物品非法進入台灣地區，乃於 1985 年 6 月修正懲治走私條例，訂定第十一條的「擬制」走私罪，意指本來並非走私行為，但為了實際需要將該行為視同走私罪處罰。

[7] 邊子光，《兩岸偷渡問題之研究》（桃園：中央警察大學出版社，1994 年 8 月），頁 9。

[8] 馬建文，〈沿海地區偷渡犯罪的特點及對策研究〉，《福建：福建論壇》，第十七卷第五期，2005 年 5 月，頁 77。

之為「偷渡」。而本文所指的「偷渡」係涵蓋「非法入出境」及「非法移民」等法律上用語，即指「未經主管機關許可，任意入出我國境者」而言。

　　走私偷渡之問題，國內外學者從事相關研究者頗多。美國經濟學家 Bhagwati 和 Hansen 於 1973 年所發表的 "A Theoretical Analysis of Smuggling" 首開研究走私行為之風氣。他們將走私行為或非法貿易行為列入國際貿易理論中，並試圖解答走私行為之福利效果。他們認為，走私行為毋寧是對公權力的挑釁，破壞最適關稅政策，導致公共財之機會成本增加。若走私行為相較於合法貿易並無超額成本，就個人福利而言，走私被視為是減少政府扭曲資源分配；因此，對於個人福利而言是有所裨益的。[9]此種理論基本上要先從國際貿易理論的「比較利益法則」去探究，亦即買賣條件的形成是基於兩個國家在生產成本上發生差別，例如工業落後與工業先進國家，前者生產成本高於後者，利潤於是產生，貿易也會自然形成。[10]因此，走私者經由比較利益的結果，選擇了破壞關稅制度的走私行為，以創造個人的最大福利。另外，Martin 和 Panagariya 則從經濟犯罪的角度來分析走私行為，對於走私被查獲機率、走私之實際成本等進行深入分析。他們認為當加強緝私時，將增加每一單位私貨之成本及進口財之國內價

---

[9]　Bhagwati, J. & Hansen B., "A Theoretical Analysis of Smuggling," *Quarterly Journal of Economics*, 1973, May, pp. 172-187.

[10]　有關「比較利益法則」請參閱李厚高，《國際貿易論》（台北：三民書局，1995 年 9 月），頁 27-30；以及李穎吾，《國際貿易》（台北：三民書局，1991 年 8 月），頁 85-95。

格，同時亦降低私貨之絕對量及其占總進口之比率。[11]美國經濟學家 Thursby 等人於 1991 年將 Martin 和 Panagariya 的模型加入市場結構因素，認為走私之福利效果和市場競爭能力有關，加強查緝走私將使私貨減少，價格上揚，消費者剩餘減少，導致福利效果減少。[12]Ko-Iin Chin 於 1996 年分析在美國境內華人組織犯罪集團時發現，華人組織犯罪集團涉及的牟利罪行，除了勒索、賭博、色情、搶劫、及暴力衝突外，尚包括走私毒品及偷渡客等跨境犯罪。其認為「走私毒品」和「走私偷渡客」之間有很多相似之處：兩者都是牽涉到許多國家的跨國性犯罪活動；兩者都非常賺錢；兩者都需要美國華人幫派的協助；兩者似乎都被一群特殊人物所操縱主導，這些人經常四處旅遊，擁有國際連鎖線，並且熟悉金三角及中國大陸或台灣；兩者經常被華人幫派認為是無被害者的活動，因而走私者並沒有被冠上很壞的惡名。走私販子視這兩種行為只是單純的賺錢「商業」活動。[13]Castel & Portes 認為非正式經濟不是一種個別的情境，而是一種賺取所得的過程與生產的特殊形式。在一個同樣的活動是納入合法的、管制的社會環境中，卻不受社會制度的管制。[14]由於非正式經濟產生的形式具多樣性與特殊性，其中之犯罪活動更具有特殊性，因此與其他的

[11] Martin, L. & Panagariya, A., "Smuggling, Trade, and Price Disparity: A Crime-Theoretical Approach," *Journal of International Economics*, 1984, November, pp. 201-217.

[12] Thursby, M., Jensen R., & Thursby J., Smuggling, Camouflaging, and Market Structure, *Quarterly Journal of Economics*, 1991, August, pp. 789-814.

[13] Chin Ko-Iin, *Chinatown Gangs* (New York: Oxford University Press, 1996), p243.

[14] Ports, A, Castells, M, & Benton L. (eds), *The Informal Economy Studies in Advanced and Less Developed Countries* (John Hopkins University Press, 1989), p.12.

非正式活動區分開來。所謂的犯罪活動，特別指生產社會界定為
於法不容的財物或服務，而藉由生產分配的過程與最終產品的合
法性，進而提供了正式、非正式與犯罪經濟的區分面向。[15]準此
觀之，走私與偷渡乃屬於非正式經濟之犯罪活動，殆無疑義。

　　國外學者針對走私偷渡所做的研究大多從經濟學或犯罪學
的角度出發。然而存在於極其複雜的兩岸關係中的走私偷渡問
題，還蘊含著更複雜的因素。在國內方面，有關兩岸走私偷渡之
研究，有研究是以海峽兩岸分裂作為探討的出發點，在兩個政治
實體的架構下，探討兩岸法規與國際間法律衝突適用的解決方
式，進而從雙方的法律制度中尋求解決問題的方案。[16]亦有研究
針對中國大陸經濟制度的轉型，使整個社會產生結構變遷為出發
點，分析社會結構變遷打破了中國大陸控制社會的機制，擴大貧
富之間差距，產生社會不公以及社會治安惡化的現象，而這些重
大刑事案件若以犯罪涉及集體行為及犯罪與政經、或其他社會機
構結合的程度來分析，發展到最後都可能成為跨境犯罪問題。[17]對
於金廈海域走私、偷渡行為的相關研究，有的從小三通之後金
門、馬祖與大陸漁產品交易狀況進行分析，藉以探討大陸漁貨在
成本上較具競爭優勢，使得漁民之交易行為比實際勞動生產較具
經濟效益，從而解釋金廈海域之漁貨走私行為。[18]又有研究是從

[15] 阮冠穎，《跨界地下經濟：「金門小貿易」之社會分析》（台北：國立台灣大
學建築與城鄉研究所碩士論文，2002 年），頁 9。
[16] 黃水願，《海峽兩岸海上犯罪之司法互助研究》（桃園：中央警察大學水上警
察研究所碩士論文，2000 年）。
[17] 許家源，《改革開放後中國大陸跨境犯罪問題之研究——以兩岸組織犯罪為
例》（桃園：中央警察大學公共安全研究所碩士論文，2002 年）。
[18] 鍾馨，《小三通後金馬與大陸漁產品交易狀況之研究》（高雄：國立中山大學

分裂國家的海域活動以及治安維護的角度,分析金門地區走私偷渡問題,並說明了金門與大陸的地緣關係、執法機關的疏漏等造成了金廈海域走私偷的猖獗。[19]從以上國內外的相關理論與研究中不難看出,走私與偷渡乃社會非正式經濟活動的一環,非正式經濟活動依其不同之社會結構與國家政策作用歷程而有不同的特性,必須兼從社會變遷、國家制度、政策內容等面向進行探討。而存在於複雜的兩岸關係中的走私與偷渡問題更有其歷史、地理、經濟等方面的因素。

## 二、兩岸走私與偷渡之主要因素

（一）走私的主要因素：

　　(1) 經濟因素：從上述國內外學者的理論與研究之中,大部分皆認為走私行為是一種非正式經濟活動的犯罪行為。走私所獲取的暴利也是走私者主要的考量因素之一。尤其近年來,台灣海域的漁源大不如前,加上漁業勞動力不足,造成漁業持續不景氣,致使部分漁民為了謀生鋌而走險,進行走私。特別是在經濟結構因素方面,由於大陸方面社會分配失調、貧富差短懸殊、失業人口壓力等,而台灣方面的經濟結構比較健全,人民平均所得較高,遂成了覬覦的標的。此外,在「比較利益法則」的

---

公共事務管理研究所碩士論文,2001 年）。

[19] 翁宗堯,《金門地區走私偷渡問題之研究》（台北：銘傳大學公共事務學研究所碩士論文,民國 2002 年）。

理論之下，大陸方面所生產的物質成本較低，造成大陸方面部分人士為求取利潤，甘冒風險嘗試走私。

(2) 地理因素：台灣與大陸的海域緊密相連，最近之距離亦不過數百海浬，漁船只要幾小時的航程即可到達彼岸，提供走私者便捷的活動管道；加上沿海地區礁石遍布，易於藏匿及掩護，在都使兩岸走私更趨頻繁與猖獗。尤其金門與廈門更是近在咫尺，金廈海域之中線又不甚明朗，走私交易盛行，成為新的漁貨產銷孔道。兩岸漁民極容易在海域上以貨易貨，使走私成為非正式的重要經濟活動。[20]

(3) 社會因素：走私之所以能夠獲取暴利，必須要有良好的銷售市場，換句話說，市場所在的人民亦要有足夠的消費能力才可使走私者有利可圖。由於台灣地區社會安定，經濟繁榮，人民有足夠的消費能力，加上近年來國人崇尚奢華，偏好名牌或大陸酒類、藥材、仿冒品等，更添增走私之誘因。

(4) 執法因素：政府為了達成各項經濟政策，會訂定相關法令以規範人民的經濟活動，若法令有所疏漏或是執法者寬嚴態度不一，將使不法者有機可乘。前述 Martin & Panagariya 之理論得知，當政府加強緝私時，將增加每一單位私貨之成本及進口財之國內價格，同時亦降低私貨之絕對量及其占總進口之比率。因此，執法態度與法令的落實將是影響走私行為的重要因素之一。有效的緝私

---

[20] 金以蕾，《金門開放觀光的社會變遷研究》（台北：國立中興大學都市計劃研究所碩士論文，民國 1994 年），頁 25。

　　人員與裝備更是打擊、遏制走私行為的條件。兩岸對於
走私、偷渡行為的定義及適用之法令見解不一，且迄未
建立共同打擊海上犯罪的協議與聯繫管道，[21]而金廈小三
通實施之後，兩岸民眾又對「除罪化」之內涵產生錯誤
之認知，導致走私情形愈發嚴重。

## （二）偷渡的主要因素：

　　近來年大陸人民偷渡事件仍然層出不窮，中國大陸自從 1978
年實施經濟改革開放政策以來，在東南沿海地區經濟成長快速，
造成貧富懸殊及通貨膨脹。八〇年代中期以後，更在巨大物質利
益的驅使下，東南沿海出現了一股偷渡潮，這股偷渡風潮還擴散
到全中國。剛開始主要是偷渡到日本和台灣，1992 年以後快速蔓
延至美國，並逐漸擴散到歐洲、中南美洲、紐、澳等國家，目前
大陸偷渡潮幾乎已泛濫至全球各地。尤其，隨著大陸經濟制度的
轉型，許多貧窮與失業人口在追求更高之工資的需求下，紛紛設
法搭船或持（冒）用偽變造證件搭機偷渡他國。在兩岸交流愈趨
頻繁之後，透過「人蛇集團」[22]的安排，大陸人民偷渡至台灣，
來去自如並非難事，而自台灣偷渡至大陸者，大多是為非作歹的
不法分，大陸儼然已經成為台灣罪犯的避風港。[23]

---

[21] 傅錦榮，〈金門福建海域執法之現況與困境〉，《金廈地區治安管理學術研討
　　會論文集》，頁 63。
[22] 「人蛇集團」係指居間媒介，且專門安排人民偷渡所組成的犯罪集團或組織。
[23] 沈道震等，《現階段兩岸有關偷渡之相關法令、管理及其問題之研究－兼論
　　「三通」後兩岸共同防制偷渡之可能性》（台北：遠景基金會，2002 年 3 月），
　　頁 17。

　　兩岸偷渡問題，經濟方面的考量厥為最主要的因素之一。除了上述經濟方面的因素之外，兩岸之間偷渡的主要原因，與前述造成走私的問題應有同樣的因素，包括地理因素、社會因素及執法因素等不再贅述。此外，從各種角度探討兩岸偷渡問題之因素，尚包括的其他原因如下：

　　(1) 中國大陸的因素：[24]包括邊防管制鬆散、官員貪腐、政府的態度、[25]觀念的誤導、[26]政治迫害、民工潮、法令與執法問題。[27]

---

[24] 參閱許家源，《改革開放後中國大陸跨境犯罪問題之研究──以兩岸組織犯罪為例》，頁 46-51。

[25] 中共官員在查緝偷渡犯之成效上，讓人質疑其是否默許人民偷渡來台及背後隱藏的動機。另大陸方面僅對累犯、逃犯、軍警、幹部、黨員等偷渡犯視為情節嚴重而追究刑責，對於大部分偷渡來台打工者，均視為情節輕微，僅處以行政罰。參閱謝立功，《兩岸合作共同防制海上犯罪之研究》（國立海洋大學海洋法律研究所碩士論文，1992 年 6 月），頁 94。

[26] 「出國富得快」是改革開放以來，中國大陸人民非法移民潮泛起的一股直接推力，福建地區廣泛流傳的順口溜「想致富、出國路、拉偷渡」一句就可窺一斑。此一現象蔚為風氣後，常有親友代家人張羅、籌措偷渡費用，設法協助早日偷渡他國之情事。參閱張增樑，《大陸地區人民非法入境問題之研究》（台北：三鋒出版社，1995 年 3 月），頁 50。

[27] 中共有關出入境的的法律可謂繁多。然而在現實情況下，中共方面一直稱「偷渡」為「私自去台」或「私渡」，而對於因經濟性目的而偷渡至台的人民，亦多以罰款或罰役取代處罰因偷渡遭遣返的人民，可見其未將單純的「私渡」行為視為是重大犯罪。例如 1982 年 6 月 30 日，由中共最高法院、最高人民檢察院、公安部所共同發函的「關於對非法越境去台人員的處理意見」中就曾指出，凡是未經辦理簽證，而擅自非法越境去台、澎、金、馬等地區者，若純屬好逸惡勞、羨慕資本主義或出於探親、訪友等目的而非法偷渡去台，一般可不追究刑事責任，但應酌情給予必要的感化教育、訓誡或者責令具結悔過。由此可知中共法律對於偷渡來台的縱容態度。參閱邊子光，《兩岸偷渡問題之研究》，頁 18。陳金鐘，《大陸地區人民非法偷渡問題之研究》（花

(2) 台灣的因素：包括台灣與大陸同文同種的歷史因素、台灣
輪船可以自由進入中國大陸沿岸並組織偷渡；台灣勞工短
缺；台灣組織偷渡集團與大陸集團相互勾結等。[28]

# 參、「小三通」後金廈海域走私與偷渡問題

## 一、「小三通」後衍生之治安問題

　　金門地區近五年來檢調單位偵查與小三通有關之犯罪案
件，就總數來講仍是有增無減，但以九十三年成長幅度最大。小
三通之前一年即民國八十九年，金門地區破獲的刑案總數為 305
件，及至九十三年刑案總數竟高達 763 件，增加 458 件，成長率
為 150.16%，亦即一點五倍之多。再以九十三年的資料分別與八
十九年作比較，和小三通有關之刑事案件中，以違反國安法為最
多，高達 100 件，相較於八十九年之 8 件增加了 92 件，其成長
幅度竟高達百分之一千一百五十，居各類案件之冠。其次為偽造
文書罪之 64 件，較八十九年之 23 件增加了 41 件，成長幅度為
百分之 178.26%。另外違反毒品防制條例在八十九年為 21 件，
到了九十三年增加為 47 件，增加 26 件，成長率為 123.8%，亦
不容小覷（詳如表 1、表 2）。在相關刑事案件罪名別結構方面，

---

蓮：東華大學政治研究所碩士論文，1996 年），頁 88-89。

[28] 張起厚，〈大陸偷渡外逃案件研究〉，《共黨問題研究》（台北），第 21 卷第 6
期，1995 年 2 月，頁 58。

依刑事第一審裁判結果罪名別來觀察，[29]九十三年金門地區各類刑事案一審犯罪人數 385 人中，以走私罪的 65 人為最多，佔犯罪總人數的 16.8%；其次是違反國安法 46 人，佔犯罪總人數的 11.95%；再次依序為違反毒品防制條例 24 人，佔 6.23%；違反漁業法 19 人，佔 4.95%；偽造文書為 18 人，佔 4.68%；違反兩岸人民關係條例 16 人，佔 4.61%；妨害公務者為 9 人，佔 2.28%（詳如表 3）。從以上資料顯示，九十三年總犯罪案件中，與小三通有關之刑事一審犯罪人數共計 197 人，佔金門地方法院一審犯罪總人數的 51.17%，亦即超過金門地區犯罪總人數的二分之一，顯然是小三通之後帶給金門地區治安問題的一大警訊。[30]

　　在相關刑事案件罪名別的變化趨勢方面，自從九十年一月一日開放小三通之後，走私人數相較於八十九年快速成長一倍，至九十一、九十二年走私人數略有降低，[31]惟至九十三年走私案件又迅速升高為 65 人，而位居所有刑事一審罪名別之首，若與小三通前即民國八十九年做比較，則較當年之 51 件增加 14 件，計成長 27.45%；而違反國安法之人數，在小三通實施初期之民國九十年降至最低點後，接著便年年升高，到了九十三年更揚升到 46 人，居刑事一審罪名別之第二位，若與小三通實施前之民國八十九年做比較，則較當年之 28 人增加了 18 人，增加幅度為 64.92%。另外，九十三年在與小三通有關之所有罪名別中，違反

---

[29] 此處犯罪人數依刑事第一審裁判結果罪名別為準，由於部分案件待審、不起訴或獲判無罪等因素，本文所列犯罪人數可能比原來之查獲案件為低。

[30] 〈小三通總犯罪量節節升高實不容輕忽〉，《金門日報》，2005 年 7 月 1 日，版 3。

[31] 主要原因係立法院於九十年十一月修正「懲治走私條例」，刪除中轉大陸物資不再列入走私犯罪範圍。

漁業法者有 19 人，相較於八十九年之 3 人，大幅增加了百分之五百三十三點三三，成長幅度最高；[32]另外，違反毒品防制條例者有 24 人，亦較八十九年之 8 人增加 16 人，增加幅度為百分之二百；在偽造文書方面，犯罪人數有 18 人，較八十九年之 15 人略增 3 人，成長 20%。[33]

綜觀上情，金門在小三通實施之後所衍生的刑事案件有增無減，特別是與走私和偷渡有關之違反國安法案件從八十九年的 8 件遽增為 100 件；而同時期的懲治走私案亦從 51 件增加為 65 件，在全部刑案比例中均列前幾名。此外，其他在與小三通有關案件的犯罪人數中，有兩項罪名別漲幅驚人，即是違反漁業法及毒品防制條例，犯罪人數分別較小三通實施前的民國八十九年增加五倍及二倍；而違反國家安全法之人數亦上漲六成以上；此外，犯走私罪及違造文書罪者亦均增加二成以上。有關小三通實施前後，在金門破獲之各項刑事案件均詳如附表。

表 1　民國八十九年金門地區刑案發生數統計表

| 案件名稱 | 竊盜 | 懲治走私 | 公共危險 | 偽造文書 | 毒品條例 | 傷害 | 國安法 | 賭博 | 毀棄損壞 | 駕駛過失 | 故意殺人 | 詐欺 | 妨害自由 | 兩岸條例 |
|---|---|---|---|---|---|---|---|---|---|---|---|---|---|---|
| 件數 | 68 | 51 | 51 | 23 | 21 | 21 | 8 | 7 | 7 | 5 | 5 | 4 | 4 | 3 |

| 案件名稱 | 妨害風化 | 搶奪 | 妨害家庭 | 動物傳染病防治 | 強盜 | 侵占 | 妨害公務 | 著作權法 | 性交猥藝 | 兒童及少年性交易 | 槍彈刀械 | 恐嚇取財 | 竊佔 | 漁業法 |
|---|---|---|---|---|---|---|---|---|---|---|---|---|---|---|

---

[32] 自大陸走私「毒品」、「高粱」、「小麥」進入金門，因有重利可圖（金門縣政府保價收購「高粱」和「小麥」），導致漁船走私行為大幅增加。

[33] 偽造文書案件增加係因偷渡案件增加，偷渡犯偽變造證件所致。

| 件數 | 3 | 3 | 2 | 2 | 2 | 2 | 2 | 1 | 1 | 1 | 1 | 1 | 1 | 1 |
|---|---|---|---|---|---|---|---|---|---|---|---|---|---|---|

| 案件名稱 | 醫師法 | 妨害名譽 | 贓物 | 汽車竊盜 | | | | | | | | | | 總計 |
|---|---|---|---|---|---|---|---|---|---|---|---|---|---|---|
| 件數 | 1 | 1 | 1 | 1 | | | | | | | | | | 305 |

資料來源：1）福建金門地方法院　2）金門縣警察局

## 表2　民國九十三年金門地區刑案發生數統計表

| 案件名稱 | 公共危險 | 竊盜 | 國安法 | 傷害 | 懲治走私 | 偽造文書 | 毒品條例 | 詐欺 | 妨害電腦使用 | 妨害風化 | 毀棄損壞 | 漁業法 | 菸酒管理 | 過失致死 |
|---|---|---|---|---|---|---|---|---|---|---|---|---|---|---|
| 件數 | 149 | 111 | 100 | 89 | 65 | 64 | 47 | 31 | 16 | 11 | 11 | 7 | 6 | 5 |

| 案件名稱 | 駕駛過失 | 妨害名譽 | 著作權法 | 動產擔保交易法 | 妨害自由 | 妨害性自主 | 兩岸條例 | 恐嚇 | 侵占 | 妨害公務 | 野生動物保育法 | 商標法 | 性交猥褻 | 汽車竊盜 |
|---|---|---|---|---|---|---|---|---|---|---|---|---|---|---|
| 件數 | 5 | 4 | 4 | 4 | 4 | 4 | 4 | 3 | 3 | 3 | 2 | 2 | 2 | 2 |

| 案件名稱 | 竊佔 | 故意殺人 | 建築法 | 贓物 | 恐嚇取財 | | | | | | | | | 總計 |
|---|---|---|---|---|---|---|---|---|---|---|---|---|---|---|
| 件數 | 1 | 1 | 1 | 1 | 1 | | | | | | | | | 763 |

資料來源：1）福建金門地方法院　2）金門縣警察局

表 3　民國九十三年金門地區與「小三通」有關之刑案犯案人數統計表

| 案件名稱 | 懲治走私 | 國安法 | 防制毒品條例 | 漁業法 | 偽造文書 | 兩岸人民關係條例 | 妨害公務 | 總計 |
|---|---|---|---|---|---|---|---|---|
| 犯罪人數 | 65 | 46 | 24 | 19 | 18 | 16 | 9 | 197 |
| 佔總犯罪人數比率（％） | 16.8 | 11.95 | 6.23 | 4.95 | 4.68 | 4.61 | 2.28 | 51.17 |

附註：1.犯罪人數係以福建金門地方法院刑事第一審裁判結果為準。
　　　2.資料來源：福建金門地方法院

## 二、走私與偷渡因素與方式之轉變

### （一）小額貿易除罪化

　　金門與大陸之間走私偷渡之主要因素，除了地緣關係以及歷史同文同種外，亦有其經濟與社會等方面之因素。在經濟上，兩岸私梟利用走私逃稅並謀取暴利；在社會因素方面，大陸改革開放之後，造成貧富懸殊，失業問題嚴重，走私偷渡者莫不尋求向外發展。早期金門與福建沿海地區即往來密切，自 1949 年兩岸分治後，金門遂於 1956 年 6 月開始實施戰地政務，落實軍事管制。戰地政務實施期間，海防守備甚嚴，因此金廈海域走私偷渡情事絕少發生。惟自 1992 年 11 月 7 日金門地區解除戰地政務後，在對大陸政策改變同時，裁軍計畫逐步實施，海防管制亦不若以往嚴密，加上金門開放觀光，褪去戰地色彩，致使流動人口遽增，沿海之走私與偷渡問題亦應運而生。根據資料顯示，自 1992 年

底戰地政務終止到 2001 年實施小三通，前後十年期間，金門地
區共查獲走私二千七百零二件；同時期查獲偷渡人數計有 574
人。特別是自 1999 年起，走私偷渡案件開始攀升，到小三通實
施的這一年達到高峰。[34]

　　小三實施之後，一般而言，由於「小三通」之開放程度不如
預期，大陸方面之限制頗多致呈單向往來之情況，所帶來的治安
惡化情形或許亦不如預期。不過，從另一個角度觀之，由於兩岸
民眾對於小三通政策之錯誤認知，誤以為小三通之實施，即代表
有關走私、偷渡等行為合法化，致使兩岸人民在金廈海域進出頻
繁，加上電、炸魚等非良性行為均造成治安上之隱憂。再則，我
中央政府對於金門的角色定位不明確，使金門民眾無所適從。雖
然金門民眾對於小三通之後所帶來治安的衝擊觀點不一，但普遍
對於兩岸非良性互動之犯罪，如走私、偷渡、毒品與跨境犯罪等
值得關切並會成為治安上之隱憂。[35]金馬民眾對於小三通之認知
與實踐上，認為小三通等於海上小額貿易除罪化，但實際上並非
如此。兩岸小三通提列目標其一之「小額貿易除罪化」，開放設
籍金門地區滿六個月之民眾透過申請直赴大陸旅遊、參訪等，在
民眾誤解除罪化真意，以及執法部署與執法人員依然存在諸多漏
失之下，使得實施之後近一年來，走私偷渡案件急劇上升。[36]

　　金廈在小三通實施之後，潛藏著許多治安上的隱憂，尤其兩
岸跨境犯罪的地點不一定僅限於金門陸地內，而可能在港區、機

---

[34] 翁宗堯，前揭論文，頁 86-87。

[35] 張蒼波，《金門地區治安組織聯防運作之研究》（台北：銘傳大學公共事務研
　　究所碩士論文，2003 年），頁 148。

[36] 翁宗堯，《金門地區走私偷渡問題之研究》，頁 144。

場、海岸，甚至在金廈海域上犯罪，如此會造成治安機關協調聯繫上的問題，進而形成管理上的缺失和治安上的漏洞。[37]特別是在走私毒品方面更是防不勝防，因為大陸目前被列為世界重要毒品來源與銷售國，小三通之後經由金門中轉的貨物將日益增加，暗藏毒品於貨物的機會亦會大增，在金門地區即曾查獲類似案件；[38]此外，從台灣經金門非法走私進入大陸的犯罪行為亦所在多有。[39]在人員偷渡方面，則有台灣觀光客違法經金門前往廈門旅遊，卻遭大陸公安查獲的案例。[40]類此案件不斷發生，主要的原因在於，小三通之政策在法令配套尚未完備之前，即貿然實施；政策內容事實上許可小三通的範圍有限且管制甚多，卻又積極宣傳除罪化的政策，造成兩岸三地民眾均誤認小三通已徹底除罪化，又民眾為了一己之私利而與治安機關執法之間不斷產生衝突，加上金廈地緣關係造成走私偷渡之便利，如果現行政策不修正，且兩岸治安機關沒有合作的機制，將很難針對類似的案件進行查緝。

---

[37] 楊永年，〈金門治安聯防體系之研究〉，中央警察大學行政管理學系「兩岸治安問題學術研討會」，2001 年 12 月 21 日。

[38] 根據中國時報之報導，金門地檢署在金門查獲 6.3 公斤的海洛英被暗藏在鋁門窗的框架，準備以快遞方式從金門走私到台灣的案例。參閱《中國時報》（台北），2002 年 5 月 13 日，第 8 版。

[39] 根據《中國時報》之報導，有三輛來自台灣的高級贓車，原本企圖以走私方式經金門中轉廈門，卻在金門水頭碼頭被海巡署機動查緝隊攔截查獲。此是金廈「小三通」以來，首宗查獲的橫跨兩岸三地之車輛非法出口案件。參閱《中國時報》（台北），2003 年 1 月 11 日，第 8 版。

[40] 2002 年上半年期間，有南投縣草屯鎮三位女子結伴前往金門旅遊，並參加非法管道的「廈門一日遊」活動，不料卻在大陸遭公安人員以偷渡犯名義逮捕，並拘留兩個多月後始遣返台灣。參閱楊永年，〈金廈地區治安管理之研究〉，頁 9。

## （二）走私之方式與內容

　　金門地區走私大多以俗稱「小額貿易」貨品為主，幾無季節性和時間性之區分。其方式從過去福建沿海之小型舢舨，進行單艘載貨直駛岸際之交易，逐漸演變成以中型機漁船拖帶舢舨或電動小烏龜（電動引擎驅動之保麗龍浮具），拖引至距岸際約一公里處，放下二至三艘舢舨或小烏龜，再將商品直接搶灘搬運上岸。由於此類機漁船船底係用保麗龍層層壓縮再以堅硬材料固定，與小烏龜均不受水深及淺灘礁石影響而有礙航行，致使走私方式演變得更為方便。至於走私的型態方面已擴大為：大宗物品搶灘（俗稱「衝山」）、灘頭交易、經金門間接中轉、漁船夾帶、貨櫃夾藏。[41]在走私的種類方面，由於金廈之間距離近且航程短，交易大多以「小額貿易」為主，早期以農漁產品居多，邇來相繼有菸酒、手口藝品等輸入。又因金門縣政府為照顧當地農民，保價收購高粱及小麥，從大陸走私進口之高粱及小麥往往每公斤可賺取三、四倍的利潤，因此亦成為走私農產品之最大宗，此點與台灣本島有顯著之不同。

## （三）偷渡之方式與內容

　　由於金門地區產業需求與就業環境皆甚匱乏，市場需求量少，大陸偷渡犯直接在金門謀生的機會不多，大部分偷渡犯從金門上岸乃因為人蛇集團覬覦金門地利之便，只要備妥偽造或變造身分證件，經由金門機場偷渡台灣的成功機率很高；此外，台灣偷渡犯經由金門中轉大陸甚為便捷、經濟，風險亦不高。因此，

---

[41] 傅錦榮，〈金門福建海域執法之現況與困境〉，頁 59-61。

金門並非兩岸偷渡犯的目的地，只是中轉地而已，此點是與台灣本島最大的差異。至於偷渡的方式，自大陸地區偷渡至金門者大多以越界採蚵或電魚為最多，約占 39.7%；其次為混入小額貿易中偷渡，約占 30.1%；[42]其他方式尚有使用工具泅渡、利用金門前往大陸搭載等。而自金門偷渡至大陸地區之方式則大多以金門地區的漁船招攬偷渡為主。不過，邇來在台灣方面有旅行業者，以新台幣四仟元到六仟元不等的代價，連續偽造大陸地區「企業法人營業執照」以及「外商投資企業批准證書」等投資證明文件，向經濟部投資審議委員會申請備查。待投資申報證明書核准後，再以核准對大陸地區投資事業負責人及聘僱員工的資格證明，向入出境管理局申請由金門、馬祖進出大陸的出境許可，直接由「小三通」進入大陸。[43]此案一出，遂成為兩岸偷渡另一新的方式。

## 三、執法困境

### （一）法令的錯誤認知

　　小三通實施之後，由於兩岸人民對於「除罪化」的誤解，以及對相關法令的認知不同，造成取締上的困擾。就大陸人民的來說，他們認為小三通屬於「境（國）內往返」，而且買賣蔬果、農產品等民生用品對於社會治安並不會造成危害，但是就我方而言，此等行為顯已觸犯「兩岸人民關係條例」與「海關緝私條例」。

---

[42]　參閱郭健民，〈金門福建海岸執法之現況與困境〉，《金廈地區治安管理學術研討會論文集》，頁 74。

[43]　〈數千假台商走小三通〉，《聯合報》（台北），2005 年 8 月 4 日，第 A13 版。

尤其有部分的金門民眾仍然以為小三通即代表「小額貿易除罪化」，而實際上小三通所依據的「試辦金門馬祖與大陸地區通航實施辦法」，只是提供金廈之間人員、貨物往來的合法管道，且必須是無礙國家安全者才予以優先考量開放或放寬管制，而非全面性的除罪化。基於此，民眾在被取締時常與執法人員迭起衝突，增加困擾。

## （二）相關法令論責過輕

例如，依據「兩岸人民關係條例」及「試辦金門馬祖與大陸地區通航實施辦法」之規定，若兩岸地區船舶載運國人非法直航大陸，其隨船之旅客僅處以新台幣二萬元以上十萬元以下之行政罰鍰。[44]另以大陸地區為例，其法令對於大陸人民從事非法小額貿易之行為，視為情節輕微的走私行為，依規定可以從輕或免除刑罰。[45]如此論罪之相關規定，難以有效遏制不法。

## （三）兩岸無共同執法之正式管道與合作機制

儘管兩岸早在 1990 年即簽訂「金門協議」，但僅以偷渡犯、刑事嫌疑犯及刑事犯為遣返對象，並無查緝或情報交換或兩岸執法人員共同合作偵辦及相關司法互助之規定。[46]惟大陸方面對此

---

[44] 其隨船之旅客觸犯「兩岸人民關係條例」第九條第一項「台灣地區人民進入大陸地區，應向主管機關申請許可」之規定；另參照台灣地區與大陸地區人民關係條例第九十一條之規定，應處以新台幣二萬元以上十萬元以下之罰鍰。

[45] 參照大陸海關法行政處罰實施細則第八條。

[46] 朱蓓蕾，〈兩岸交流衍生的治安問題：非傳統性安全威脅之概念分析〉，《中國大陸問題研究》，第 46 卷第 5 期，2003 年 9、10 月，頁 43。

配合意願不高，或以為越界捕漁、打工、小額貿易之大陸人民並非偷渡或刑事犯，甚至認定不違法，從而拖延遣返作業。雙方對於金廈海域之執法認知仍或有嚴重落差，又迄未建立聯繫與合作之機制，如此對於金廈海域之走私偷渡問題難以有效處理。

## 肆、金廈走私與偷渡對台灣的影響

### 一、國家安全的影響

　　時至今日中共迄未放棄武力犯台之承諾，其傳統滲透顛覆之作為仍不得不防。在台灣方面有相關案例顯示，中共派遣情報人員非法入境，直接滲透並藉機偵蒐情資，並間接操縱軍火走私進入台灣，製造事端；同時，又利用漁船及偷渡犯侵犯我方海域，並蒐集相關水文及軍事部署情資，對我國家安全有影響之虞。[47]或有論者指出走私、偷渡的本質多屬於治安層次，不致對國家安全造成立即而明顯的威脅，但是，當此非傳統性安全威脅議題轉化、引發或衍生出新的問題，例如走私毒品有害國民健康且影響生產力，走私槍械彈藥可能用於暗殺，破壞政局安定等，凡此皆可能導致加重非傳統性安全威脅之程度，甚至提升為國家安全的層級。[48]金廈海域的走私與偷渡問題對國家安全造成的危害，其

---

[47] 沈道震等，《兩岸共同打擊犯罪之可能性研究》（台北：遠景基金會，2001年5月），頁22-23。

[48] 朱蓓蕾，〈兩岸交流衍生的治安問題：非傳統性安全威脅之概念分析〉，頁34。

實在小三通之前即有相關案例發生，例如：民國八十五年之大陸偷渡犯孫鋼在金門縣政府劫持人質一名案、八十八年之大陸人民劉保才等準備遣返大陸途中企圖劫機未遂案、八十七年至九十年不斷騷擾金門海域邊境安全之大陸海上流動攤販走私問題等。而金廈小三通之後，金門走私與偷渡案件大增，漸漸成為毒品與槍械之中轉站。例如：民國九十一年四月十四日金門縣警察局查獲李某等四人涉嫌運輸及持有二級毒品美沙冬案；同年八月二十七日又偵破陳某自大陸廈門市攜帶運輸高純度之第三級毒品 K 他命六點四公斤案。九十二年五月三十一日再查獲翁某等四嫌走私海洛因六點八五公斤、衝鋒槍一把及霰彈槍兩把等案。[49]此類案件如持續增加且不嚴加取締，對於我國家安全應會有直接或間接的衝擊，不可不防。

## 二、政治方面的影響

　　小三通問題是在兩岸政治經濟互動之間逐漸形成。小三通之實施除了有照顧外島金門、馬祖之立意外，更具有藉以促進兩岸關係長期發展的意義。然而，現行兩岸關係的政治變數仍然存在，中共方面若操弄小三通之運作，甚至於挑弄大陸漁船集體越界，或進行軍事演習，均將增加台海緊張情勢與兩岸關係的「不確定性」。[50]再者，由於大陸偷渡犯所最懼怕的是遭遣返大陸後

---

[49] 參閱張蒼波，《金門地區治安組織聯防運作之研究》，頁 59。

[50] 蔡宏明，〈「小三通」對兩岸互動的影響〉，《遠景季刊》，第 2 卷第 2 期，2001年 4 月，頁 153-154。

受罰，較不在乎在台灣被抓後送至「靖廬」。[51]若中共方面對走私與偷渡問題之處理與我方不積極配合，則走私偷渡問題將會益形嚴重。目前即存在實務上的問題，例如：在遣返偷渡犯的問題上，雖然有「金門協議」作為依據，然而因為中共方面遲遲不肯配合，又因人犯有增無減，終於造成人滿為患之困境。此外，有相關案例顯示，大陸偷渡犯前往金門其目的竟是在尋求政治庇護。[52]雖然目前類似案例不多，但爾後若諸如此類案件陸續循小三通路線進入金門，將成為有關單位處理上棘手的問題，也會成為兩岸關係的隱憂。

## 三、社會方面的影響

　　兩岸走私偷渡問可能衍生非法打工、逾期居留、組織犯罪，以及治安等社會問題。尤其小三通實施之後，小額貿易風氣盛行，自大陸引進之農漁產品更帶給我方檢疫系統方面極大的壓力。[53]根據行政院農委會動植物防疫局高雄分局金門防疫站之統計，自民國九十年一月一日小三通開始實始之前半年，該站受理動植物及其產品入境檢疫申請共十七批，檢疫結果為全數不合格。[54]至於非法走私入境之農漁產品所產生之相關問題，更是難

[51] 參閱《中國時報》（台北），2002年3月19日，第3版。
[52] 民國八十七年五月，金門縣警察局在烈嶼鄉（小金門）查獲一名偷渡犯，據渠表示平常在大陸從事研發工作，其偷渡至金門之目的乃是為了尋求政治庇護。
[53] 沈道震等，《現階段兩岸有關偷渡之相關法令、管理及其問題之研究——兼論「三通」後兩岸共同防制偷渡之可能性》，頁51。
[54] 參閱《行政院農委會動植物防疫局高雄分局金門檢疫站簡報》，2001年8月

以管理。此外，根據調查顯示，金門民眾普遍對於小三通之後的治安感到憂心，有 45.7%的民眾認為治安更差，只有 13.1%的民眾認為治安更好。[55]一般民眾所擔心的是深恐住宅會遭偷渡犯侵入或竊盜，此點已形成金門治安上的一大隱憂。

## 四、經濟方面的影響

由於福建省生產的原料、半成品、土特產品以及一些機電產品、紡織服裝等具有價格競爭力，若因小三通後小額貿易除罪化而大量進入金門，甚至於流入台灣，將對相關產業帶來衝擊。[56]合法入境之產品尚且有如此之衝擊，至於非法走私偷渡造成之地下經濟和相關影響更是無從估計。小三通之後，金門和廈門漁民透過小額貿易方式的交易，直接在岸邊叫賣或從事走私，使得金門漁業型態產生轉變，而成為非正式貿易商的生產或為了滿足台灣市場的一種生產方式，亦大大改變了金門傳統的漁業型態。[57]大部分的漁民不用勞力就可獲得漁貨或其他交易而來的商品，形成另一種經濟奇觀。然而，依靠走私得來的漁貨或商品，極易影響金門的物價穩定和經濟成長。因為金門傳統產業生態已然不變，市場過度依賴大陸物品，民眾不事生產，從而影響經濟，並會造

2 日，頁 3。

[55] 吳興邦，《金門縣民眾對金廈小三通政策滿意度之研究》（台北：銘傳大學國家發展與兩岸關係研究所碩士論文，2004 年 6 月），頁 106。

[56] 蔡宏明，〈小三通的定位與經濟安全問題〉，「小三通與國家安全」座談會，台灣綜合研究院戰略與國際研究所和平論壇，2000 年 7 月 12 日。

[57] 阮冠穎，《跨界地下經濟：「金門小貿易」之社會分析》，頁 82。

成疫情的傳播。例如:發生於 1999 年的金門牛蹄疫事件,也暴露出金廈海域行之有年的走私與地下貿易問題,為日後金門的產業和衛生等埋下了不可預知的變數。

# 伍、結論

走私與偷渡屬於社會非正式經濟活動,各種不同的社會結構和國家政策作用歷程都會使其產生不同的特性。因此,探討走私偷渡問題必須兼從社會變遷、國家制度、政策內容等面向進行探討。在現今複雜的兩岸關係中,走私偷渡活動除了原來歷史、地理和經濟等存在已久的因素外,更是與政治因素息息相關,而且兩岸之間的走私偷渡問題又和兩岸關係互為影響。中共的政治目的和不同的法律見解,使得兩岸走私偷渡熱潮不斷,且即使在我大加取締之下,中共對於接回偷渡犯亦不甚配合,足見兩岸的走私偷渡問題非靠單方可以有效解決,其對兩岸關係的影響更是深遠。金門與大陸之間僅僅一水之隔,走私偷渡之成因除了地緣關係以及歷史同文同種外,亦同樣有其在經濟、社會和政治等方面之因素。

金廈小三通的實施,是兩岸在分隔五十多年來的正式通航,具有其政治上特殊的意義。然而由於此政策上的轉變,不僅改變了金門在兩岸關係中的角色,也產生金廈交流帶來的相關問題,包括走私與偷渡的盛行。金門在解嚴之前,由於徹底實施戰地政務和軍管體制,邊防和海防管制嚴密,可謂滴水不漏,因此走私

偷渡情事絕少發生。從民國八十一年解除戒嚴到九十年實施小三
通之十年期間，由於兩岸局勢的丕變，金門不再強調以往的戰地
角色與功能，軍隊大舉撤出，而海、岸巡防以及地區警力又未能
適時充分補足，造成邊、海防產生漏洞，金廈海域的走私偷渡遂
變得日益猖獗。特別是自小三通實施的前一年起，走私偷渡案件
開始攀升，到了小三通開始實施那一年亦即民國九十年更是達到
高峰。金門在實施小三通之後，歷年來所查獲與小三通有關之犯
罪案件實則有增加之趨勢，尤其以民國九十三年成長幅度最大，
相較於小三通實施前的八十九年，成長一點五倍之多。其中違反
漁業法及毒品防制條例之犯罪人數分別大幅成長五倍和兩倍，而
違反國家安全法之人數亦上漲六成以上，走私罪及違造文書罪者
亦均增加兩成以上。由此顯示，金廈在小三通實施之後，潛藏著
許多治安上的隱憂，走私與偷渡益形嚴重，尤其是走私毒品問題
更是防不勝防，所帶來的危害也最大。大陸目前仍是世界上大宗
毒品來源與銷售國之一，小三通之後經由金門中轉的人員和貨物
增加，使得走私者易於以人員夾帶方式或暗藏毒品於貨物中闖
關。在人員偷渡方面，則常以假台商方式或藉觀光客名義，違法
經金門前往廈門者居多；而大陸方面則以非法越界捕魚以及混入
小額易中偷渡至金門打工（或走私搬運工）為最多。隨著小三通
之後中轉實施範圍的擴大，有案例顯示近年來新興的「逆向走
私」，亦即從台灣經金門到大陸的走私管道逐漸擴大，致使走私
活動在金廈之間呈現「兩岸雙向化」的趨勢，[58]值得後續的研究
和探討。

---

[58] 根據報載，金門海巡署機動查緝隊於 2003 年 1 月 10 日，在金門水頭碼頭截

　　小三通之後，上述走私偷渡案件始終居高不下，主要的原因除了政治、經濟、社會等因素外，兩岸之政策和制度上的不同厥為另一主要成因。由於小三通政策在相關法令配套尚未完備之前即貿然實施，在政策內容上實際許可小三通的範圍有限而且管制甚多，然而我方卻又積極宣傳和強調小三通「除罪化」的政策，導致兩岸民眾均誤認小三通已徹底除罪化，「小額貿易」多半被誤以為合法；職是之故兩岸許多民眾和觀光客對於「小額貿易除罪化」產生觀念上的偏差，甚至認為未經申請許可即任意在兩岸之間遊走也是理所當然，何罪之有？況且金廈之間歷史和地緣關係，造成金廈海域走私偷渡之便利。尤其大陸當局在堅持「一個中國」的政治因素之下，並不堅持金廈海域的小額貿易和人員輸出是重大的犯罪行為，其法令對於大陸人民從事非法小額貿易之行為，視為情節輕微的走私行為，依規定可以從輕或免除刑罰。因此兩岸跨境犯罪的問題在中共的政策和政治考量之下，更顯得複雜。如果現行政策不修正，或兩岸對此類政策沒有共識，則兩岸之治安機關不會有進一步的合作機制和管道，此類的案件也很難進行查緝和防制。

　　金廈海域的走私偷渡問題在兩岸關係複雜且多變之今日，其影響更不可等閒視之。其對我會產生非傳統性安全上之威脅，或進一步成為威脅我國家安全的要因。在政治上，若中共存心操弄走私偷渡事件，亦將增加我方處理此類案件上的困難，並造成兩岸關係的緊張。兩岸在大三通尚遙遙無期之前，

---

　　獲遭走私者解體的三輛頂級贓車，企圖以地下快遞方式經小三通中轉廈門，此為金廈小三通以來，查獲首宗橫跨兩岸三地車輛非法出口的案件。參閱《中國時報》（台北），2003 年 1 月 11 日。

金廈兩地持續經小三通擴大交流應是未來趨勢，而金廈海域會產生更多的治安問題也是無可避免。有鑒於此，本文以為在政策面上，我政府部門應即早針對現況提出以下幾點作為，以資因應：

1. 適時檢討兩岸走私與偷渡之相關法令，並加重罰責。按走私與偷渡的主要目的無非是要獲取利益，在比較利益法則的理論之下，金廈的走私難以禁絕。惟根據前述 Martin 和 Panagariya 的理論，認為加強查緝私走私會降低私貨之絕對量及其占總進口之比率。另外，Thursby 等人亦提出，加強查緝走私將使私貨減少，導致福利效果減少；因此，有效的查緝以及嚴峻的法令仍然是遏制走私與偷渡的利器之一。依現行判例顯示，實務上對於金門地區查獲之走私案件，大多僅處以較輕之有期徒刑或易科罰金，且非累犯者多給予緩刑，[59]若能針對現行相關罰責，提高罰金或增訂有期徒刑之下限，當更能遏制不法。

2. 兩岸必須儘速恢復會談管道，建立共同打擊犯罪機制及司法互助，以及處理相關情資之聯繫單位，特別要聯繫大陸方面，加強邊境查緝。按大陸方面之規定，其對台小額貿易，僅能准許「由台灣地區居民同大陸地區之對台貿易公司於其指定之口岸（福建、廣東、浙江、江蘇、山東、上

---

[59] 參閱「福建金門地方法院刑事判決二〇〇二年訴字第一〇號」、「福建金門地方法院刑事判決二〇〇一年訴字第一一號」、「福建金門地方法院刑事判決二〇〇一年訴字第一七號」、「福建金門地方法院刑事判決二〇〇一年訴字三〇號」等。

海）依有關規定進行貨物交易」，[60]因此，就大陸方面而言，其人民私自到金門進行岸邊交易亦屬違法行為。

3. 考慮在金門地區設置「大陸人民收容中心」，並充分運用民間管道，依據 1990 年金門協議之精神儘速遣返大陸人民。

4. 嚴正思考修正小三通之相關法令規定，避免造成兩岸人民錯誤的認知，造成金廈走私與偷渡持續氾濫。

（本文發表於《國立金門技術學院學報》，
第 2 期，2006 年，頁 99-118。）

---

[60] 參照「關於對台灣地區小額貿易的管理辦法」第二條、第三條。

# 非傳統安全與兩岸直航檢疫機制之探討
## ——以兩岸「小三通」為例

# 壹、前言

    在全球化時期,傳統安全的概念受到了嚴重的衝擊,以軍事為主的傳統安全觀雖然仍占了舉足輕重的地位,但是因為環境、人口的多樣化和複雜化,以人為主的非傳統安全觀逐漸被關注。近來年,由於諸多重大疫病如非典型肺炎(SARS)、禽流感等廣泛在世界上許多國家間流傳,環境安全方面的問題遂紛紛引起重視和討論。隨著兩岸之間的互動關係與日俱增,兩岸直航也已成為政策上的重要議題。由於中國大陸面臨的非傳統安全威脅來源是多元的,包括了環境污染、流行性疾病、資源短缺等問題,[1] 且無可否認,中國大陸迄今仍是一個不甚開放的社會,遇有重大流行疾病問題,亦不太容易立即公開,[2] 造成了一旦直航之後,兩岸在非傳統安全上的另一隱憂。

---

[1] 門洪華,《構建中國大戰略的框架》(北京:北京大學出版社,2005 年 2 月),頁 189。

[2] 世界日報社論,http://www.cna.tv/stories/specialreport/index,2003 年。

　　兩岸在正式「三通」之前,由於政策上的因素和民間的需求,率先於外島的金門、馬祖試辦兩岸「小三通」。民國八十九年三月二十一日立法院三讀通過「離島建設條例」,並於四月五日公布實施,該條例第十八條規定:「在台灣本島與大陸地區全面通航之前,得先試辦金門、馬祖、澎湖地區與大陸地區通航,不受台灣地區與大陸地區人民關係條例等法令限制,其實施辦法,由行政院定之」。[3]有鑑於此,行政院乃於五月十八日邀集有關機關協商「離島建設條例」相關子法訂定事宜,指定由陸委會與交通部適時研訂「試辦金門、馬祖、澎湖地區與大陸地區通航實施辦法」,並於九十年一月一日開始實施。

　　自從「小三通」實施以來,兩岸的互動更加緊密,尤其在人員往來方面更是頻繁,而中共方面更是配合其對台政策,逐步擴大「小三通」的實施。鑑於全球性疫病及防疫工程,已非單一民族國家所能解決,而「小三通」又是兩岸直航之前現階段人員、貨物往來的直接孔道,在此情形之下,「小三通」的檢疫機制遂成了雙邊的重大安全防線。本研究著眼於此,擬以全球化時期的非傳統安全觀為主要理論基礎,進而探討兩岸「三通」前所試行的「小三通」檢疫機制,及其所面臨的相關問題,並研提因應策略和建議,俾供現階段「小三通」及今後直航檢疫機制之參考。

---

[3]　行政院大陸委員會,《兩岸「小三通」推動方案》(行政院大陸委員會,2000年12月26日)。

# 貳、非傳統安全與檢疫工作

## 一、全球化與非傳統安全

　　全球化是一項不爭的事實、不可逆轉的趨勢，同時也是一個不斷變化、深化的過程。[4]在全球化時代，新的全球性問題改變了傳統地緣戰略的觀念。美國學者杭廷頓（Samuel Huntington）認為冷戰後的世界，全球政治在歷史上第一次成為多極和多文化的體系，[5]此種命題進一步把人文因素建構在地緣戰略之中，並開闊了宏觀的視野，亦即除了傳統的國家間政治、地區政治和世界地理格局之外，環境、生態和能源、人口等問題也都成了探討的範圍。

　　由於全球化本身是一個進程，而不是單一的狀態，[6]隨著全球化的浪潮風起雲湧，使得當今世界的開放性、變革性、合作性更加明顯，並出現了許多影響安全的新因素。巴瑞布贊（Barry Buzan）等人即認為，在新安全觀的領域範圍，分別有軍事領域、經濟領域、社會領域、政治領域、以及環境領域等。與軍事領域相比，環境領域有更為豐富的功能性主體。這個巨大的範疇，包

---

[4]　王柏鴻譯，杭廷頓、柏格主編，《杭廷頓&柏格看全球化大趨勢》（台北：時報文化出版社，2003 年），頁 59-60。

[5]　Samuel Huntington, *The Clash of Civilizations and the Remaking of World Order* (Simon & Schuster, 1996), p. 21.

[6]　楊雪冬等譯，《全球大變革——全球化時代的政治、經濟與文化》（北京：社會科學文獻出版社，2001 年），頁 36。

括經濟性行為主體，它們的活動直接與環境的質量密切相連。由
於人口集中和經濟活動集中的張力，或許超過了生態系統的現存
負載能力，進而造成了環境安全上的種種問題。因此，來自自然
環境威脅的公害似乎存在著更多的空間。大自然威脅著文明，以
及它因此面臨被安全化的命運。多數的社會反覆遭受到極端自然
事件的結構性破壞，例如地震、火山、颶風、洪水、旱災和傳染
疾病等的威脅，以至於人類的歷史很大的一部分就是與自然界進
行持續的鬥爭，而且必須經常冒著使他們的歷史安全化和制度化
的風險。[7]

　　傳統上，在安全研究的範圍，現實主義長期以來占據了支配
地位的理論模式。按照現實主義的觀點，國家安全的實現取決於
國家相對其他國家的權力或能力而言，而這種權力的體現最重要
的就是軍事力量。[8]然而由於資源、環境、人口與疾病擴散等社
會、經濟問題日益尖銳化，以人為主軸的非傳統安全領域，也逐
漸被納入國家安全的思考中。[9]後冷戰時期，隨著國際環境的變
化，國家安全的問題不再僅限於軍事方面，還包括了許多軍事和
非軍事的多元手段，[10]例如經濟、社會治安、環境安全等層面的
議題。換言之，世界和平與安全的挑戰除了領土、邊境、種族等
矛盾所引起的衝突和戰爭，諸如此類所謂的傳統安全外，亦有日

---

[7]　Barry Buzan, Ole Waever, and Jaap de Wilde, *Security: A New Framework for Analysis* (Boulder Colo: Lynne Rienner Pub, 1998), pp.71-94.

[8]　John Ballis, Sieve Smith, eds., *The Globalization of World Politics* (Oxford: Oxford University Press, 1998), p. 197.

[9]　陸忠偉主編，《非傳統安全論》（北京：時事出版社，2003 年），頁 9-95。

[10]　Samuel M. Makinda, " Sovereignty and International Security: Challenges for the United Nations," *Global Governance* 2 (April / June 1996), pp. 153-154.

益顯著的非傳統安全問題。在資訊發達、科技進步的時代，非傳統安全的影響亦在日益增大之中。除了國際恐怖主義和大規模殺傷武器的威脅之外，毒品走私、跨國犯罪、金融危機、傳染性疾病、非法移民、能源安全、環境污染等問題都是立即且明顯的挑戰。

　　綜觀在全球化進程中，傳統安全中的軍事因素地位下降，國家利益中經濟成分的重要性日益上升，在全球化的趨勢之下，共同體安全論較能符合實際需求；[11]此外，全球化將使得傳統以政府為主體的統治思維轉變成為治理的概念。正由於一個多元且不受地方限制的多樣性穿透了民族國家的邊界，國家邊界與過去相比，正在不斷的變得模糊。[12]有關涉及全球性之環境安全污染，已非單一民族國家所能解決，如果受到國家主權框架之限制，若不能擺脫以政府為主體的思維，將更無法有效對抗跨國性之污染發生。況且，國際安全環境的曲折性和複雜性大為增加，各國在戰略思維方式上又變化多端，[13]只有以新思維和新手段才能成為有效的新對策。

---

[11] 陳松川，〈全球化進程時期的國家安全觀〉，楚樹龍、耿秦主編，《世界、美國和中國——新世紀國際關係和國際戰略理論探索》（北京：清華大學出版社，2003 年 10 月），頁 140-141。

[12] 夏鑄九、黃麗玲等校譯，Manuel Castells 原著，《資訊時代：經濟、社會與文化》（第二卷）（台北：唐山出版社，2002 年），頁 294-295。

[13] 楊潔勉，〈安全環境發生變化〉，《人民日報》（北京），2001 年 12 月 24 日。

## 二、檢疫之概念

　　所謂「檢疫」（Quarantine），根據「世界衛生組織」（WHO）於 1969 年 1 月第廿次世界衛生大會對檢疫之解釋，即是「船舶、航機、火車、公路、車輛……等以及其他交通工具或貨櫃等，經衛生當局認為有染疫嫌疑及攜帶染疫媒介物時，為防止病疫擴大，而採行之措施之謂。」[14]另根據 WHO 於 1970 年 7 月 8 日在漢城召開流行病學監視與國際檢疫會議，獲致「檢疫」工作之幾點重要結論如下：

1. 參照國際衛生條例規定，實施機場、港口建議方法技術之改進。
2. 國際檢疫機構對傳染病管制及研擬流行病學監視方法概念之改變。
3. 港埠蟲媒管制及機船消毒與鼠類防制之監視、調查、防制，需運用現代之方法，予以消除。
4. 除辦公廳外，應設置檢疫中心、檢疫艇、檢驗室、隔離病房或小型醫院、員工宿舍、無線電等設備。

　　近年來，檢疫之概念隨著時代之進步而改變，其範圍也日趨廣泛。由於國際旅遊急速增加及人權意識高漲，加上便民及快速通關作為，已成為各國追求之目標，致使檢疫工作無法像過去一樣嚴格執行。例如，以前登輪查驗黃皮書，係將全體旅客職員集合在甲板上逐一點名查驗；現在則改為凡非來自疫區之船隻准予比照觀光輪船，由船長事先準備一份乘員之名冊，加以審核或遇

---

[14] 趙恩源，《國際檢疫學》（台北：基隆國際港埠檢疫所，1973 年），頁 9。

必要時再予以抽查，省時簡便；而船隻進口亦准「具結」提前核發檢疫准單，以便辦理結關手續，黃皮書除初次申請隔日核發外，其餘均改為隨辦隨發，來自監視疾病地區之旅客登陸後三小時，即將追蹤監視名冊以快速方法分寄各地衛生單位。[15]

　　隨著全球化的進程以及兩岸交流日益密切，台灣地區已無法自立於世界體系之外。是以，提出超國家防護衛生和網絡之合作模式，來共同對抗疫情的發生，並提昇防疫能力，已是「亦此亦彼」的另一種策略。換言之，防疫體系必須以更多形式的國際合作來彌補現今各種作法的侷限與不足。[16]換言之，防疫工作已然隨著人類接觸頻繁、交通工具便捷等因素變得複雜，而檢疫工作也已無法像過去一樣設置崗哨站採取臨檢作業的方式，導致感染者尚在疾病潛伏狀態已經入境或無症狀感染健康帶菌者等情況發生。即便如此，「檢疫」工作仍是確保國內防疫安全的首道關卡，也是維護國人健康的重要憑藉，應無疑義。我國之各項檢疫措施，均參照 WHO「國際衛生條例」之立法精神，並且以避免造成旅客之不便與交通之干擾為基本原則，然而在兩岸交流熱絡，「小三通」漸次擴大實施之趨勢下，如何做好檢疫把關的工作，進而保障我國衛生環境之非傳統安全，此對檢疫及相關人員而言，誠為重大之挑戰。

---

[15] 楊榮泉，《我國防疫政策之研究——以 SARS 危機管理及因應對策為例》，國立東華大學公共行政研究所碩士論文，2004 年 6 月，頁 26-28。

[16] 行政院衛生署疾病管制局編，《新世紀防疫：挑戰極限，衝破現實》（台北：衛生署疾病管制局，2002 年），頁 16-18。

# 參、兩岸直航對台灣環境安全之可能影響

　　在兩岸交流互動頻繁之際，民間對「三通」直航需求日殷，一旦兩岸直航在未來付諸實現，首當其衝的將是環境與流行病方面的問題。由於近年來中國大陸一直被國際間當成是傳染病的高度危險地區，對其國際形象與國內安全均產生重大的影響。就環境安全與傳染病方面而言，自從 2002 年 11 月中旬，一名在廣東佛山肉品市場工作的商人被送到當地醫院，經診斷為 SARS，這起案例隨即被認為是全世界第一件 SARS 病例。科學家甚至相信，1957 年的亞洲流感、1968 年的香港流感、1976 年的豬瘟型感冒、1997 年發生的禽流感，一直到 SARS，都是源自於中國廣東珠江三角洲地區，並經由香港傳播到外界。[17]2004 年 4 月，中國北京、安徽再傳 SARS 疫情，WHO 稱這是群聚感染，並警告疫情具有「潛在嚴重性」。[18]2004 年正當禽流感（H5N1 avian influenza）威脅全球，中國大陸也難逃一劫，截至 2006 年 3 月為止，中國已發生十六例感染，並有十一人死亡，世界衛生組織並將中國列為疫區。[19]在此情況之下，兩岸直航後對台灣方面的環境安全不可謂無相當程度的風險存在。

---

[17]　〈恐慌在政治瘟疫蔓延時——掀起 SARS 全球風暴的中國醫師〉，http://www.ettoday.com/2004/04/24/11086-1620537.htm。

[18]　〈SARS／WHO 認定中國疫情為群聚感染具有潛在嚴重性〉，http://www.ettoday.com/2004/04/24/545-1620762.htm。

[19]　Avian influenza – situation in China, http://www.who.int/csr/don/2006_03_24c/en/index.html；〈上海死亡病例，確認禽流感〉，《聯合報》（台北），2006 年 3 月 25 日，第 A6 版。

　　再從國際經濟學的原理，用公共衛生學的類比與推理來看公共衛生，基本上，口蹄疫、SARS 流行以後，似乎也可以看到一個「瘟疫均等化原則」。這個原則是：兩個來往便利的國家實施「完全放任的相互來往」以後，兩個國家的各種瘟疫流行率會漸趨相等。因為衛生落後、瘟疫流行率高的國家，由於交通方便與自由來往的關係，自然很容易把它的瘟疫傳染到衛生先進的國家；而衛生進步的國家，因為較少瘟疫、也較為衛生，所以較不容易把瘟疫傳給衛生落後的國家。此外，衛生落後的國家的人民，因為容易或已經產生抗體、免疫力較強，所以較不容易罹患衛生進步國家的流行疾病，而衛生進步的國家對於稀有疾病免疫力較弱，因此比較容易罹患衛生落後國家流行的疾病。最後，在衛生較差的國家爆發瘟疫以後，衛生進步的國家在自由來往的條件下，為了自保，會有能力而且有能力去幫助衛生較差的國家控制疫情。可是在衛生進步的國家爆發疫情以後，衛生落後的國家卻沒有能力幫助衛生進步的國家控制疫情。基於以上這些因素，兩個國家「完全放任的相互來往」以後，則這兩個國家的瘟疫流行率就會越來越接近。[20]準此，兩岸直航之後，對台灣地區衛生安全所形成的隱憂會隨之增加。

　　近來年，兩岸人員、貨物往來與日俱增。回顧「小三通」實施之前，兩岸因軍事對峙隔絕五十年，金、馬外島海防較為嚴密，走私絕少發生。然而自從解嚴撤軍之後，海上民間交易頻繁，無分蔬果、什貨，甚至牛隻都能輕易走私上岸，終於在民國八十八年六月間爆發「O 型病毒」牛隻口蹄疫情。金門爆發的口蹄疫與

<hr />

[20]　林健次，〈SARS 瘟疫與三通瘟疫〉，《自由時報》（台北），2003 年 4 月 2 日，第 2 版。

台灣先前所發生者，是不同的類型，專家傾向認定為來自大陸之傳染源；且牛隻嗣經銷台蔓延至台灣牧場，形成全台疫情風暴，總計超過一千多萬頭的偶蹄豬隻、牛隻慘遭撲殺，更糟的是台灣被國際列為疫區，不僅損失一千億元以上的年畜牧出口產值，亦對台灣經濟造成難以估計的損害。[21]由此觀之，兩岸因環境安全所造成的重大影響可謂殷鑑不遠。

其實此次口蹄疫的發生，大陸方面早有各種疫情傳出，之前兩年，在雲南、貴州一帶即盛傳口蹄疫盛行，但因大陸封鎖消息，外界難以知悉。由於大陸沿海地區與內陸商品交換頻繁，若要傳染至沿海，必然相當迅速，是以廣東一帶也曾有口蹄疫情傳出，而廣東至香港、台灣更是走私頻傳的地帶，要傳染至台灣並非難事。現實的解決方案應是嚴防走私，以避免大陸各種農畜水產品的傳染病迅速蔓延到台灣。但所謂嚴防走私，早已是行之多年的政策，只是收效甚微而已。而恰恰因為它是走私，反而成為防疫的黑色地帶，金門現在所顯現的只是冰山一隅而已。[22]以金門地理位置之接近大陸，各種農、畜、水產品走私進口蔚為風氣，而大陸各地的疫情又非我所能周知，其範圍、內容與影響，更非台灣所能了解，如何與大陸建立衛生、防疫關係就變得特別重要。

金門地區在「小三通」之前，發生的金門牛隻口蹄疫事件，除了暴露出金廈海域行之有年的走私與地下貿易問題，更顯示兩岸在「三通」之後可能產生環境安全上的諸多威脅。2001 年「小三通」實施之後，又先後發生兩起來自中國大陸 SARS 疑似病例，

---

[21] 〈莫忘口蹄疫的教訓〉，《金門日報》，2003 年 4 月 19 日，第 2 版。
[22] 〈戴奧辛事件與金門口蹄疫的危機思考〉，《中國時報》（台北），1999 年 6 月 13 日，第 2 版。

以及禽流感期間一起來自廣東的可疑案件。[23]由於當地民眾的極度恐慌，行政院陸委會甚至在 SARS 期間，因應金門縣政府提出暫停辦理「小三通」及入境金門旅客實施專案防治居家隔離等建議，經行政院相關部會討論後，決定自 2003 年 5 月 19 日起暫時關閉「小三通」一個月及實施入境隔離措施。[24]此外，2005 年禽流感盛行期間，我行政院衛生署為防範疫情擴大，針對由金馬「小三通」入境台灣的旅客，啟動自主健康管理機制，並於口岸加強檢疫措施。[25]

現階段兩岸走私偷渡可能衍生非法打工、逾期居留、組織犯罪，以及治安和環境安全等方面的問題。尤其小三通實施之後，小額貿易風氣盛行，自大陸引進之農漁產品更帶給我方檢疫系統方面極大的壓力。[26]根據行政院農委會動植物防疫局高雄分局金門防疫站之統計，自民國九十年一月一日小三通開始實始之前半年，該站受理動植物及其產品入境檢疫申請共十七批，檢疫結果

---

[23] 分別為 2003 年 5 月，一女姓台商經「小三通」路線，被檢驗出疑似 SARS 病例。參閱〈SARS——金門黃姓女台商，二度出境被驗出發高燒〉，2003 年 5 月 6 日，http://www.ettoday.com/2003/05/06/10969-1450469.htm；另，2004 年 4 月一起金門老翁赴北京後，經「小三通」返金門的疑似病例。參閱〈SARS——金門 79 歲老翁曾遊北京，發燒、肺部浸潤初判疑感染〉，2004 年 4 月 29 日，http://www.ettoday.com/2004/04/29/91-1622968.htm；以及，2006 年 7 月，金門一男童遊香港、廣東，經「小三通」返金門後之猝死案件。參閱〈小三通遊港返金男童猝死〉，《金門日報》，2006 年 7 月 13 日，第 2 版。

[24] 〈金門小三通，陸委會同意暫停一個月〉，Ettoday，2003 年 5 月 16 日，http://www.ettoday.com.tw/2003/05/16/10969-1455684.htm。

[25] 〈金廈小三通啟動自主健康管理機制〉，《金門日報》，2005 年 10 月 27 日，第 1 版。

[26] 沈道震等，《現階段兩岸有關偷渡之相關法令、管理及其問題之研究》（台北：遠景基金會，2002 年 3 月），頁 51。

為全數不合格。[27]至於非法走私入境之農漁產品所產生之相關問題，更是難以管理。目前因為金門傳統產業生態已然不變，市場過度依賴大陸物品，民眾不事生產，從而影響經濟，並會造成疫情的傳播。從金門牛蹄疫事件，暴露出金廈海域行之有年的走私與地下貿易問題，「小三通」實施之後，兩岸人、貨往來更加頻繁，也為日後金門的環境和衛生安全埋下了不可預知的變數。

# 肆、現階段兩岸「小三通」之檢疫機制分析

## 一、大陸方面之檢、防疫機制

為行使對外動植物檢疫行政管理職權，中國國務院於 1982 年成立國家動植物檢疫總所，負責統一管理全國口岸動植物檢疫工作的局級事業單位。國家動植物檢疫總所的成立，將進出口動植物檢疫改為由中央和地方雙重領導，以中央領導為主的垂直領導體制。同年，國務院頒布「中華人民共和國進出口動植物檢疫條例」，以國家行政法規的形式，明確規定進出口動植物檢疫的宗旨、意義、範圍、程式、方法以及檢疫處理和相應的法律責任。該條例是中國大陸進出境動植物檢疫史上第一部比較完善的檢疫法規。1983 年，根據該條例的授權，農業部制定「中華人民共

---

[27] 參閱《行政院農委會動植物防疫局高雄分局金門檢疫站簡報》，2001 年 8 月 2 日，頁 3。

和國進出口動植物檢疫條例實施細則」，之後又發布一系列配套規章，[28]使進出境動植物檢疫的執法行為更加規範化、制度化。

　　1987 年 3 月，國家動植物檢疫總所成立檢疫法起草小組，著手進行調查研究，認真檢討過去中國口岸動植物檢疫的經驗教訓，以及中華人民共和國進出口動植物檢疫條例頒布以來的實施情況，結合國家已經頒布的海關、衛生等法律法規，同時，參照十多個國家的檢疫法規以及國際動植物檢疫法典公約，歷經四年多時間，於 1991 年審議通過「中華人民共和國進出境動植物檢疫法」，並正式對外發布施行，成為中國大陸頒布的第一部動植物檢疫法律。1995 年國家動植物檢疫總所更名為國家動植物檢疫局。1996 年 12 月國務院頒布「動植物檢疫法實施條例」，更加明確動植物檢疫法中的原則規定，如進一步明確進出境動植物檢疫的範圍，確定國家動植物檢疫機關的職能，完善檢疫審批程式和檢疫監督制度，進一步規範實施行政處罰的規則和尺度。此外，「動植物檢疫法」及其「實施條例」頒布施行後，農業部、國家動植物檢疫局根據工作的需要，先後制定一系列配套規章及規範性檔案，[29]使得中國大陸的檢疫體制更加完備。

　　具體而言，中國大陸在實施兩岸「小三通」方面，以比照對港、澳港口的制度，在金門的對口口岸廈門，以及馬祖的對口口

---

[28]　例如：「進口動物檢疫對象名單」、「進口植物檢疫對象名單」、「中華人民共和國禁止進口植物名單」等。

[29]　例如：「進境動物一二類傳染病、寄生蟲病名錄」、「禁止攜帶、郵寄進境的動物、動物產品和其他檢疫物名錄」、「進境植物檢疫危險性病、蟲、雜草名錄」、「進境植物檢疫禁止進境物名錄」等。

岸馬尾分別設置檢疫單位，並依據相關法規行使相關職權，其機制如下：

## （一）入出境動物檢疫法律法規

為了防止動物疫情的傳入、傳出，保護畜牧業生產安全和人體健康，促進對外經濟貿易的發展，大陸方面之相關法規體系如下：

(1) 法律法規：「中華人民共和國進出境動植物檢疫法」、「中華人民共和國進出境動植物檢疫法實施條例」、「中華人民共和國動物防疫法」、「重大動物疫情應急條例」。

(2) 配套規章：「中華人民共和國進境動物一、二類傳染病、寄生蟲病名錄」、「中華人民共和國禁止攜帶、郵寄進境的動物、動物產品及其他檢疫物名錄」等部門規章。

(3) 國際規則：SPS 協定，以及國際標準有 OIE 法典和診斷手冊。

(4) 其他：包括檢驗檢疫協定和議定書，雙邊貿易國家或地區主管部門簽訂政府協定，雙邊協定或檢疫條款議定書以及 SPS 合作備忘錄等，用以解決雙方市場准入的具體條件。

## （二）入出境禽類及其他產品檢疫方式

### (1) 入境檢疫方式

#### 1. 簡易依據

中國法律法規規定的簡易要求，強制性檢疫標準或其他必須執行的簡易要求或標準；中國與輸出國家或地區政府簽訂的雙邊檢疫協定、議定書等；貿易合同或協議書中訂明的簡易要求；「進境動植物檢疫許可證」列明的簡易要求。

#### 2. 主要檢疫方式

A. 入境動物及其產品的風險分析。

B. 簽訂雙邊檢疫議定書或條款。

C. 簡易審批。

D. 禁止入境。

E. 報檢。

F. 檢疫。包括現場簡易、取樣、實驗室簡易、檢疫紀錄、結果評定、樣品管理等。入境活禽鳥還須按規定調運至檢驗檢疫部門指定的動物隔離場實施 30 天的隔離檢疫。隔離檢疫期間，檢疫人員對隔離禽鳥進行臨床檢查，採樣並做實驗室檢測；對入境禽類及其產品，經檢測合格的，放行；檢出高致病性禽流感的，做退回或銷毀處理。

G. 檢疫放行。檢疫合格出具有關證書放行。

H. 檢疫處理。檢疫不合格者予以銷毀或退回處理。

I.　緊急預防與應急反應。

J.　檢疫監督。包括對進口禽類產品定點加工企業的檢疫監管、對備案冷庫的檢疫監管、對進口貨物的監督管理等。

K.　有關法律責任。

(2)　出境禽類及其產品檢疫方式

1.　簡易依據

中國法律法規規定的檢疫要求，強制性檢疫標準或其他必須執行的檢疫要求或標準；中國與輸入國家或地區政府簽訂的雙邊檢疫協定、議定書、備忘錄等；輸入國或地區檢疫要求；貿易合同或信用證訂明的檢疫要求。

2.　主要檢疫方式

A.　註冊登記管理。

B.　報檢。

C.　檢疫。

D.　監督管理。

E.　口岸查驗。

## 二、台灣方面之檢、防疫機制

台灣地區自七〇年代之後，由於國際交通的便捷以及國人出入國境頻繁，為加強疾病檢疫工作，乃於民國七十八年七月一日

正式成立行政院衛生署檢疫總所，[30]其業務重心在於逐漸加重國內疫情監檢工作。至民國八十八年七月一日，為統合國內防疫工作，乃由行政院衛生署防疫處、檢疫總所及預防醫學研究所合併，成立疾病管制局，統合國內防疫、檢疫及檢驗業務。至此檢疫業務在我國國際港埠防疫工作上的比重日漸減輕，除維持原把守國際港埠防疫安全任務外，進而改以提供出入國旅客旅遊健康資訊及航商相關的快速通關服務。[31]

　　從我國檢疫制度上看，海港檢疫發展最早，邊疆檢疫次之，航空檢疫乃最近數十年的事。我國之檢疫所，實際上亦蘊含了航機、船舶之檢疫工作及國際疫情交換。其業務中心工作項目為：[32]

1. 航機、船舶進出口檢疫：航機及船舶進出境內及其工作人員、旅客之檢疫為檢疫業務之主要項目，尤其對於疫區入境之航機、船舶更應加強防範，以杜疫病之傳入蔓延。

2. 疫情之蒐集及傳遞轉報：疫情蒐集為檢疫工作重要一環，台灣衛生機關與世界衛生組織及國外檢疫機構經常連繫，蒐集情報提供航海中之船隻並通知各海港口檢疫機構。

3. 國際預防接種證之簽發：依照國際衛生條例之規定，辦理預防接種、簽發預防接種證，即所謂之黃皮書，以方便行旅。

[30] 行政院衛生署檢疫總所編，《台灣地區公共衛生發展史》（台北：行政院衛生署檢疫總所，1999 年）。
[31] 行政院衛生署疾病管制局編，《新世紀防疫》（台北：行政院衛生署疾病管制局，2002 年）。
[32] 行政院衛生署編，《傳染防治工作手冊》（台北：行政院衛生署，1997 年）。

4. 船舶之除鼠及貨物消毒滅蟲：杜絕病菌，防制傳染病之侵襲，對於船舶及染有病菌嫌疑之貨物均應依照規定施以蒸燻除鼠滅蟲或消毒等措施。

為因應試辦兩岸「小三通」，台灣方面之檢疫機制相關規定如下：[33]

## （一）檢疫、防疫（含動植物防檢疫）

### (1) 港埠檢疫

由衛生署疾病管制局在料羅港及福澳港設置檢疫站，執行港埠檢疫工作，包括：

1. 船舶人員檢疫。
2. 港區衛生管理。
3. 進口水產品檢疫。

### (2) 一般檢疫、防疫工作

1. 疫情監視：由衛生署協助金門、馬祖衛生局加強一般防檢疫工作，包括：

A. 掌握大陸地區之疫病資訊。

B. 提升金馬地區醫師傳染病診斷能力

C. 加強衛生防疫工作人員相關訓練，辦理疫情調查。

2. 提升檢驗水準。

3. 加強衛教宣導及人員訓練。

---

[33] 行政院大陸委員會，〈兩岸「小三通」推動方案〉，前揭文。

### (3) 動植物防檢疫

　　農委會動植物防疫檢疫局高雄分局及基隆分局於金門、馬祖設置檢疫站，執行相關動植物防檢疫工作，包括：

1. 加強大陸地區輸入金門、馬祖之動植物及其產品之檢疫。
2. 加強金門、馬祖運往台灣本島之動植物及其產品之檢查及處理。
3. 防杜走私境外動植物及其產品挾帶病蟲害入侵我國。

　　有關我行政院規劃兩岸「小三通」檢疫組織建制及人員增補，詳如表 1。

　　另根據現行規定，兩岸開放小三通後，相關檢疫措施主要比照國際港埠檢疫規則辦理。其中關於人、船管制部分，只要沒有通報疫情，將不會登輪檢疫。一般而言，檢疫單位在沒有疫情通報的狀況下，往返大陸旅客只要沒有腹瀉、發燒等相關疾病症狀，填寫相關文件即可比照一般海關通行。至於農、水產品部分，主要是針對相關產品的主要污染原進行管理。例如，水產品必須檢具大陸檢驗機構的霍亂弧菌陰性證明，證實沒有感染、留下抽驗檢體，才可切結放行或切結監視，若發現有感染，則予退回或直接銷毀。而且民眾也不能攜帶新鮮農、水產品入境，僅有冷凍、冷藏或經過加工、醃漬處理的水產品，才能放行入境。[34]

---

[34]　〈小三通政府檢視系列報導〉，http://www.libertytimes.com.tw/2001/new/feb/8/r-pass3.htm。

表 1　「小三通」檢疫組織建制及人員增補規劃表

| 項目 | 組織建制<br>（新增或現有） | 增補人員 |
|---|---|---|
| 檢疫、防疫<br>（衛生署） | 金門料羅港、馬祖福澳港各設置檢疫站。* | 1. 各聘用五人。<br>2. 疫情監視工作各增聘兩人。 |
| 動植物防疫檢疫<br>（農委會） | 金門、馬祖各設置檢疫站。 | 1. 初期金、馬各選定動、植物檢疫各二人。<br>2. 長期規劃須增編二十五至四十五人。 |

資料來源：行政院大陸委員會
*註：金門料羅港檢疫站已遷移至水頭港

# 伍、兩岸「小三通」的發展趨勢與 大陸檢疫新措施

## 一、「小三通」的擴大實施

　　依據「試辦金門馬祖與大陸地區通航實施辦法」之規定，「小三通」的開放內容包括：航運、人員往來、商品貿易、通匯、檢疫、軍艦等六項，但是目前「小三通」的實施範圍主要包含兩個項目：一為讓金門、馬祖民眾與大陸地區進行合法的直接經貿交流，此部分是指「除罪化」的事項；二為在有效控管風險及採取完善配套措施的前提下，有限度開放大陸地區船舶、貨品及人員

進入金馬地區，此部分所指為「可操之在我」的事項。[35]據此，在該辦法第十二條規定大陸地區人民可因探親、探病、奔喪、返鄉探視、商務活動、學術活動、宗教文化體育活動、交流活動與旅行，得申請許可入出金門、馬祖。[36]

由於兩岸因為「一個中國」的看法迥異，大陸堅持「體現一國內部事務」的原則，但台灣無法接受，因此在「可操之在我」的前提下「小三通」是我方片面開放，並未與大陸進行磋商，故從 2001 年至今大陸採取消極抵制態度，使得真正前來旅遊者僅有數百人。[37]然而 2004 年 9 月 24 日，大陸福建省副省長王美香在國台辦交流局局長戴肖峰、國家旅遊局旅遊促進與國際連絡司司長沈蕙蓉的陪同下，首度宣布將開放福建居民到金馬旅遊。在北京涉台單位的關注下，經雙方多次協調後，2004 年 11 月福建省旅遊局發出「關於特許福建省旅遊有限公司等五家旅行社為首批經營福建省內居民赴金門、馬祖、澎湖地區旅遊業務組團社的通知」，福建省中國旅行社、福建省旅遊公司、泉洲中國旅行社、

---

[35] 行政院大陸委員會，〈兩岸「小三通」推動方案〉，前揭文。

[36] 1.探親：其父母、配偶或子女在金、馬設有戶籍者。2.探病、奔喪：其二親等內血親、繼父母、配偶之父母、配偶或子女之配偶在金、馬設有戶籍，因患重病或受重傷，而有生命危險，或年逾六十歲，患重病或受重傷，或死亡未滿一年者。但奔喪得不受設有戶籍之限制。3.返鄉探視：在金、馬出生者及其隨行之配偶、子女。4.商務活動：大陸地區福建之公司或其他商業負責人。5.學術活動：在大陸地區福建之各級學校教職員生。6.宗教、文化、體育活動：在大陸地區福建具有專業造詣或能力者。7.交流活動：經入出境管理局會同相關目的事業主管機關專案核准者。8.旅行：經交通部觀光局許可，在金、馬營業之綜合或甲種旅行社代申請者。

[37] 《中國時報》（台北），2004 年 11 月 26 日，第 A13 版。

廈門建發國際旅行社與廈門旅遊集團等五家旅行社負責承攬，而金門之安全、巨祥、金馬、環球與金廈等五家旅行社負責接待。[38]

　　中共在「小三通」實施之初抱持著比較保守的態度，但是之後經操作發現仍可掌握諸多優勢，特別是廈金直航方面，不論是從金門或是經金門中轉的人員都需經廈門核准，大陸方面掌控了實質性的主導權；況且實施以來，自 2001 年 1 月 1 日起迄 2006 年 4 月止，兩岸通航計 15,271 航次，運送旅客共計一百四十四萬零四百三十三人次，貨運三百九十六萬噸，總價款為一仟兩佰萬美元。[39]另根據我行政院大陸委員會統計資料顯示，自 2001 年 1 月起至 2004 年 12 月止，台灣人民從金門前往廈門的人數（含台商中轉）為 309,988 人次，大陸人民從廈門到金門的人數為 14,791 人次。[40]由此顯示，「小三通」實施以來，兩岸人民經廈金交流人數呈現「向大陸傾斜」的現象，且落差甚大。有鑑於此，中共遂對「小三通」的政策由保守趨於漸進式的開放政策。2004 年年底福建省率先開放人民赴金門、馬祖旅遊，對此，中共國台辦發言人李維一也表示，將支持有關方面積極推動落實此項政策，而且廈門方面也已積極進行整合。[41]中共方面再則更因為「小三通」實施以來，起初係由台灣方面主動實施，大陸方面配合意願不高，後來經評估，認為兩岸海上直航協商時間不能預期，可透過「小三通」模式，逐步推廣與擴大兩岸港口間的通航，也可為直航鋪路，因而轉變為主動積極。2006 年 5 月 31 日，中共國台辦

[38] 《聯合晚報》（台北），2004 年 12 月 1 日，第 5 版。

[39] 〈金門縣政府港務處 2006 年 4 月統計資料〉。

[40] 〈行政院大陸委員會 2005 年 1 月統計資料〉。

[41] 參閱〈http://tw.news.yahoo.com/041024/43/13g7d.html〉。

經濟局局長何世忠更直接指出，福建沿海與金門、馬祖之間的的海上直航模式，代表真正意義的兩岸直航，雙方均用兩岸註冊的船舶、掛公司旗，解決了敏感的問題；這種模式完全可以擴大到兩岸的其他港口，實現兩岸全面、直接、雙向直航。在兩岸未能全面實現直接三通的情況之下，福建沿海與金門、馬祖間的局部通航，是兩岸人民往來和交流的一個渠道。[42]在此政策宣示之下，中共並決定擴大實施「小三通」，於 2006 年 6 月 8 日開放金門水頭港和福建泉州之間的航線，加上既有的金門和廈門、馬祖和馬尾共計三條路線。

## 二、大陸之檢疫新措施

　　因應「小三通」的發展趨勢，與兩岸民間交流的擴大，大陸方面主動採取了檢疫新措施如下：

　　1. 在人員方面實施「特事特辦」檢疫措施：為因應擴大「小三通」人員往來上的頻仍，目前兩馬航線實施「人等船」方式，做到「船到旅客下」，前移「入境健康檢疫申明卡」填寫，對馬祖旅遊團體旅客特設綠色通道，對低風險旅客和攜帶物實施快速查驗措施，旅客可無需停滯快速通關。[43]

---

[42] 〈中共擴大小三通〉，《聯合報》（台北），2006 年 6 月 1 日，第 A13 版。

[43] 孫穎杰，〈大陸進出境重大動物疫病防控與預警體系〉，《2006 年防疫疫情預警通報研討會論文集》，國立金門技術學院主辦，2006 年 5 月 10-12 日，頁 8-13。

2. 針對「小額貿易」[44]實施「東山模式」與「馬尾模式」：
大陸福建省與金門、馬祖的民間小額貿易由來已久，是開
展最早和最主要的省份，隨著兩岸「小三通」的逐步擴大，
兩岸人民又對小額貿易的認知不一，[45]且「小三通」實施
以來又未能達成我方當初「除罪化」的立意和效果，[46]造
成兩岸在福建沿海的小額貿易愈發嚴重。關於對小額貿易
採取的「東山模式」，主要係根據水產品對台小額貿易量
少、品種雜、船次多，進出港時間不確定，貨物以自購為
主、現金交易等情況，採用海域灘塗監測與現場檢驗相結
合的靈活方式，開設綠色通道，實行「坐等服務」、「隨
叫隨到」的措施。「馬尾模式」主要採取對來自台灣的低
風險商品實施聲明保證措施，逐批核查貨證，先予卸貨
入庫，並按最低比例抽樣檢測，達到快速通關；對涉及
進口強制認證的少量設備零配件，由實際使用人提出自
用書面證明後准予使用。

3. 開放多項對台檢疫優惠政策和措施：2005 年中共國家質檢
總局實施一系列措施，促進台灣地區水果等農產品來大陸

---

[44] 「小額貿易」就大陸法規體系來看，乃是源自於處理「國」與「國」之間邊
境商貿的商業行為。大陸方面對台灣雖不視同為一個國家，但於 1993 年特
別訂定「對台灣地區小額貿易管理辦法」，以人民幣十萬元為額度，做為規
範之準據，並在福建沿海設置「對台小額貿易區」，因此小額貿易在大陸是
在有法令規範狀況下所進行的雙邊商貿的合法行為。

[45] 在金門、馬祖地區，所謂的「小額貿易」實際上是一種缺乏規範與管理的兩
岸民間交易行為，本質上是兩岸人民在灘頭或岸際之非法走私行為，與大陸
方面所稱的「小額貿易」具有不同的實質意義。

[46] 〈監委對小三通調查意見（系列之二）〉，《金門日報》，2002 年 9 月 10 日，
第 2 版。

銷售。這些措施包括：允許進境的台灣水果由 12 種增加
到 18 種，之後又增加至 22 種；設置專門出台 6 條便捷措
施，快速檢疫通關（提供熱線諮詢、加快檢疫審批、快速
受理報檢、實施快速查驗、加快放行速度、加強溝通、及
時解決有關檢驗檢疫問題）；允許來自台灣漁船自捕的水產
品輸往福建，並參照大陸自捕漁船做法，憑公海自捕漁許可
證、貿易合同、發票等資料向檢疫部門報檢，不再要求提供
台灣主管部門出具的衛生證書。[47]

# 陸、兩岸「小三通」檢疫面臨之
# 問題與因應策略

## 一、「小三通」面臨之相關問題

　　隨著兩岸「小三通」的逐漸擴大實施，以及兩岸人民往來和交
流的密切，兩岸在檢疫機制方面亦呈現了相關問題，茲臚列於次：
　　1. 兩岸檢疫機制的不對等問題：「小三通」是兩岸因各方面
　　　　交往不斷擴大的客觀需要所發展出來的結果，基於兩岸關
　　　　係的複雜性，所沿用的檢疫機制，並無任何國際慣例可
　　　　循。目前的檢疫體制，既具有政治上的敏感性，又具有業

---

[47] 孫穎杰，〈大陸進出境重大動物疫病防控與預警體系〉，頁 9。

　　務上的迫切性。由於兩岸目前對「一個中國」的原則仍無共識，「小三通」的檢疫機制就大陸方面而言，係在「一國兩制」的基礎架構上，比照港澳的模式辦理；然而，就台灣方面的機制而言，則是比照國際港埠檢疫規則，是一種國與國之間的機制。在此情形之下，大陸方面常常本著「一國兩制」和國家主權統一的觀念，為了因應其主動積極且逐漸擴大的對台工作，因而在檢疫方面逐步提供多項優惠和寬鬆政策，台灣方面則往往處於被動地位。若台灣方面不相應配合大陸方面之政策，則易招致民怨和體制上、執法上的不對等；反之，若台灣方面全然加以配合，則易增加我方的風險。

2. 兩岸檢疫法規不一，對檢疫執法造成困擾：由於兩岸之檢疫法律與法規不同，在執法上極易造成落差和標準不一。例如：台灣農委會將輸入動物及動物產品分為「禁止輸入的動物、有條件輸入的動物、禁止輸入的動物產品、有條件輸入的動物產品」等種類，針對不同類別規定相應的檢驗檢疫管理條件。此外，根據 1970 年公布的「植物檢疫限制輸入規定」，其內容亦包括「禁止輸入部份、有條件輸入部份和應實施隔離栽植檢疫」的植物種類，制定禁止、限制輸入植物名稱及部位，以及所分布的國家或地區和禁止輸入的病蟲害名稱。反觀大陸的動植物檢疫法規也有禁止進口動植物及其產品的規定，但禁止進口的植物及其產品只有 8 類（台灣有 34 類）而且很少變化。大陸方面既沒有規定限制輸入的動植物種類；只有規定輸入的檢疫條件；也沒有規定需要隔離種植檢疫的植物種類而在受

理檢疫審批時提出要求。[48]另外，例如：台灣輸入經規定有檢疫條件要求的植物及其產品和輸入動物時，才需要交驗輸出國檢疫機關發給的檢疫證明書。如無法提供檢疫證書，則加大取樣檢查量 1～5 倍，提高檢疫費用，加長檢驗時間。大陸方面則規定輸入動植物及其產品一律要求附有輸出國家或地區政府植物檢疫機關出具的檢疫證書等。如此一來，兩岸因不同的法律法規造成檢疫上的標準不一，極易產生執行上的困擾和落差。

3. 擴大「小三通」風險控制問題：近年來，大陸方面為了發展經濟，提升綜合競爭力，並希望藉以發揮對台優勢，積極促進閩台的經濟整合，乃依據中共福建省委頒布的「海峽西岸經濟區建設綱要」，推動以福建為主體，涵蓋周邊地區，對應台灣海峽的區域經濟綜合體，[49]並積極擴大「小三通」，以求重點式的突破。在此情況之下，大陸福建當局進而配合開放多項對台檢疫優惠政策和措施。隨著「小三通」交流持續擴大，基於「均等化」原則的理論，衛生落後、瘟疫流行率高的國家，因為交通方便與自由來往的關係，自然很容易把它的瘟疫傳染到衛生先進的國家。由於大陸地區的衛生條件相較於台灣仍有差距，且大陸又曾是 SARS 和禽流感的高危險區，「小三通」擴大實施若無有效的管理機制，可能會帶來台灣地區較高的風險。

---

[48] 趙欣花、樊力平，〈對台灣地區的金門、馬祖實施檢驗檢疫的幾點思考〉，《口岸衛生控制》，第 7 卷第 1 期，頁 4-5。

[49] 郭瑞華，〈海峽西岸經濟區與福建對台工作〉，「兩岸政濟發展」學術研討會，國立金門技術學院主辦，2005 年 12 月 20-22 日。

4. 兩岸加入 WTO 面臨之檢疫新問題：兩岸在相繼加入 WTO
後，預估輸入農產品之種類及數量將大幅成長，輸入國家
地區亦將擴大，國外疫病害蟲隨農產品侵入之風險將形增
加。大陸與我地理位置臨近，土地大且勞力便宜，農產品
對我國具比較優勢。倘台灣對大陸不採取排除條款，則原
被禁止輸入之多項大陸農漁畜產品及其製品，將可能大量
輸入；鑒於大陸為多種惡性動物傳染病及植物疫病蟲害之
疫區，而其相關防疫檢疫之疫情資訊及防治措施不明，如
此一來，我農業生產恐將面臨更大之疫病蟲害風險。

## 二、因應策略與建議

針對兩岸「小三通」實施以來，在檢疫方面所面臨的問題以
及爾後兩岸直航的檢疫機制應有的策略，提幾點建議如下：

1. 加強合作交流，建立互信互利之防疫機制：包括加大兩岸
相關的技術研究，拓展以雙邊動物疫病及植物種苗的病蟲
害調查、分析和風險評估，逐步建立兩岸完善的動植物疫
情的風險評估與監測防疫體系，以及建立兩岸調協合作的
防疫機制、技術人員支援機制、防控和檢測技術支援機
制、資訊傳遞與共用機制等。此外，兩岸亦應加強區域化
的研究，定期召開疫情疫病防控研討會，並定時通報有關
情況。

2. 加強兩岸口岸檢疫把關措施，嚴防疫情跨境傳播：兩岸應
進一步加強對進出口貨物、運輸工具、以及人員的檢疫等

把關工作，期能在口岸檢驗檢疫方面，做到確保疫情不通過口岸跨境傳播，並從基本上加強相關從業人員的培訓工作。

3. 加強兩岸信息化建設，提升檢驗檢疫之力度：應建立兩岸間以疫情信息分析為主的監控體系，及時追蹤與疫情、疫病有關的爆發和傳播情況。

4. 適時檢討相關檢疫法律法規，以達到有效之執法：兩岸應根據雙邊疫情的變化、發展以及防疫需求，適時檢討、修訂相關檢疫法規，並加強前期監督和後期管理，以提高檢疫執法的功能和效率。

5. 加強查緝兩岸海域走私偷渡，以杜絕規避檢疫的非法管道：走私與偷渡儼然是防疫上的一大漏洞。例如：在 SARS 疫情蔓延之際，部分台灣漁船無視疫情擴散的危險，仍在海峽中線交易，形成防疫上的大缺口。[50]再如海巡署查獲漁船載運大陸偷渡客上岸，且大多為來台賣淫的大陸女子，亦成為防疫上的一大死角。[51]因此，口岸檢疫部門應加強與當地海關、邊防、警察、公安等部門的協調合作，積極查緝兩岸之走私偷渡，此亦為防疫工作的一環。

6. 因應兩岸加入 WTO 後應有之做法：為了防範境外危險性疫病蟲害之入侵，未來我國在檢疫面上，除須強化邊境管制，加強辦理動植物及其產品輸入我國之檢疫把關工作外，亦應適時增修訂我國法規或採取符合 SPS 協定規範之

---

[50] 〈堵防疫缺口──離島〉，《聯合報》（台北），2003 年 4 月 2 日，第 6 版。

[51] 〈SARS 疫情，擋不住兩岸的接觸〉，《聯合報》（台北），2003 年 4 月 4 日，第 4 版。

因應措施，以防範境外疫病蟲害之輸入。此外，亦應加強對大陸農產品之輸入檢疫，尤需在金、馬等離島地區設立檢疫站，加強對大陸農畜產品之檢疫；並建立兩岸動植物檢疫證明文件之認證制度，促進兩岸檢疫業務溝通、協商與互惠，並進行產地檢疫查證。

# 柒、結論

當今的時代正處於全球化的進程中，傳統安全觀念中的軍事因素地位有下降的趨勢，國家利益中經濟成分的重要性則日益上升，而環境安全方面的問題也引起了重視和廣泛討論。近年來，諸多重大疫病如 SARS、禽流感等在國際間大為流傳，由於中國大陸迄今仍是個不太開放的社會，資訊相對的不甚透明，尤有進者，爾來中國大陸一直被其他國家當成是傳染病的高度危險地區，其環境與流行性疾病的公害無疑對國際社會存在著潛在威脅。

隨著兩岸之間的互動和交往日漸密切，民間對「三通」直航需求日殷，兩岸直航的議題也甚囂塵上。未來一旦兩岸兩岸實現「三通」直航，對台灣而言在環境領域安全方面儼然是一重大的威脅和考驗。況且，基於兩岸倘若在「完全放任的相互來往」以後，則瘟疫流行率就會越來越接近的準則，有朝一日兩岸直航之後，對台灣地區環境、衛生安全所形成的隱憂當會隨之增加，職是之故，健全檢疫機制並發揮完善的功能乃不可偏廢之事。實際

上，台灣地區在 SARS 疫情流行以後，舉國上下無不盡力控制疫情的蔓延，並為拯救台灣的衛生條件而努力，包括國門與航班的檢疫，終止或暫緩與中國大陸的交流，兩地旅人暫留原地，甚至暫停「小三通」等等。綜觀這些措施與努力，可說是對「完全放任的相互來往」所做的重大修正，並且足以證明，在未來的直航政策之中，兩岸之間相當程度的管制機制是必要的。

　　在兩岸開放「三通」直航之前，政府先於外島的金門、馬祖試辦「小三通」，與對岸的廈門、馬尾進行人、貨直接往來，相關的檢疫措施主要比照國際港埠檢疫規則辦理。實施之後，中國大陸在配合其對台政策之需求下，逐漸擴大「小三通」的範圍與項目，並開放多項對台檢疫新措施。在此情形之下，兩岸在檢疫機制方面遂呈現了相關問題，包括檢疫機制的不對等、檢疫法規不一、台灣方面風險提高、以及加入 WTO 之後面臨之問題等。有鑑於此，台灣方面應亟思有效的管理機制與策略，以降低加大交流之後帶來的可能風險。未來兩岸若實現直航之政策，仍應以「小三通」的檢疫模式加以評估和檢討，著重於建立兩岸互信互利之防疫機制，加強口岸檢疫把關措施，增加信息化建設以提升檢驗檢疫之力度，適時檢討相關法規以強化執法；此外，並須加強查緝兩岸海域走私偷渡，強化邊境管制，並建立兩岸動植物檢疫證明文件之認證制度，以求整體機制上之完善。

（本文發表於《展望與探索》期刊，<br>第 4 卷第 11 期，2006 年，頁 58-76。）

# 從大陸擴大開放民眾來金旅遊
# 看胡錦濤對台政策之嬗變

## 壹、前言

　　兩岸直航議中最核心的是「三通」問題，最早於 1979 年中共全國人大常會在「告台灣同胞書」中提出。1981 年中共人大常委會委員長葉劍英發表談話，提出了九點「關於台灣回歸祖國實現和平統一的方針政策」（俗稱「葉九條」），更將「通郵、通商、通航」等三通的內容明訂在內。[1] 隨著兩岸之間交流愈加頻仍，台灣方面普遍認為台海兩岸的直接通航乃勢之所趨；然而，在中共仍堅持在「一個中國」的原則之下，才有實現「三通」的可能，準此，兩岸直航可能牽涉到相關主權和法律等方面的問題，[2] 致使「三通」問題愈發難解，在此情形之下，兩岸過渡時期的「小三通」政策應運而生。

　　「小三通」政策的實施，反應出兩岸交流的不可避免和「三通」議題無法突破的現實，從而使兩岸在「小三通」問題上呈現

---

[1]　《人民日報》（北京），1981 年 10 月 1 日，第 1 版。

[2]　洪儒明，《民進黨執政後的中共對台政策》（台北：秀威出版社，2004 年），頁 115-116。

出微妙的政治角力。台北方面試圖藉此向國際社會宣示台灣在兩岸對話的善意回應，並得以紓緩國內喧嚷「三通」的壓力；北京方面則認為即使短期間兩岸無法直接「三通」，但是「小三通」有通總比沒有通好。[3]

　　「小三通」實施初期，大陸當局均採取一貫之「冷處理」態度；然而，隨著胡錦濤時期，中共對台政策的轉變，北京當局逐漸開放福建地區民眾經「小三通」旅遊的交流政策，這種種旅遊政策的開放背後其政治動機甚為明顯，主要原因乃希望透過此一方式對於台灣民眾達到「政治社會化」的效果，其目的也就是希望藉此達到影響個人之政治態度、信仰與情感的效果。在此前提下，中共一改過去冷處理態度轉趨為漸進式開放的措施，其意義代表胡錦濤對台採靈活主動策略。本文擬從胡錦濤時期中共對台政策的思維，觀察「小三通」政策的變化，進而分析中共在對台政策的策略運用。

---

[3]　當時中共總理朱鎔基曾表示，理解相關部門的疑慮，但是有通總比沒有通好。參閱《明報》，2000 年 11 月 13 日。

# 貳、胡錦濤時期中共對台政策新思維

## 一、中共對台政策的原則

　　政策乃是某一人或某些人處理一項關心事項之有目的性的行動方案，[4]其基本要素在於要有一個目標、目的或宗旨，[5]因此，政策的過程乃包括對於某種認同、需求以及期望的制訂、發布和執行經過。[6]中共在制定對台政策時，亦具有這些特徵與要素。在人的因素方面，中共的領導人具有決策的權力，因此在對台政策的制定上是一關鍵。此外，中共在制定對台政策的目標和需求上亦考慮到國內、外結構方面的因素。[7]

　　解決台灣問題儼然是中共歷代領導人的重要政策方針。從毛澤東早期的以武力解放台灣，到鄧小平的「一國兩制」，乃至江澤民的「江八點」，無一不具有領導人地位的政治性象徵和戰略性的重大指標。在政治象徵上，統一中國，讓台灣回歸祖國已成了世紀性的工作，用以確立中共領導人在歷史上的地位；至於戰略上的層面，解決台灣問題更具政策上的重要性，處理不當極可

[4]　James Anderson, *Public Policy-Making* (New York: CBS College Publishing, 1984), p.3.

[5]　Carl Fredrick, *Man and His Government: An Empirical Theory of Politics* (New York: McGraw Hill, 1963), p.79.

[6]　Harold Lasswell & Abraham Kaplan, *Power and Society* (New Haven: Yale University Press, 1950), p.71.

[7]　Yun-han Chu, "Power Transition and the Making of Beijing's Policy towards Taiwan", *The China Quarterly*, December 2003, p.960.

能造成外部與美國關係的罅隙，以及內部民族主義的反動浪潮。[8]
正因如此，中共領導人對於處理台灣問題極端小心謹慎，1973
年，毛澤東為了解決中美關係，認為台灣問題可以擱置，不需要
在短期間解決。他對季辛吉說：「我們可以暫時不要台灣，過一
百年再去管他。」其後，鄧小平雖然在一九八〇年代將「統一問
題」設定為中國在八〇年代的三大任務之一，但是到了九〇年
代，鄧小平又改口稱，統一可以等，一百年總會解決，又說「五
百年不統一，一千年還是要統一。」到了九〇年代以後，江澤民
雖然表示，統一問題不能久拖不決，尤其台灣走向「獨立」的態
勢愈來愈明顯，再加上香港、澳門的主權回歸中國，讓第三代領
導人有更大的壓力和急迫感要統一台灣，不過中共方面還是沒有
提出具體的統一時間表。[9]

對中共領導人而言，統一台灣，不單單是主權的問題而已，
更重要的是國家安全與國家利益所在。儘管中共對台政策受到集
體領導、派系內訌、權力繼承、官僚體系鬥爭、民族主義、政治
改革、以及中央和地方關係等因素交織影響，造成諸多錯綜複雜
的變數，[10]然而，一般而言，極少有領導人和不同的官僚體系在
權力繼承和嬗遞之後能夠對於台灣問題的基本政策有所改變。[11]
台灣問題是中共安全利益的底線，也是中共在亞太地緣政治的核

---

[8]  Ibid, pp.960-961.

[9]  童振源，〈中國對台政策的演變、特徵與變數〉，丁樹範主編，《胡錦濤時代
     的挑戰》（台北：新新聞文化事業有限公司，2002 年 12 月），頁 326-327。

[10] Szu-Chien, Hsu, "The Impact of the PRC's Domestic Politics on Cross-Strait
     Relations", *Issues & Studies*, 38, No. 1 (March 2002), pp.130-164.

[11] Ibid, p. 140. Also see Michael D. Swaine, *China: Domestic Change and Foreign
     Policy* (Santa Monica, Calif.: RAND, 1995), p.35.

心，統一台灣的進程還與中共的海權實現進程互相一致，這決定了統一台灣是中共國家發展不可或缺的門檻。[12]2002 年 11 月 8 日，江澤民在發表的「十六大」報告中，說明中共的對台政策。其中第八部分標題為「『一國兩制』和實現祖國的完全統一」的對台政策，強調對台政策的延續性，江澤民明確指出，「世界上只有一個中國，大陸和台灣同屬一個中國，中國的主權和領土完整不容分割。」這是中共正式將「一個中國」的新定義納入全國黨代表大會的政治報告中，確立了中共對台政策不變的原則。[13]

　　時至二十一世紀，在全球化的趨勢與影響之下，經濟利益取代安全利益，逐漸成為中共自冷戰之後首要的國家利益。[14]基於此，中共乃積極以新安全觀為國家戰略指導原則，在全球均有其經濟利益存在，在地區安全事務上具有其舉足輕重的地位，在全球事務上均有其政治影響力，藉以營造有利其發展的安全環境。[15]在此全球化趨勢之下，中共在對台政策的制定上，國家領導人的

---

[12] 張文木，《世界地緣政治中的中國國家安全利益分析》（濟南：山東人民出版社，2004 年 5 月），頁 379-391。

[13] 此份報告中，確立了中共對台政策存在的五個不變：（一）「和平統一、一國兩制」的基本原則不變；（二）「一個中國」的原則不變、反對台獨的立場不變；（三）在「一個中國」原則的基礎上，兩岸進行談判與對話的立場不變；（四）大陸不以政治干擾經濟和民間交流（包括三通）的立場不變；（五）大陸「寄希望於台灣人民」的方針不變。參閱童振源，〈中共「十六大」後對台政策分析〉，《中國大陸研究》，第 46 卷，第 2 期，2003 年 3、4 月，頁 44。

[14] 閻學通，〈國家利益的分析方法——對部分「中國國家利益分析」批評的討論〉，《中國社會學季刊》（北京），1997 年 8 月（總第 20 期），頁 143-147。

[15] 朱蓓蕾，〈全球化與中共安全觀：轉變與挑戰〉，《中國大陸研究》，第 46 卷，第 6 期，2003 年 11、12 月，頁 75-108。

空間和個人偏好取向會愈來愈受到限制。[16]雖然中共在「十六大」
的報告中，將「一個中國」原則的新定義納入中共的文獻，成為
黨的政策與共識，不過在做法上，基於全球化趨勢的影響，其對
台政策的主軸將是「一個中心、兩個基本點」；亦即以「經濟發
展」為中心，同時，為了避免因台灣問題導致中共和美國之間的
矛盾，中共將以「穩定中美關係」與「做台灣人民工作」作為現
階段對台政策的兩個基本點。[17]

## 二、胡錦濤時期的對台政策

　　中共在「十六大」之後，逐漸實現現階段「一個中心、兩個
基本點」的對台政策，在此原則之下，發展經濟、做好對台灣人
民的工作、穩定中美關係將是主要的方針。江澤民於 2002 年 10
月底在訪問美國時即指出，兩岸和平統一將有利於亞太和世界和
平、以及中美關係穩定發展，也將使美國在台灣的利益得到更有
效的保障，[18]因此，中共目前和平統一的對台政策仍然維持不變，
並將持續發展對台灣的經濟及民間交流工作。在此前提之下，「三
通」將可能成為兩岸在短中期的互動和角力的焦點，也有可能是
影響兩岸關係的主要因素。當胡錦濤於 2004 年中共十六屆四中
全會成為中央軍委主席後，正式成為掌握黨、政、軍大權的第四

[16] Yun-han Chu, "Power Transition and the Making of Beijing's Policy towards Taiwan," op.cit., pp.962-963.

[17] 童振源，〈中共「十六大」後對台政策分析〉，前揭文，頁 51-52。

[18] 劉屏，〈江澤民：兩岸和平統一符合美國利益〉，《中國時報》（台北），2002 年 10 月 26 日，第 4 版。

代領導人，也開始完全主導對台事務，就在 2004 年 9 月於北京舉行的「中國和平統一促進會」第七屆理事會上，中共中央對台工作領導小組副組長、全國政協主席賈慶林在致詞中，首次把胡錦濤關於對台工作的四點意見，並列於鄧小平「和平統一，一國兩制」和「江八點」之後，顯示「胡四點」已成為中共對台政策的新基調。「胡四點」是胡錦濤在 2002 年 3 月 11 日，於十屆人大一次會議台灣團分組會上所提出之「關於對台工作的四點意見」，分別是：要始終堅持「一個中國」原則；要大力促進兩岸的經濟文化交流；要深入貫徹「寄希望於台灣人民」的方針；要團結兩岸同胞共同推進中華民族的復興。對於其中的「寄希望於台灣人民」，胡錦濤在會中又提出了所謂「三個凡是」：「凡是有利台灣同胞的事，凡是有利於祖國統一的事，凡是有利於中華民族偉大復興的事，應該積極去做，把它做好」，強調「中國是兩岸同胞的中國，是我們的共同家園」、「兩岸合則兩利、通則雙贏，分則兩害」[19]。

再者，胡錦濤於 2005 年 3 月 4 日於全國人大十屆三次會議召開前一天又發表對台四點「絕不」談話：堅持一中原則絕不動搖，爭取和平統一努力絕不放棄，貫徹寄希望於台灣人民方針絕不改變，反台獨分裂活動絕不妥協。這些說法與鄧小平「和平統一，一國兩制」基本方針、江澤民於一九九五年提出的對台八項主張相較，最大差異點是將「台灣執政當局」與「台灣人民」予以分開處理。由於江對台全面打壓的結果，使台灣「反中」意識

[19]　〈胡四點並列江八點中共對台新基調〉，《中央社》，請參考〈http://tw.news.yahoo.com/040928/45/10qa3.html〉。

高漲。胡則加強區隔，縮小打擊面，擴大拉攏面，[20]對於台灣民眾與大陸的矛盾定位為「人民內部矛盾」而非「敵我矛盾」。此外，胡在態度方面更為細膩懷柔而採感性訴求，強調必須兼顧台灣民眾的感受，這也與江澤民時期對台採取「文攻武嚇」，透過強硬談話與飛彈試射造成台灣民眾極度反感形成強烈對比。因此對於台灣民眾特別是南部民眾改採拉攏策略，以爭取民心為主軸，觀光客若輸入台灣，有助於台灣經濟，將形成「由下而上」的統戰效果。

另一方面，胡錦濤時期的對台政策，除了先於 2005 年 3 月全國人大十屆三次會議通過「反分裂國家法」，旋即又在同年四月透過台灣在野黨釋出開放觀光客來台之善意，將原本對此議題的「冷處理」迅速轉變為「熱處理」，胡錦濤確認「台獨非台灣」的作法，在中共制訂反分裂國家法之後，似乎愈來愈明顯，致使中共在對台政策的表現上更加主動而辯證。[21]尤其在 2005 年年中，對台工作採取了許多主動、果斷的措施，包括邀請連戰、宋楚瑜訪問中國大陸，並取得了明顯的效果，[22]充分顯示在胡錦濤對台之「立場堅定、作法彈性」與「軟硬兼施、外壓內拉」策略下，對台工作更趨於細膩靈活、主動出擊，並更能掌握台灣內部之政治生態與輿情反應，這也與江澤民時期對台工作的僵化保守、進退失據、誤判情勢與難有突破形成明顯對比。可以預期的是，胡錦濤時期大陸當局仍然會按照既定方針，展開對台工作。

---

[20] 林中斌，〈胡上江下，對台新局〉，《中國時報》，2005 年 3 月 1 日，第 A4 版。

[21] 楊開煌，〈「反分裂法」與「十一五規劃」：台灣的危機與出路〉，《兩岸政經學術研討會論文集》，國立金門技術學院主辦，2005 年 12 月 20 日，頁 5-8。

[22] 陳孔立，「2006 年兩岸關係走向」，《兩岸政經學術研討會論文集》，頁 1-4。

# 參、我國開放大陸民眾來金旅遊之相關政策

　　2000 年 12 月 15 日行政院發布了「試辦金門馬祖與大陸地區通航實施辦法」（以下簡稱「金馬通航辦法」），也就是所謂的「小三通」，並且正式從 2001 年元旦開始試辦，該辦法分別於 2001 至 2005 年逐年進行多項條文之修訂，顯見小三通實施後實際情況之變化十分迅速。依據該辦法之規定，小三通的開放內容包括：航運、人員往來、商品貿易、通匯、檢疫、軍艦等六項，但是目前小三通的實施範圍主要包含二個項目：一為讓金門、馬祖民眾與大陸地區進行合法的直接經貿交流，此部分是指「除罪化」的事項；二為在有效控管風險及採取完善配套措施的前提下，有限度開放大陸地區船舶、貨品及人員進入金馬地區，此部分所指為「可操之在我」的事項。據此，在該辦法第十二條規定大陸地區人民可因探親、探病、奔喪、返鄉探視、商務活動、學術活動、宗教文化體育活動、交流活動與旅行，得申請許可入出金門、馬祖[23]。因此，旅遊活動亦包括在內，但仍有相當多之限

---

[23] 1.探親：其父母、配偶或子女在金、馬設有戶籍者。2.探病、奔喪：其二親等內血親、繼父母、配偶之父母、配偶或子女之配偶在金、馬設有戶籍，因患重病或受重傷，而有生命危險，或年逾六十歲，患重病或受重傷，或死亡未滿一年者。但奔喪得不受設有戶籍之限制。3.返鄉探視：在金、馬出生者及其隨行之配偶、子女。4.商務活動：大陸地區福建之公司或其他商業負責人。5.學術活動：在大陸地區福建之各級學校教職員生。6.宗教、文化、體育活動：在大陸地區福建具有專業造詣或能力者。7.交流活動：經入出境管理局會同相關目的事業主管機關專案核准者。8.旅行：經交通部觀光局許可，在金、馬營業之綜合或甲種旅行社代申請者。

制規定，顯示政府對於大陸民眾前來金馬地區的交流，仍然依循政府干預主義的管理方式：

## 一、必須團進團出

　　根據「金馬通航辦法」第十二條與 2005 年 3 月 8 日入出境管理局發布之「試辦金門馬祖與大陸地區通航人員入出境作業規定」（以下簡稱「金馬通航入出境規定」）第十七點、二十一點之規定[24]，必須經交通部觀光局許可，在金、馬營業之綜合或甲種旅行社代為申請，且必須是組團辦理，每團人數限 10 人以上 25 人以下，整團同時入出，不足 10 人之團體不予許可並禁止入境，25 人以上之團體則要分成兩團。因此根據「金馬通航入出境規定」第二十五點與二〇〇四年二月二十七日編印之「大陸地區人民申請進入金門馬祖送件須知」（以下簡稱「金馬送件須知」），團體往來金馬之入出境許可證，第一張必須註記本團人數及團號，第二張以後必須註記「應與〇〇〇等〇人整團入出境」[25]；而根據「金馬通航辦法」第十三條規定，代申請之旅行社應備申請書及團體名冊，向境管局金馬服務站申請進入金馬，並由旅行社負責人擔任保證人，也因此「金馬通航入出境規定」第十五點規定，前來金馬地區旅遊之大陸民眾除了必須具備申請書、大陸居民身分證影本外，也必須繳交由旅行社以電腦列印之旅行團體

---

[24] 「金馬通航入出境規定」最早於二〇〇二年八月一日發布，後又經過二〇〇三與二〇〇四年之修正。

[25] 若是申請進入金門者需加註「限停留金門」，申請進入馬祖者則需加註「限停留馬祖」。

名冊兩份。基本上，採取團進團出之規定，其目的還是為了能夠掌握人數，以避免發生逾期停留或脫團等情事。

因此根據「金馬通航辦法」第十九條之規定，大陸地區人民若申請許可進入金門、馬祖地區，這包括參與旅遊活動在內，若有逾期停留、未辦理流動人口登記或從事與許可目的不符之活動或工作者，其代申請人、綜合或甲種旅行社，內政部得視情節輕重，一年以內不受理其代申請案件；其已代申請尚未許可之案件，則不予許可；而未帶團全數出境之綜合或甲種旅行社，其處罰規定亦同[26]。另外根據「金馬送件須知」之規定，由代申請人擔任保證人者，若被保證人逾期不離境時，應協助有關機關強制其出境，並負擔因強制出境所支出之費用，因此旅行社也必須擔負此一責任。

但另一方面在團進團出方面也有若干變通措施，「金馬通航入出境規定」第二十八點與與「金馬送件須知」也規定，依旅行（簡稱為第二類）事由進入金門、馬祖之大陸民眾，因故而急於個別出境者，應備申請書、團體入出境許可證本人聯影本與證件費新台幣兩百元，向境管局之金馬服務站申請發給當日效期之個別入出境許可證出境聯，即可以個別身份先行離開金馬地區，而不必隨團離開[27]。

---

[26] 另外根據「金馬通航入出境規定」第四十九點，大陸地區人民在金門、馬祖進行旅行，若逾期停留、非法工作或過夜未申報流動人口，「一人違規者，該違規人出境前，不受理其代申請案件，已受理尚未許可者，申請案不予許可。其不受理期間最長為一年」，「一個月內有二人違規且已出境者，三個月不受理其代申請，三人至五人違規者，六個月不受理其代申請。六人以上違規者，一年不受理其代申請」。

[27] 探病、奔喪、返鄉探視、商務活動、學術活動、宗教、文化、體育活動、交

## 二、停留時間有所放寬

「金馬通航辦法」第十四條規定，申請經許可者發給往來金馬「旅行證」，有效期間自核發日起 15 日或 30 日[28]，由當事人連同大陸居民身分證，經服務站查驗後進入金馬。若以旅行事由進入金馬者，停留期間自入境之次日起不得逾兩日[29]；但根據「金馬通航入出境規定」與「金馬送件須知」，對於停留時間有所放寬，其中赴金馬旅行停留時間最多為三天兩夜；而根據 2001 年 10 月 5 日公告之「大陸地區人民進入金門馬祖數額表」與「金馬送件須知」之規定，每日許可人數金門為 600 人，馬祖為 40 人；另申請旅行者，其申請工作天數為六天。

## 三、入境旅遊者之限制

對於前來金馬地區旅遊之大陸民眾來說，雖然是來到離島地區而非台灣本島，但政府對其身份仍有相當大之限制，首先，依據「金馬通航辦法」第十七條與「金馬送件須知」之規定，大陸

---

流活動者簡稱「第一類」。

[28] 根據「金馬通航入出境規定」第二十七點，「依第二類事由進入金門、馬祖，因受禁止出境處分、疾病住院、突發或其他特殊事故，未能依限隨團出境者，應備下列文件，向服務站申請發給自到期之次日起算七日之個別入出境許可證出境聯。（一）延期申請書。（二）團體入出境許可證本人聯影本（正本由港口查驗人員註銷）。（三）流動人口登記聯單（當日入境者免附）。（四）相關證明文件。（五）證件費新台幣二百元。前項人員再次未能依限出境者，申請延期依第二十五點規定辦理」，此在「金馬送件須知」亦有相同之規定。

[29] 依其他事由進入金門 、馬祖者，停留期間自入境之次日起不得逾六日。

地區人民在中共黨務、軍事、行政或其他公務機關任職者；參加暴力或恐怖組織與活動；涉有內亂罪、外患罪之重大嫌疑者；涉嫌重大犯罪或有犯罪習慣者；曾未經我政府許可入境來台者；曾經許可入境，但逾停留期限者；曾從事與許可目的不符之活動或工作者；曾有犯罪行為者；有事實足認為有危害國家安全或社會安定之虞者；患有足以妨害公共衛生或社會安寧之傳染病、精神病或其他疾病者，以及其他曾違反法令規定情形者，其若申請進入金門、馬祖，政府得不予許可，或是已經許可者，得撤銷或廢止之。其次，依據「金馬通航辦法」第十八條與「金馬送件須知」之規定，已經進入金門、馬祖之大陸地區人民，其若屬於未經許可而入境者；雖經許可入境但已逾停留期限者；從事與許可目的不符之活動或工作者；有事實足認為有犯罪之虞者；有事實足認為有危害國家安全或社會安定之虞者；患有足以妨害公共衛生或社會安寧之傳染病、精神病或其他疾病者，治安機關均得以原船或最近班次船舶逕行強制出境。上述規定，也適用於前來金馬地區參加旅遊活動之大陸觀光客。

## 四、過夜必須申請流動人口

根據「金馬送件須知」之規定經許可進入金門、馬祖之大陸地區人民，如需過夜住宿者，應由代申請人檢附經入境查驗之入出境許可證，向當地警察機關（構）辦理流動人口登記。因此若大陸觀光客必須過夜住宿，旅行社也必須完成上述之登記手續。

# 肆、大陸開放民眾來金旅遊政策轉變之意義

　　基本上，由於兩岸因為「一個中國」的看法迥異，大陸堅持「體現一國內部事務」的原則，但台灣無法接受，因此在「可操之在我」的前提下小三通是我方片面開放，並未與大陸進行磋商，故從 2001 年至今大陸採取消極抵制態度，使得真正前來旅遊者僅有數百人[30]。然而 2004 年 9 月 24 日，大陸福建省副省長王美香在國台辦交流局局長戴肖峰、國家旅遊局旅遊促進與國際連絡司司長沈蕙蓉的陪同下，首度宣布將開放福建居民到金馬旅遊。在北京涉台單位的關注下，經雙方多次協調後，2004 年 11 月福建省旅遊局發出「關於特許福建省旅遊有限公司等五家旅行社為首批經營福建省內居民赴金門、馬祖、澎湖地區旅遊業務組團社的通知」，福建省中國旅行社、福建省旅遊公司、泉洲中國旅行社、廈門建發國際旅行社與廈門旅遊集團等五家旅行社負責承攬，而金門之安全、巨祥、金馬、環球與金廈等五家旅行社負責接待[31]。此一發展模式對於金馬與台灣而言具有以下意義：

## 一、有利於金馬地區的旅遊發展

　　基本上，金馬地區除了製酒業外幾乎沒有工業，農漁業則因環境因素發展有限，如今農漁產品多由大陸輸入，長期以來賴以

---

[30] 《中國時報》，2004 年 11 月 26 日，第 A13 版。
[31] 《聯合晚報》，2004 年 12 月 1 日，第 5 版。

維生的產業為替大量駐軍服務的「服務業」，但隨著軍隊不斷撤除，觀光業成為最重要產業。在金馬地區解除戰地政務之初曾吸引許多台灣觀光客前往，但熱潮一過之後也逐漸蕭條，最主要原因是金馬旅遊資源是以靜態之戰地史蹟為主，對於青少年之吸引力有限，而且必須搭乘飛機因此成本較高，加上天候與機場設備所限使得飛航安全受到疑慮。如今大陸觀光客多數對於國共內戰史蹟充滿興趣，加上往來交通便利而價格低廉，若大舉進入後，對於金馬地區的經濟發展與就業勢必帶來直接幫助，必須立即增加飯店、旅行社、導遊人員、餐廳、特產店與遊樂設備，尤其光福建省居民就達近 3,000 萬人，而目前之金門三天兩夜行程費用約人民幣 2,000 元，高過台灣觀光客赴金門旅遊的價格[32]，屆時甚至台灣業者也會前來投資或是尋找機會。

## 二、「金廈兩馬旅遊圈」隱然成行

　　未來，金馬地區的觀光產業發展必將與大陸形成更為緊密之聯繫，其中金門與對岸的廈門將會形成所謂「金廈旅遊圈」，而馬祖與對岸之馬尾，也會形成所謂「兩馬旅遊圈」，並且逐漸與大陸的國內旅遊相結合，屆時大陸各省民眾來到福建旅遊，均可順道造訪金馬，而外國觀光客來到福建，金馬也可成為另一旅遊資源，使得金廈與兩馬形成「互補互利」之雙贏局面。事實上，廈門機場為一國際機場，具有 77 條國內外航線，吞吐量 1,000 餘萬人次；2003 年福建入境觀光客共計 149 萬人次，2002 年國

---

[32] 《聯合晚報》，2004 年 12 月 1 日，第 5 版。

內觀光客為 3,931 萬人次，因此金馬地區可充分利用福建此一「旅遊腹地」[33]。福建省旅遊局已經提出開放「泛珠江三角」所有省市民眾前往金馬旅遊的規劃，目前大陸只開放福建民眾，未來泛珠江三角地區包括廣東、廣西、四川、雲南、貴州、湖南、江西、福建、海南共九省民眾，均可憑身分證及在職證明經福建赴金馬旅遊，潛在旅客人數大為增加。由於泛珠江三角地區人口總數與經濟總量占大陸的三分之一強，開放當地民眾赴金馬旅遊，將為金馬兩地帶來更大經濟效益[34]。但另一方面，未來金馬地區與大陸之間的經濟依賴程度，將會有更大幅度的增加。

## 三、將金馬與台灣作為區隔

長期以來金馬地區民眾角色尷尬，由於自古即與閩南往來密切，加上血緣與親族關係緊密，因此許多台灣人將金門馬祖人視為大陸人，特別是近年兩岸關係緊張而對他們的忠誠度提出懷疑；小三通後金馬與大陸的關係緊密，使得當地政府頻頻提出擴大與對岸交流之要求，甚至欲跨過中央而與大陸當局直接簽訂協議，種種舉措均與中央政府的立場產生歧異。因此，大陸此一開放措施，除了是將台灣與金馬事務加以區隔看待外，似有對於金馬地區「支持」之意味，在台灣與金馬的矛盾中獲得最大利益。這除了將使得金馬與台灣之間的關係可能漸行漸遠外，大陸這種

---

[33] 中國旅遊年鑑編輯部，《中國旅遊年鑑二〇〇三》（北京：中國旅遊出版社，2003 年），頁 178-179。

[34] 〈陸客遊金馬中共擬擴及珠江九省〉，《中央社》，請參考 http://tw.news.yahoo.com/050701/45/20iot.html。

「跨過中央」的操作模式，直接與地方政府或民間團體進行協商，並且給予較大讓步空間的作法，恐怕是未來對台工作的新模式。

　　但實際上根據據金門縣政府的統計資料顯示，從 2004 年 12 月 7 日中國大陸開放福建民眾赴金門旅遊至 2005 年 8 月為止，福建省共組成 97 團合計 1,783 人前往金門旅遊，比起預期的冷清許多[35]，主要原因首先在於團費價格偏高，一人價格約 2,000 元人民幣，高於國內旅遊價格甚至高於港澳旅遊；另一方面是台灣方面辦證手續過於繁瑣，使得大陸民眾等候時間過長；第三則是金門的閩南文化風俗和戰地觀光對於福建省以外民眾較具有吸引力，但目前卻未開放因而造成消費人群總量不足[36]。至於馬祖地區，則是於 2005 年 6 月 27 日第一團 90 多人才正式首次成行[37]。


# 伍、大陸開放民眾來金旅遊之
# 未來發展與影響


　　中共方面為了要與台灣三通，於 1993 年訂定「對台灣地區小額貿易管理辦法」，並於 1999 年 5 月 1 日在金門對岸的大嶝

---

[35] 〈兩岸四地旅遊業交流，大陸官員：廈門海旅遊論壇為新窗口〉，《東森新聞報》，請參考 http://tw.news.yahoo.com/050907/195/29pj2.html。

[36] 〈中國擬開放泛珠三角九省民眾赴金馬旅遊〉，《中央社》，請參考 http://tw.news.yahoo.com/050630/43/20fgu.html。

[37] 〈首團福建民眾赴馬祖旅遊二十七日啟動〉，《中央社》，請參考 http://tw.news.yahoo.com/050623/43/1zj5c.html。

島設立「小額貿易專區」，此舉造成我金、馬地區漁民在小三通未實施之前即已和大陸漁民往來、交易甚為熱絡。雖然兩岸「三通」的議題，早在 1979 年中共在全國人大常委會中即已提出，然而台灣方面卻一直未予以積極的回應，最後拋出「小三通」政策，並且在兩岸政府未充分有效溝通即斷然實施，中共方面對此當然不甚滿意，認為台灣既無法抗拒「三通」，又為了迴避「一個中國」的原則才先實施「小三通」，因而之後亦不積極配合，僅以冷處理的方式看待。[38]不過，按照中共的政策，兩岸「三通」可以採取港對港、民間對民間的方式為之，一方面進行三通，一方面堅持一中原則，對中共來說，只要兩岸「三通」，則中共的對台工作又可以往前進一大步。[39]在此情形之下，中共雖然不滿意「小三通」，不過也沒有大力阻止，特別是以地方對地方、民間對民間的模式來進行的交流，持續本著「一個國家內部事務」的原則來加以處理，對於有利於金、馬民眾改善生活和發展經濟的事情，中共亦樂於協助，以便為早日實現「三通」做準備。[40]

　　中共在「小三通」實施之初抱持著比較保守的態度，但是之後經操作發現仍可掌握諸多優勢，特別是廈金直航方面，不論是從金門或是經金門中轉的人員都需經廈門核准，大陸方面掌控了實質性的主導權；況且實施以來，自 2001 年 1 月 1 日起迄 2005

---

[38] 中共社科院台灣研究所余克禮即認為，台灣如果不接受「一個中國」的原則，兩岸無法實現真正的三通。參閱《經濟日報》（台北），2000 年 10 月 3 日，第 11 版。

[39] 楊開煌，《崢嶸──兩岸關係之鬥爭與對策》（台北：海峽學術出版社，2001年 10 月），頁 165。

[40] 魏艾，〈從『小三通』看兩岸發展〉，《共黨問題研究》，第 27 卷第 2 期，2001年 2 月，頁 4。

年 11 月止，金廈通航計 8,687 航次，其中我方船計 4,813 航次，廈門航舶計 3,874 航次。[41]另根據我行政院大陸委員會統計資料顯示，自 2001 年 1 月起至 2004 年 12 月止，台灣人民從金門前往廈門的人數（含台商中轉）為 309,988 人次，大陸人民從廈門到金門的人數為 14,791 人次。[42]由此顯示，「小三通」實施以來，兩岸人民經廈金交流人數呈現「向大陸傾斜」的現象，且落差甚大。有鑑於此，中共遂對「小三通」的政策由保守趨於漸進式的開放政策。中共前國務院副總理錢其琛即曾於 2002 年及 2003 年兩次前往福建考察，並宣示要充分利用廈金航線，先從推動兩岸旅遊開始，逐漸尋求突破。[43]

　　在中共中央一連串的政策調整之下，胡錦濤時期的兩岸「小三通」政策也有更大幅度的開放。2004 年年底福建省率先開放人民赴金門、馬祖旅遊，對此，中共國台辦發言人李維一也表示，將支持有關方面積極推動落實此項政策，而且廈門方面也已積極進行整合。[44]除此之外，胡錦濤更於 2005 年 3 月 4 日於全國人大十屆三次會議召開的前一天發表對台談話，在「反分裂國家法」即將通過之際強調「貫徹寄希望於台灣人民方針決不改變：希望台灣當局嚴肅思考人民福祉」；四月下旬，中國國民黨主席連戰先生訪問大陸後，北京當局隨即宣布開放民眾來台旅遊之利多政策，這種種旅遊政策開放背後的政治動機相當明顯。未來，大陸

---

[41] 金門縣政府港務處 2005 年 12 月統計資料。

[42] 行政院大陸委員會 2005 年 1 月統計資料。

[43] 林長華、趙玉榕，「廈門在建設東南沿海中心城市中金門所扮演的角色分析」，《廈門涉台調研課題匯編》（廈門市人民政府台灣事務辦公室，2004 年 1 月），頁 92-93。

[44] 參閱 http://tw.news.yahoo.com/041024/43/13g7d.html。

對台「旅遊統戰工作」勢必有增無減,根據新華社的報導,2005年5月時,大陸國家旅遊局提出了「閩台旅遊交流」的八項新措施,透過福建來加強對台旅遊統戰工作,分別如下[45]:

1. 邀請大陸和台港澳的旅遊規劃專家學者,共同組織編寫閩台旅遊合作區規劃。

2. 與金門旅遊界聯合策劃在金門舉辦大型旅遊活動。

3. 繼續加強閩台旅遊交流與合作,建省旅遊部門應組織全省主要旅行社和旅遊景區負責人赴台灣進行宣傳促銷,提高福建旅遊在台灣地區的知名度。並與台灣六大旅行公會簽訂旅遊合作協議,建立定期旅遊協商機制,並聯合台港澳旅遊機構聯辦「海峽旅遊」雜誌和海峽旅遊網站,全面介紹兩岸旅遊資源。

4. 策劃有影響力的旅遊節慶活動,舉辦首屆「海峽旅遊博覽會」,內容包括海峽旅遊論壇、旅遊項目招商、旅遊產品推介、民俗風情展示等。

5. 與香港亞太旅遊協會聯合舉辦「團圓之旅」,台港澳百部自用車從廈門至北京的旅遊宣傳活動。

6. 爭取把「媽祖文化旅遊節」升格為由國家旅遊局和省政府共同主辦的一項重大旅遊文化節慶活動,擴大對台灣民眾的影響力和感召力。

7. 爭取與歐洲「高斯達郵輪」開闢「香港-金門-廈門-馬祖-福州」海上郵輪航線。

---

[45] 〈福建訂新措施加強旅遊合作〉,《東森新聞報》,請參考 http://tw.news.yahoo.com/050526/195/1vmnt.html。

8. 在簽訂「武夷山－阿里山旅遊對接協議」的基礎上，繼續
組織閩台主要旅遊景區和旅行社的業務對接，深化兩地旅
遊交流與合作。

　　當前大陸觀光客若在大陸當局的刻意「政治操作」下經由「小
三通」進入金馬地區後，對於台灣也會形成某種宣示意義，除了
顯示大陸觀光客可以直接帶動經濟復甦，而使政府對於開放大陸
民眾直接來台旅遊的壓力增加外；當前台灣各縣市無不積極發展
觀光旅遊產業，若唯獨金馬地區有大陸觀光客蒞臨，這將使得地
方政府發現只有與中共維持良好關係，才能享受相同之待遇，例
如 2004 年 10 月 26 日大陸福建省副省長王美香在會見我國連江
縣縣長陳雪生時就指出「馬尾與馬祖的交流合作能有今日的局
面，是因雙方有誠意、多用心、常溝通，且正是因為雙方都認同
一個中國原則」[46]，這其中的政治與統戰意味不言可喻。因此，
台灣其他縣市為了發展旅遊產業，也會希望比照金馬模式開放大
陸觀光客直接來台旅遊，甚至要求台灣更主動的釋出善意或是在
政治立場上作出更大讓步，這種壓力恐怕會是「由下而上」的。
事實上，目前與金馬地區進行磋商的大陸對口單位是由福建省台
辦、福建省旅遊局與福建省公安局所組織之「福建省旅遊協會金
馬澎分會」，由此一單位名稱可知，大陸目前是將目標放在金馬
地區，未來下一個目標就是澎湖，則其政治意圖可見一斑，例如
2005 年 3 月在「第八屆海峽兩岸旅行業聯誼會」上，中共國台辦
交流局局長戴蕭峰公開表示國台辦正積極準備開放大陸民眾到
澎湖旅遊，此一說法讓台灣業者相當訝異，因為澎湖並不在台灣

[46] 《聯合報》（台北），2004 年 10 月 27 日，第 A13 版。

政府規劃的開放範圍內[47]，由此可見大陸對台旅遊統戰工作的前
瞻性與先發制人意圖；又如 2005 年 8 月時，當行政院長謝長廷
拋出政府將研擬開放澎湖試辦定點直航大陸的風向球後，福建省
台灣事務辦公室副主任林衛國立即公開表示，福建省將積極推動
福建沿海地區與澎湖的直接往來，包括澎湖民眾到福建探親旅遊
和從事經貿文化等交流活動，福建省組織文化、經貿、宗教等團
體到澎湖交流，參照福建沿海與金門、馬祖航線往來的做法，推
動福建居民赴澎湖旅遊，讓福建居民能有機會欣賞澎湖的美麗風
光[48]。由此可見，大陸對台旅遊統戰工作的步步進逼與機動靈活
手腕。

# 陸、結論

　　中共目前和平統一的對台政策仍然維持不變，並將持續發展
對台灣的經濟及民間交流工作。尤其近來年，中共更積極拓展福
建對台工作，並於 2005 年 10 月將福建省委提議的「海峽西岸經
濟區」[49]列入 16 屆 5 中全會通過的「中共中央關於國民經濟和社

---

[47]　〈大陸擬漸開放居民赴金馬澎旅遊〉，《聯合新聞網》，請參考 http://tw.news.
　　yahoo.com/050304/15/1jwmz.html。

[48]　〈福建將積極推動沿海地區與澎湖直接往來〉，《中央社》，請參考 http://tw.
　　news.yahoo.com/050805/43/258b0.html。

[49]　所謂「海峽西岸經濟區」是以福建為主體，涵蓋周邊區域，對應台灣海峽，
　　具有自身特點，自然集聚、獨特優勢的區域經濟綜合體。參閱〈海峽西岸
　　經濟區建設綱要（試行）」正式頒發〉，《福建日報》，2004 年 11 月 15 日。

會發展第十一個五年規劃的建議」（俗稱「十一五規劃」）之中。基本上，「海峽西岸經濟區」其範圍是以福建省之福州、廈門為中心，以閩東南地區為主體，北起浙江溫州，南至廣東汕頭的台海西部海域與陸地。希望將過去此一區域之「繁榮帶」，提升為更具經濟效益之「經濟區」，並且與「長江三角洲」和「珠江三角洲」進行分工協作。而「海西區」的真正目的是企圖在兩岸三通之後，能將台灣納為「海峽東岸經濟區」，而與福建之海峽西岸經濟區遙遙相望，不但能使兩岸形成一個經濟協作區，而且能將台灣融入大陸區域經濟圈的一環[50]。由此可見，大陸利用福建之地緣優勢，並訴諸歷史、文化、語言、血緣、風俗等因素，企圖喚起台灣人民的認同之統戰策略，不言可喻。而金門與「海西區」中心之廈門僅一水之隔，未來受到此一政策之影響勢必最為直接而首當其衝。

在此戰略架構之下，兩岸「小三通」原本對中共而言只不過是除罪化而已，並沒有多大的實質意義，但是在兩岸三通尚無確切共識之前，胡錦濤時期中共的「小三通」政策巧妙的從實施初期的冷處理態度，逐漸轉變為因勢利導的階段。未來，隨著「海西區」政策的進一步發展，小三通勢必扮演更積極之角色，而大陸為了凸顯「海西區」政策之具體成果，金門將會是一個重要櫥窗，因此更大幅度的開放大陸民眾前往金門地區旅遊，會是最為快速而有效之方法。

特別是當 2006 年元旦，陳水扁總統公開宣布兩岸政策將從「積極開放、有效管理」，轉變為「積極管理、有效開放」之緊

---

[50] 《中國時報》（台北），2006 年 1 月 15 日，第 A13 版。

縮措施時，胡錦濤於同年 1 月 14 日毫無預警的前往僅與金門一水之隔的廈門訪問，並會晤了當地台商代表。胡錦濤指出，台商到大陸發展不但能得到很好的回報，還能有利於促進兩岸經貿合作，有利於推度台灣和大陸經濟的共同發展。他強調，凡是對台灣同胞有利的事、對兩岸交流合作有利的事，大陸都要盡最大努力去辦，歡迎更多台商來大陸發展，大陸將繼續為台胞提供協助和服務。此外，胡錦濤表示，實現直接「三通」有利推動兩岸經貿合作，符合兩岸同胞的共同利益，是兩岸工商業共同願望[51]。

胡錦濤上一次到福建是 1999 年 6 月 18 日至 24 日，當時他是中共中央政治局常委、國家副主席。因此，這次廈門之行，一方面顯示胡錦濤到距離台灣最近的大陸重要台商投資區、與金門僅一水之隔的廈門會晤台商，充分展現了他對於發展兩岸關係的積極性，以及更接近台灣民眾的意圖。另一方面就講話的時間點來說，也證明了胡錦濤對台政策的主動性，僅在距離陳水扁總統緊縮台商大陸投資講話不到半個月的時間，胡錦濤就親上廈門這個兩岸關係的「前線」，為台商打氣與直接喊話，無疑是向台商與台灣民眾表明中共對台政策的持續性，表達「你緊縮，我開放」之大陸對台政策[52]。

更重要的是，胡錦濤在結束廈門之行後，還轉往福州地區視察，並且聽取了福建省委書記盧展工的工作匯報，其中主要內容就是有關於「海峽西岸經濟區」，由此可見胡錦濤對於「海西區」的重視程度[53]。

---

[51] 《中國時報》（台北），2006 年 1 月 14 日，第 A13 版。

[52] 《中國時報》（台北），2006 年 1 月 14 日，第 A13 版。

[53] 《中國時報》（台北），2006 年 1 月 15 日，第 A13 版。

　　過去大陸之對台開放政策大多以冷處理方式，「小三通」政策實施之初至為明顯。然而胡錦濤時期之對台政策是將「台灣執政當局」與「台灣人民」予以分開處理，並更會利用自己的優勢來投入對台工作，其中特別是經濟發展上的優勢。不僅在「小三通」政策上，率先開放大陸人民赴金門、馬祖旅遊，更進一步擴大實施到台、澎兩地，再於 2005 年 5 月由大陸國家旅遊局宣布開放大陸民眾前來台灣旅遊，並希望依照同年春節期間包機的形式進行協商，由大陸的「中國旅遊協會」出面與台灣之民間機構進行談判。陸委會主委吳釗燮與交通部長林凌三原本堅持由於事涉公權力因此必須由官方進行協商，但為大陸所拒絕，因此陸委會乃於同年 7 月 28 日宣布以「中華民國旅行業公會全聯會」作為代表政府前往大陸商談開放事宜之窗口[54]。大陸充分瞭解到其觀光客來台將對台灣經濟產生直接幫助，因此姿態日高，在「立場堅定、作法彈性」與「軟硬兼施、外壓內拉」的策略下，試圖藉由台灣民間的力量對政府施壓，一來可製造台灣內部的矛盾，二來亦可兼收其統戰策略之功效。

　　僅管「小三通」在實施過程中，顯現出兩岸之間的政治角力，不過就戰略安全的觀點而言，「小三通」政策改變了金門、馬祖長久以來在兩岸之間的重要戰略地位，目前將昔日戰地的金、馬外島作為兩岸「小三通」的實驗區，對於未來以和平方式解決兩岸問題應有較為正面的意義。中共方面在胡錦濤時期，藉「小三通」拓展了福建與金門、馬祖的旅遊和民間交流，並進一步藉此方式意圖擴大至台灣本島，其目的除了可藉由促進金廈、雙馬旅

---

[54] 〈全聯會與大陸旅遊業「很熟悉」〉，《聯合新聞網》，請參考 http://tw.news.yahoo.com/050729/15/248th.html。

遊圈的形成，達成其增進閩台交流的戰略意義，亦可在政治上做宣傳，造成台灣內部促進三通的更大壓力。

（本文發表於《中共研究》，第 40 卷第 6 期，
2006 年 6 月，頁 77-91。）

# 中共在金廈「小三通」的策略運用

## 壹、前言

　　兩岸「三通」問題沸沸揚揚討論了一、二十年，並未有具體的政策和結果，其最大的癥結在於兩岸關係的紛紛擾擾，終使三通成了兩岸政治之角力場。2000 年 12 月 15 日，台灣方面發布「試辦金門馬祖與大陸地區通航實施辦法」，亦即俗稱的「小三通」，並自 2001 年 1 月 1 日正式實施，至此兩岸通商、通郵、通航率先由昔日戰地的金門、馬祖試行，開啟了兩岸直航的新紀元。

　　根據我陸委會的政策規劃，「小三通」的政策推動，在以國家安全為優先考量之下，一方面是作為兩岸全面三通的試金石，另一方面則是為了促進離島地區的建設與發展，並藉由實施「小三通」從而增進兩岸人民的良性互動[1]，其政策立意不可謂不佳。然而自實施以來，「小三通」並未如預期般的效果，究其原因，中共方面對此的態度和政策應是造成影響的主要因素之一。「小三通」原本是可符合兩岸在過渡到「大三通」之前的權宜措施，然而實施初期，中共表面上的反應並不熱衷，中共當局除了不滿

---

[1]　行政院陸委會，〈兩岸「小三通」推動方案〉，2000 年 12 月 26 日，頁 1-29。

該方案在推出之前未經兩岸協商，甚且堅持「小三通」航線屬於「國內特殊航線」，通航的談判必須堅守「一個中國」的原則以及「九二共識」；然而，在實施二、三年之後，中共方面對於「小三通」亦有具體的策略調整。中共在「小三通」上的策略運用，可視為其對台政策的一個環節，本文擬就兩岸「小三通」實施的過程和現況，分析中共對台政策的原則和相關政策。

# 貳、「小三通」實施之背景與內涵

「小三通」之內涵係依據「三通」──「通郵」、「通商」、「通航」而來，亦即在兩岸尚未開放直接三通之前，先由金門、馬祖兩離島與對岸的廈門和福州進行小三通。此一「兩門（金門、廈門）對開、兩馬（馬祖、馬尾）先行」的觀念，最早係由中共福建省委書記陳光毅於 1992 年 3 月 23 日向媒體提出，然而後來陳光毅卻表示，「兩門對開是金門方面首先提出的要求。」[2]無論如何，金門地區人士繼而於 1993 年 10 月擬具「小三通說帖」加以呼應，其主要內容為金門、廈門之間先試行「小三通」，其方式為「單向直航」、「定點直航」、「先海後空」、「先貨後人」。由於當時我「國統綱領」尚未進入中程階段，不僅「大三通」為我政策所不容，即連「小三通」亦被中央所否決[3]。針對

---

[2] 參見楊樹清，《金門社會觀察》（台北：稻田出版社，1998 年 12 月），頁 214。
[3] 參見陳建民，〈規劃「金廈三通」芻議〉，《金門日報》，2000 年 3 月 21 日，第 2 版。

「兩門對開、兩馬先行」的提議，我政府方面表示「兩岸關係是一個整體，不是一個地方對一個地方的單獨關係」，不論大、小三通都涉及國家安全的問題，未來兩岸三通必須要在安全、尊嚴的前提下，通過談判並簽署協議才能實現。其後，行政院雖然曾在 1998 年 3 月提出將開放離島設立免稅自由由貿易區構想，但均未觸及三通問題[4]。

　　直到 2000 年總統選舉前夕，三組候選人均對小三通提出政見說明。陳水扁於 1999 年 11 月前往金門拜票，特別強調金門不再是「戰地孤島」，未來應透過「三通」或「小三通」的政策執行，讓金門成為兩岸的和平橋樑[5]，連戰亦提出「擴大境外航運中心的功能，建立兩岸經貿特區，優先協商開放金馬地區與大陸沿海地區的商務、航運往來，進而建立金門福建和平特區[6]。宋楚瑜則允諾當選後將推動「金馬經濟特區」，開放兩岸「小三通」[7]。2000 年陳水扁總統上任之後，在通航問題上，強調「加入 WTO，兩岸三通是無法迴避的問題」，「今年施政的最大目標就是三通」，「希望在年底前實施金馬『小三通』」。陳水扁當時此一藉由「小三通」推動恢復兩岸協商的政策，對外具有向國際社會宣示台灣在兩岸對話的善意回應，以符合國際間，特別是美國對維持亞太地區和平與地緣政經利益；對內則是紓解國內喧嚷大三

---

[4]　蔡宏明，〈「小三通」對兩岸互動的影響〉，《遠景季刊》，第 2 卷第 2 期，2001 年 4 月，頁 140-143。

[5]　《台灣新生報》，2000 年 2 月 23 日，第 4 版。

[6]　〈連戰大陸政策全文〉，《工商時報》（台北），2000 年 2 月 18 日，第 4 版。

[7]　蔡宏明，前揭文。

通的壓力，在經濟與安全雙重考量之下，分階段、分項目逐步推
進兩岸直接通航，避免「一次交易」造成利益上的得失過大[8]。

　　2000 年 6 月 13 日立法院第 23 次院會決議：政府應在三個月
內完成「小三通」評估，再三個月內完成規劃後，隨即實施優先
試辦項目：「小額貿易除罪化」[9]以及「可操之在我部分」[10]，作
為第一階段實施之項目。行政部門充分尊重立法院上述決議，積
極展開「小三通」之評估規劃作業，行政院院會亦決議，在「小
額貿易除罪化」以及「可操之在我部分」這兩項架構下，政府應
優先試辦離島宗教直航。各主管部分展開細部規劃及實施準備工
作，並由陸委會彙整統合，據以擬定「小三通」推動方案及執行
計畫，以及「試辦金門馬祖與大陸地區通航實施辦法」，於 12
月中旬陳報行政院，並於 2001 年 1 月 1 日正式實施。

　　「小三通」是指台灣的金門、馬祖與大陸地區直接進行通
郵、通航和通商[11]。「離島建設條例」公布後，行政院乃依此條
例第十八條的規定，研訂法令並積極推動實施。「小三通」優先

---

[8]　顏萬進，〈循序漸進，走向三通〉，《在野時期民進黨大陸政策》（台北：新文
　　京開發出版公司，2003 年 4 月），頁 137。

[9]　「小三通」有關除罪化問題主要是考量金馬地區與大陸地區不可分割之密切
　　關係以及民生需求，經分析若犯罪行為係出於當地人民之需要，且無礙國家
　　安全者（如走私當地需要之大陸貨品），將優先考量開放或放寬管制，予以
　　「除罪化」；惟若考量有違國家安全或非關當地民生需求者（如走私到台灣
　　之大陸貨品），則不予「除罪化」。

[10]　「可操之在我」之意義係指「小三通」之規劃事項，不必然須經兩岸協商即
　　可運作。大致可分為兩類：大陸方面已對我方民眾或業者開放，只要該等開
　　放措施不改變，即可運作。我方對大陸民眾或業者主動開放，若大陸方面不
　　作相對限制，即可運作。

[11]　Yan, Jiann-fa. "On the "Small Three Links": A View of National Security,"
　　http://www.dsis.org.tw/peace.htm.

實施項目包括「除罪化」及「可操之在我」部分，其主要考量為大陸方面對我國人民及業者已採取若干的開放措施，並行之多年。因此，「小三通」初期所規劃之部分事項，主要是以針對不須經兩岸協商即可運作的事項為主[12]。

　　依據民國 89 年 12 月 13 日所公布的「試辦金門馬祖與大陸地區通航實施辦法」，小三通的開放內容包括：航運；人員往來；商品貿易；通匯；檢疫；軍艦。目前小三通的範圍主要包含二個項目：一為讓金門、馬祖民眾與大陸地區進行合法的直接經貿交流，此部分是指「除罪化」的事項；二為在有效控管風險及採取完善配套措施的前提下，有限度開放大陸地區船舶、貨品及人員進入金馬地區，此部分所指為「可操之在我」的事項。然而自實施以來，此項「除罪化」的政策在當地並未積極落實。經調查發現，有高達 59.5%的金門地區民眾覺得小三通之後，「岸邊交易」的情況更為嚴重，顯示一般民眾對於小三通之「除罪化」目標有所誤解，認為小三通要將原有的「岸邊交易」犯罪行為除罪，因此也造成「岸邊交易」之情形增加。甚至有 38.7%的民眾不認為由「岸邊交易」購買大陸物品是犯罪的行為，因而造成非法的供需循環效應，這也是「岸邊交易」比起小三通實施之前更嚴重的原因[13]。此外，對於小三通政策執行以來，在整體的評價方面，有 57.5%的金門民眾評分為「及格」，惟多數民眾的評分介於 50-79 分之間（72.8%），分數大多在 60 分上下，顯示當地民眾對於小

---

[12] 林麗香，〈金馬「小三通」政策對國家安全的影響〉，http://www.mnd.gov.tw/division/~defense/mil/mnd/mhtb/。

[13] 銘傳大學金門校區國家發展與兩岸關係研究所，《金門縣民眾對金廈「小三通」實施兩週年民意調查》，2002 年 12 月 28 日，頁 18。

三通政策解開了兩岸將近五十年的僵局給予肯定，但此突破性的政策未能獲得高分，也顯示民眾對於政府在小三通的開放上仍力有未逮，並抱持更多的期待[14]。

# 參、中共對「小三通」的態度及其影響

## 一、中共的態度

中共為了要與台灣三通，曾於 1993 年訂定「對台灣地區小額貿易管理辦法」，針對在東南沿海之福建、廣東、浙江、江蘇等省的對台灣小額貿易進行規範；更於 1999 年 5 月 1 日在金門對岸之大嶝島設立「小額貿易專區」，除不斷加強基礎建設外，並提供方便之出入境、免稅等優惠措施以吸引我台澎金馬人民前往。因此，在中共所允許的「小額貿易」商業活動範圍之內，到處可見福建沿海兩岸漁民熱絡交易的情況。此外，中共方面更曾針對金門、馬祖地區民眾的缺水問題，進行自福建「引水」之規劃及宣傳，以做為「小三通」的突破點[15]。儘管中共在這些方面的態度主動積極，但是針對台灣方面如火如荼推動「小三通」的政策，中共領導階層幾乎沒有正式的反應。

---

[14] 同前註，頁 22。

[15] 行政院陸委會，http://www.mac.gov.tw/big5/rpir/su13.htm。

　　中共自從陳水扁於 2000 年當選開始，旋即訂出「聽其言，觀其行」的政策[16]。國務院台辦副主任王在希表示，大陸方面在對陳水扁「聽其言，觀其行」之後，如果台灣當局不承認「一個中國」的原則，不接受「九二共識」，我們不可能與之對話，舉行商談[17]。同樣地，中共社會科學院台灣研究所所長許世銓亦指出，陳水扁在 2000 年上台後拒絕承認「一中」原則，使得兩岸關係比起「兩國論」提出後更加惡化，在此情況之下，台灣方面仍然實行「小三通」只是自欺欺人。大陸提出「大三通」已經二十多年，台灣一直拖延，甚至把「大三通」作為製造「一中一台」或「兩個中國」的籌碼，因此台灣方面製造出不能稱其為「三通」的「小三通」，不過是「除罪化」而已[18]，並無多大的意義和效果。中共方面肯定兩岸要通，只不過希望是真正的「三通」，而不是僅具有除罪化性質的「小三通」。

　　揆諸中共在對「小三通」政策方面的保守反應，以下幾點應是主要的原因：

　　（1）中共認為「小三通」是為了迴避「一中」原則：由於陳水扁政府實施「小三通」可以在不與中共談判的情況下逕行啟

---

[16]　楊開煌，《崢嶸——兩岸關係之鬥爭與對策》（台北：海峽學術出版社，2001年 10 月），頁 162。

[17]　2001 年 6 月 27 日，中共中央國台辦、國務院台辦副主任王在希在參加廈門「中華文化與兩岸關係論壇」會議時之發言。轉引自陳清寶，《從金門檢視扁政府「小三通」政策》，淡江大學中國大陸研究所碩士論文，2002 年 6 月，頁 158。

[18]　抱持同樣看法的尚有廈門台辦主任秘書張世宏、處長張保衛，以及福建省台辦負責人、國台辦副主任周明偉和海協會秘書長李亞飛等人。參閱同前註，頁 157、163。

動，而且在經過了半年多「觀其言、聽其行」，兩岸關係並無多大的突破。只要台灣方面不接受「一個中國」的原則，兩岸就無法談，也就沒有辦法通。中共社科院台研所副所長余克禮（現已升任所長）即認為，台灣如果不接受「一個中國」的原則，兩岸無法實現真正的「三通」，台灣單方面推動「小三通」，目的就是在迴避「一個中國」的原則[19]。

（2）中共認為台灣方面已經無法抗拒「三通」，所以台灣不得不先推出「小三通」。中共當然不滿意「小三通」，所以不予回應，不過中共也沒有阻止，特別是以地方對地方，民間對民間的方式來進行[20]。

（3）中共認為「小三通」不符合兩岸需求：小三通開啟之初，中共的反應是「表面贊同，裡子反對」的情形，中共官方直至 1 月 5 日才對小三通真正有善意的回應。中共外交部發言人朱邦造指出，兩岸儘快實現直接「三通」是中共一貫的主張，兩岸「三通」有助於擴大兩岸人員的交往，增進相互的瞭解，促進兩岸經貿的交流，改善兩岸的關係[21]。對於台灣所推動的小三通政策，朱邦造強調這並非兩岸民眾盼望已久的兩岸直接三通，不能滿足日益增長的兩岸人民往來和經貿交流的需要，而且台灣方面還設置了諸多人為的障礙，此種作法是敷衍台灣同胞迫切要求兩岸直接三通的願望，也充分說明台灣當局在兩岸直接三通的問題

---

[19]　參見《經濟日報》，2000 年 10 月 3 日，第 11 版。

[20]　按照中共的政策，兩岸「三通」可以採港對港、民間對民間的方式為之，一方面三通，一方面堅持一中原則，只要兩岸「三通」，則中共的對台工作又可以往前進一大步。參閱楊開煌，前揭書，頁 165。

[21]　〈中共正面回應小三通〉，《中國時報》（台北），2001 年 1 月 5 日。

上，缺乏誠意和善意。長期以來，中共方面為及早實現直接三通，做了許多準備，對於有利於金馬民眾生活改善和經濟發展的事情，中共也願意提供幫助，有關的事宜可以由金馬和福州、廈門相應的民間組織，本著「一個國家內部事務」的原則來加以解決，同時呼籲台灣方面對兩岸人員和貿易雙向往來都應提供方便，手續應當儘量的簡化[22]。

## 二、「小三通」對兩岸關係的影響

　　「小三通」是兩岸分隔對立五十年後邁向直接往來的重要一步，雖然自試行以來並未促進全面大三通的實踐，大三通並未因小三通的試辦而學到很多經驗，也無法瞭解到大三通該如何操作或是如何促進大三通另一種思維的格局，從而對於大三通並沒有收到實質的示範效果[23]。然而小三通的立意，從兩岸關係的角度而言，畢竟只是在政策上作為測試兩岸良性互動以及改善兩岸關係的風向球，若要做為實施大三通的基礎和學習的經驗，未免過於高估「小三通」的重要性。因為大三通的實施與否牽涉到的因素太廣，包括國內的政治、經濟、社會等因素，絕非單憑小三通試行的成敗即可論定。此外，若從向對岸釋放出善意的角度而言，「小三通」政策的試行也是失敗的。因為自從政府試辦「小三通」，目前仍因中共方面的限制及選擇性的配合，而我方又處

---

[22] 魏艾，〈從「小三通」看兩岸關係發展〉，《共黨問題研究》，第 27 卷第 2 期，2001 年 2 月，頁 4。
[23] 〈監委對小三通調查意見（系列之二）〉，《金門日報》，2002 年 9 月 10 日，第 2 版。

處基於國家安全上的考量，商業機制的運轉也未全面啟動，大陸人民迄今仍難自由前往金門、馬祖，從而為地方帶來的利益有限。如果此種動作無法改變中共的思維方式，甚至讓中共認為這是種惡意的行為時，那麼就無法達到政策目標，因為台灣方面並無法藉由「小三通」改變中共的思維模式與行為舉止[24]。

再者，從民眾的認知上亦可瞭解小三通對兩岸關係的影響程度。根據 90 年度陸委會蒐集十三次國內媒體調查資料，民意對「小三通」政策之認知及意見，經彙整並進行綜合分析顯示：對於開放離島之金門、馬祖地區先行試辦「小三通」的政策有六成以上的民眾表示支持，惟其是否有助於兩岸關係的良性發展，民眾的看法分歧。認為有助於兩岸關係的良性發展者占 38%，略低於認為沒有幫助者之 42%[25]。再回顧小三通實施之前由聯合報所做的一項調查結果，顯示當時民眾認為離島小三通扮演台海安全瓣的角色，也獲得 54%的離島民眾肯定有助於緩和兩岸關係，但是只有 15%的人認為對於緩和兩岸關係並無幫助[26]。相較之下，小三通實施之後，民眾認為小三通對於緩和兩岸關係沒有幫助者，竟然大幅度增加，顯示兩岸雙方的互動、互信仍有再加強的必要。

小三通實施之後，造成雙方互動、互信基礎的不足，並致使原先規劃之「可操之在我」和「除罪化」之立意落空，實應再檢討個中之原因，以為因應。尤其，「可操之在我」的關鍵因素未能充分發揮，此對於促進「兩岸良性互動」的政策需求確實有負

---

[24] 《聯合報》（台北），2000 年 4 月 5 日，第 13 版。

[25] 〈監委對小三通調查意見（系列之二）〉，前揭文。

[26] 《聯合報》（台北），2000 年 4 月 5 日，第 13 版。

面的效應。究其原因，在「可操之在我」的部分，大陸商品輸入
金門免關稅項目不切實際，且對於「小額貿易」未加詳實規範；
另外，有關「除罪化」的內涵過於狹隘，即使對於不影響國家安
全的問題，亦未能納入除罪化的內涵，例如台灣地區所產製的物
品限制不得由金門中轉大陸地區，不僅無法帶動當地產業發展，
更失去小三通的實質意義。尤其在務實面上，有關航點、航線的
規劃、人員進入大陸地區的身分與設籍門檻、「中轉」的方式不
明確、商貿進出口作業延用「國際貿易」的不適切性，凡此都足
以造成兩岸互動與互信的基礎更加薄弱。尤其兩岸協商機制未能
適時和持續啟動，造成後來雙方持續的觀望，無法進一步加強協
調磋商，以致小三通的政策構想不如預期，並形成立意落空之象。

　　由於中共方面對「小三通」採取「冷處理」的結果，造成兩
岸航運、人員、貨物之往來並未達到預期的效果。從中共對「小
三通」冷漠的態度觀察之，實乃中共洞悉現在的局勢對大陸方面
較有利，因為台灣已於民國 90 年 11 月 11 日加入「世界貿易組
織」（WTO），進入世界貿易組織之後，依據世貿組織貿易自由
化的精神，為了履行國際規範，將立即面臨開放全面「三通」的
壓力。而台灣方面復顧及「三通」之後，可能造成對台灣的諸多
影響[27]，因而政策上仍顯得保守。這些影響包括：

　　（1）對國家安全的影響：在空防與海防上，將處於預警極
為短暫或毫無預警狀態，而且大陸船舶大量進入我方水域，防空
縱深與防禦縱深將有應變上的不利。同時台海中線模糊化，使原
具緩衝區「安全瓣」的功能，作用大為降低。

---

[27] 沈道震等，《現階段兩岸有關偷渡之相關法令、管理及其問題之研究》（台北：
遠景基金會出版，2002 年 3 月），頁 50-51。

　　（2）對社會民心的影響：在中共迄未放棄武力犯台的情形下，民眾敵我意識易模糊，心防易鬆懈。

　　（3）對治安與衛生安全的影響：在兩岸往來頻繁之情況下，走私、偷渡以及組織犯罪等不法活動可能更為猖獗。而大陸農、漁產品之引進，亦會帶來台灣方面的檢疫問題。例如根據行政院農委會動植物防疫局高雄分局金門檢疫站之統計，自民國 90 年 1 月 1 日起至同年 7 月 30 日止，該站受理動植物及其產品入境檢疫申報共十七批，檢疫結果為全數不及格[28]，倘未詳加檢疫，對民眾衛生安全影響至鉅。

　　（4）對經濟發展的影響：根據經濟部國貿局之統計數字顯示，民國 90 年 8 月份我國對大陸出口依存度升至 21.5%，創下歷年新高。經濟部次長陳瑞隆更進一步表示，在我國加入 WTO 後，大陸產品進口將會有較大幅度的成長，我國對大陸的貿易依存度將持續提升[29]。「三通」之後，台灣將成為大陸經濟的邊陲經濟體，且兩岸開放直接往來，將鼓勵本地企業外移大陸，同時隨著大陸資金、商品大量湧進，將形成台灣的競爭壓力，造成內部經濟競爭、市場失調與勞工失業等問題。

　　在中共對「小三通」的「冷處理」態度與我方對於和中共全面三通仍有疑慮之兩相對照情況看來，「小三通」之試辦仍有一段時間亟待考驗。在「小三通」的實施過程中，應更可清楚瞭解兩岸關係的互動角力，以及金門、馬祖在角色與定位之變化。從歷次台海危機中可以瞭解，中共時常利用金門、馬祖外島的地緣

---

[28]　參閱《行政院農委會動植物防疫局高雄分局金門檢疫站簡報》，2001 年 8 月 2 日，頁 3。

[29]　《中國時報》（台北），2001 年 10 月 30 日，第 21 版。

特性，作為其實現特定政治意圖的工具。就戰略安全的觀點而言，只要金、馬外島的舊有定位不改變，則金門、馬祖就不能免於兩岸衝突的不穩定因素。正因如此，現行以金、馬外島作為試行「小三通」的實驗區，對於未來以和平解決兩岸問題或有正面的意義和影響。

# 肆、中共對「小三通」的策略轉變與運用

## 一、「小三通」政策的轉變

　　中共在「小三通」實施初期抱持著保守與觀察的態度，主要是因為中共認為台灣方面的此項政策，在表面上是想向國際社會顯示其有改善兩岸關係的善意，及消除台灣民眾對陳水扁上台後兩岸關係可能發生動盪的擔心，並且在實質上亦有以下的戰略目的[30]：

　　（1）台灣方面企圖將兩岸「小三通」作為政治籌碼，以迴避、甚至否定「一個中國原則」。

　　（2）台灣方面強調「可操之在我」，力圖控制「小三通」的主導權。

---

[30] 林勁、張敦財、王茹，〈台灣當局在廈金直航問題上可能的政策調整及因應對策〉，《廈門涉台調研課題匯編》（廈門：廈門市人民政府台灣事務辦公室，2004 年 1 月），頁 43-45。

（3）由於在行政區域劃分上，金門、馬祖屬於福建省，而
澎湖群島屬於台灣省，「小三通」只在金、馬實施，表明台灣方
面有把金、馬與澎湖分開來處理的思維。

（4）台灣方面並非把「小三通」作為兩岸直接三通的基礎
或步驟，而是以「小三通」來拖延、阻擋兩岸直接三通的實現。

雖然中共以為「小三通」是台灣方面的戰略運用，但是經過
實施後的觀察，由於小額貿易受到壓抑，「除罪化」之立意落空，
致使台灣與金門民怨不斷，甚至有七十多位立法委員連署提出廢
除「小三通」。為了擺脫「小三通」的迷思和困境，台灣當局不
得不決定調整金廈的直航政策。例如：有條件放寬一區一港限
制；放寬人員往來限制，服務於金、馬的九職等以下公務員須經
所屬機關同意即可進入大陸，准許原籍金、馬的大陸民眾由福建
進入金、馬地區，但不得中轉至台灣和澎湖；放寬金、馬居民到
大陸就醫的保障辦法；以及在金門選擇適當港口設置小規模商業
活動專區等。針對台灣方面上述的開放，中共當局仍然未做出積
極的回應。實施一年後，台灣方面宣布續辦一年，同時將範圍擴
大，台灣地區的人、貨可以經由金、馬直航大陸；原則上同意台
商經由金、馬航線往返兩岸，但以項目審核方式開放。2002 年 6
月，台灣方面也同意在台金門籍人員以及大陸配偶經由金門往返
兩岸。

中共在「小三通」實施後觀察，發現大陸方面經操作仍可掌
握許多優勢，兩岸經由廈金直航對於大陸方面亦有以下諸多的利
基[31]：

---

[31] 林勁、張敦財、王茹，〈拓展廈金直航，推動兩岸全面「三通」的實踐性分

（1）廈金直航雙方互動的主導權一直掌握在大陸方面：「小三通」實施以來，不論是從金門或是經金門中轉的人員都需經廈門核准，廈門方面掌控了實質性的主導權。

（2）妥善處理廈金直航，以爭取台灣方面的民心：中共藉「小三通」主動協助台灣和金門居民的民生必需，以爭取民心，例如 2001 年主動提出廈門台商經金門返台掃墓，但是台灣方面沒有同意。2002 年再度提出，終獲台灣方面同意。其次，如方便金門居民往來；敞開就醫大門；接納來廈門就學的子弟並提供方便；舉辦為金門打開經濟窗口的「台灣博覽會」；方便台商往返台灣；供給金門短缺的建材；以及對他們給予大陸公民的待遇等。

（3）廈金直航後兩地經濟互利：「小三通」實施以來，自 2001 年 1 月 1 日起迄 2003 年 12 月 31 日止，金廈通航計 2,092 航次，人員往返計 235,161 人次[32]。由於廈門商品種類比金門豐富，物價亦遠低於金門，金門居民可經常透過「小三通」管道到廈門或內地旅遊、購物。而在大陸開放民眾赴金門旅遊之前，廈門海上看金門卻一直是廈門旅遊的極佳賣點，對於廈門旅遊業的發展多所裨益。

（4）累積廈金直航的經驗，為廈門爭取在「三通」的首選口岸中立於主動地位：過去中共中央雖然對「小三通」有策略性的考量，但是在總原則不變的前提之下，經過多年的觀察，中共

---

析〉，《廈門大學學報》，2002 年 8 月 7 日，頁 3-5。

[32] 其中航次方面，出境 1,072 航次，入境 1,020 航次；人員方面，2001 年為 21,377 人次，2002 年為 53,681 人次，2003 年為 160,103 人次；大陸人民入境為 4,926 人次，入境 3,899 人次，台灣人民入境為 111,665 人次，出境為 114,671 人次。參閱內政部警政署入出境管理局，《金門服務站工作報告》（2001～2003）。

中央對於這些年來的進展抱持肯定的看法。由於廈門在「小三通」政策中對台灣方面的影響力日增，在兩岸決策者在未來「三通」所考慮的對口岸中，廈門更是居於有利的位置。

　　基於以上的認知，中共中央遂對「小三通」的政策由保守趨於漸進式的開放。2002 年 9 月 4 日至 9 日，時任中共國務院副總理的錢其琛到福建考察時表示，要推動大陸居民赴台旅遊，同意福建省先行試辦大陸居民赴金門旅遊。他說：「旅遊你們可以考慮，你們那裡願意到台灣旅遊的人不少，特別是閩南地區的，願意去看看，我看也可以搞，先到金門看看，以後更多的就往前移。」[33]2003 年 2 月 14 至 16 日，錢其琛再度到福建考察，在聽取福建省工作匯報時指出：「還有一部分台胞、台商坐福建的船到金門，這個做法也是好的，可以成為一個口子了。福建比較特殊，要充分利用這個口子，鬆一點問題不大，總的要有突破。有些特殊的情況，允許先開一個口子，人來往多了，慢慢就形成了新辦法，然後再慢慢修改。你們與金門關係不錯，要讓台胞感覺大陸方便。規定，是針對所有口岸，要修改規定難。福建可以鬆一點、靈活一點，但不可能一切都事先設想好，只要做起來，慢慢就會有突破。」[34]在中央的政策宣示下，中共對於「小三通」的策略遂有了改變。2004 年 9 月 24 日，福建省副省長王美香在福州會見由馬祖經貿文化交流聯誼會理事長陳雪生率領的參訪團時表示，福建將於該年年底前開放居民赴金門、馬祖旅遊[35]。9 月 29 日國台辦發言人

[33] 林長華，趙玉榕，〈廈門在建設東南沿海中心城市中金門所扮演的角色分析〉，《廈門涉台調研課題匯編》，前揭書，頁 93。
[34] 同前註，頁 92。
[35] 參閱 http://tw.news.yahoo.com/041026/43/13n5l.html。

李維一也表示，將支持有關方面積極來推動這項政策，廈門方面已積極進行整合[36]，至此，兩岸「小三通」在中共的政策轉變下又向前邁了一大步。

## 二、政治方面的運用

從中共先行開放福建地區民眾經由「小三通」到金門、馬祖旅遊，可以研判中共在對台政策上有以下的政治性考量：

（1）兩岸三通必須在「一中」架構下之原則不變

由於中共認為，金門與馬祖在台灣方面的行政組織上，仍隸屬於「中華民國福建省」，並將「福建省政府」設置在金門縣境內，名義上仍有「一個中國」的涵義。中共先行開放福建省民眾到金、馬旅遊，其用意在於利用福建省的特殊性以利對台工作。在福建、廈門對台灣和對金門的口岸管理放鬆，將有利於兩岸人員往來，日後再進一步擴大、突破。相較於中共高層的一些言論，例如：中共國台辦副主任王在希於 2004 年 11 月 15 日表示，中國如果是別國，兩岸三通就無法推動[37]；以及國台辦發言人李維一於 2004 年 11 月 17 日明確指出，兩岸航線絕對不能做為「國與國」之間的事務來處理等[38]，可以瞭解大陸方面始終堅持只有在「一中」原則的基礎上，不論是春節包機或是兩岸三通直航才

---

[36] 參閱 http://tw.news.yahoo.com/041024/43/13g7d.html。

[37] 《聯合報》（台北），2004 年 11 月 17 日，第 A13 版。

[38] 《聯合報》（台北），2004 年 11 月 18 日，第 A13 版。

能有進一步的互動。而中共當局主動開放福建省與金、馬交流，即有「一個中國」的政治意涵。

（2）反制台灣將金馬與台灣區隔處理的策略，以地方對地方的型態，逐漸擴大其影響力。

中共原本認為「小三通」只試行於金門、馬祖，意圖將台、澎和金、馬分開處理是台灣方面的策略運用，不過自實施以來，發覺大陸方面已可操作「小三通」，逐漸掌握優勢及主導權，且有擴大影響和突破的現象。例如：2002 年 4 月，金門縣長率團赴廈門參加「台商博覽會」之後，從廈門機場轉飛新加坡等地；10 月，菲律賓金門同鄉會從廈門直航金門；2003 年，大陸方面開放福建省以外之台商可以經「小三通」返台；同年春節，又突破台商「團進團出」的規定，只要持金馬通行證，就可以直接買票經「小三通」返台。以上這些突破，意在反制台灣原本的主導策略，在三通未實施前，逐步以地方對地方的型態擴大「小三通」的影響力，進而掌控主導權。

作為對台灣政治性宣傳的工具金門與馬祖在國共戰爭期間一直是扮演著戰地前哨的角色。「小三通」之後，才逐漸袪除其純軍事化的角色與功能，在勢之所趨下，以經濟發展為訴求，以取代舊有戰地政務體制的呼聲也隨之而起。「小三通」實施以來，金、馬與大陸關係愈形緊密，中共又以開放大陸人士赴金、馬旅遊的策略，對於台灣本島也會形成某種宣示的意義。透過兩岸旅遊的先行拓展，意圖使兩岸人民在思想、文化等方面的交流益加密切，隨著時間的增長和交流的擴大，宣傳的效果會逐漸浮現。

## 三、經濟方面的運用

（1）給予台灣方面壓力，進而促進「大三通」

　　兩岸「大三通」當然除了經濟議題外，亦涉及到極為複雜的政治考量。就中共而言，面對台灣在政治上漸行漸遠的憂慮，中共除了外交打壓武力恫嚇外，強化兩岸經濟及社會交流，讓台灣進一步依賴中國大陸而難以獨立自主的防獨工作，則尤屬要務。欲進行經貿及社會交流促統，則非賴直航不可[39]。而在台灣方面，雖然陳水扁總統於 2002 年 5 月 9 日在大膽島發表談話，提到「兩岸三通是必走的路，我們已經做好了準備」。但是，現階段除非台灣接受大陸所主張的「一個中國」的原則，否則短期內兩岸難以開展全面正常的互動關係。

　　在兩岸「大三通」的議題上，雖然中共宣稱可以不談「一中」的含義[40]，但直航談判必然無法迴避法律管轄權的核心問題。雖然管轄權並非主權，但卻經常被視為主權的延伸。如此，兩岸政治僵局無法突破，尤其在 2004 年 3 月 20 日，主張「台灣主權獨立」的陳水扁又獲得了連任，加劇了兩岸之間的不信任，因此，兩岸直接「大三通」，難以在短時期內實現。但是，台灣方面仍然會繼續實施金廈「小三通」直航政策，並且因兩岸民間交流與經貿往來持續發展的形勢所迫而有進一步開放和擴大的趨勢。誠然，台灣當局開放「小三通」政策有自己的政治目的，即以此來

---

[39]　張五岳，〈兩岸直接三通的政經評析〉，《經濟前瞻》，第 83 期，2002 年 9 月。

[40]　此為中共國台辦自 2000 年 8 月發表了「一個中國原則」的新表述方式以來，還相繼表述了關於「三通」等方面台灣當局只要「不違背」「一個中國原則」即可。（原來是承認，不違背和承認之間有可以操作的模糊地帶。）

紓解兩岸「大三通」的壓力。然而,對中國大陸北京當局而言,「小三通」目的之一卻在「以小促大」,「小三通」儘管規模有限,但雙方互動模式與航班往返、通關、檢疫等經驗,對未來兩岸全面通航具有相當的參考價值。並且經由進一步的開放與擴大,不僅有助於金門－廈門和馬祖－福州兩地經貿及文化的交流與合作進一步推展,並從直航的發展過程和趨勢看,能夠利用「小三通」來促進兩岸各種交流交往的快速發展,從而為促進兩岸直接「大三通」奠定更堅實的基礎。

（2）發展「金廈兩馬旅遊圈」,解決福建地區經濟發展困境

根據統計,以往福建地區,尤其是廈門成立「經濟特區」以來,在對台招商引資,曾吸引不少台商投資,但近幾年來,台商投資大多選擇長三角、珠三角及環渤海地區,廈門的優勢大不如前。廈門為解決本身經濟困境,將自己定位為「亞太地區著名的生態型濱海遊樂城市」[41],以第三產業中的旅遊業做為發展優勢與重點,而旅遊業中的金廈旅遊更是一個突破口,這也是廈門海灣型城市建設中新的內涵與發展戰略。就現實而言,兩地「小三通」三年多以來,兩地交流往來越來越密切,許多大陸民眾盼望有機會到金門、馬祖旅遊,目前廈門－金門海上一日遊活動非常活躍。一旦開放大陸民眾赴金門旅遊,將給廈門帶來龐大商機。

在台灣政策方面,台灣在「小三通」的實施辦法中規定,允許大陸居民每天七百人次到金門旅遊;而大陸方面,2002 年和2003 年,中共國務院前副總理錢其琛兩次到福建考察,對福建對台工作做了許多指示之後,中共中央便同意福建省試行先辦大陸

---

[41] 參閱 2002 年 11 月 27 日中共廈門市委九屆五次全體會議通過的「廈門市加快海灣型城市建設實施綱要」。

居民赴金門旅遊，隨即由福建省副省長王美香發布，於 2004 年
12 月開放福建民眾赴金馬觀光，至此，加強金廈雙馬旅遊合作的
條件基本上已經成熟。根據大陸的意圖，是企圖利用福建在「小
三通」的獨特地理優勢，先做好做活金廈雙馬的人員往來，推動
大陸居民赴金馬旅遊進而到台灣旅遊，及台灣民眾到金馬旅遊進
而到大陸旅遊，促進金廈雙馬旅遊圈的形成，成為大陸旅遊市場
的一大賣點。此舉不但具有高度的戰略意義，同時具有突破目前
大陸福建地區經濟發展瓶頸的經濟意義。

# 伍、結論

　　台灣問題一直是中共歷代領導人必須觸及的重要問題，在歷
史上具有絕對的政治性象徵。由於處理台灣問題的複雜性，致使
中共的對台政策，在不同的歷史時期，都有不同的具體方針和手
段。解決台灣問題，不僅是主權的問題而已，更重要的是關係到
國家安全與國家利益。在 21 世紀全球化的趨勢與影響下，經濟
利益逐漸成為中共首要的國家利益，也因此在對台政策方面有所
調整。
　　中共在「十六大」之後，將「一個中國」原則正式做為黨的
政策與共識，在做法上，其對台政策的主軸是以經濟發展為中
心，並且以穩定中美關係、做好對台灣人民工作，做為現階段對
台政策的一個中心、兩個基本點。在此前提之下，「三通」將可

能成為兩岸在短中期的互動和角力的焦點，也有可能是影響兩岸關係的主要因素。

兩岸「三通」問題，大陸已提出多年，而台灣方面則一直拖延，直到 2001 年 1 月始於金門、馬祖試行兩岸「小三通」。對中共而言，「小三通」只不過是「除罪化」而已，並無多大的意義和效果，中共方面肯定兩岸要通，只不過希望是真正的「三通」，而不是僅具有除罪化性質的「小三通」；此外，中共在「小三通」初期，認為此項措施乃是台灣當局意圖迴避「一個中國」的原則，因此乃以「冷處理」的態度看待，並不積極配合，致使「小三通」之試辦仍有一段時間亟待考驗。不過從「小三通」的實施過程中，可清楚瞭解兩岸關係的互動角力，就戰略安全的觀點而言，只要金、馬外島的舊有定位不改變，則金門、馬祖就不能免於兩岸衝突的不穩定因素。現行兩岸以昔日戰地的金、馬外島作為試行「小三通」的實驗區，對於未來以和平解決兩岸問題應有正面的意義和影響。

儘管中共在「小三通」實施初期並不大力配合，但目前中共發現廈金直航之下，大陸方面反可掌控主導權和優勢，並可主動爭取台灣民心和發展福建省的經濟，遂對「小三通」採取較為正面的態度，其對「小三通」的政策始由保守趨於漸進式的開放。由於中共認為廈門在「小三通」政策中對台灣方面的影響力日增，乃逐漸開放「小三通」的諸多措施，例如從福建省開始開放對金門、馬祖的旅遊和民間交流。此舉的目的，在中共的認知上並不違背其在「一個中國」原則下與台灣進行三通，且以金、馬和台灣分開處理，一方面意在反制台灣方面的策略，另一方面也可在政治上做宣傳，亟思兩岸在民間交流漸次擴大之下，帶給台

灣方面壓力，進而促進「大三通」；何況在兩岸三通之前，可先行促進金廈雙馬旅遊圈的形成，對於中共來說不但具有高度的戰略意義，亦具突破目前大陸福建地區經濟發展瓶頸的經濟意義，當然樂於嘗試。

（本文發表於《展望與探索》期刊，第 3 卷第 5 期，2005 年，頁 48-61。）

# 台灣非政府組織在兩岸關係的角色——

# 以金門縣紅十字會在「小三通」的運作為例

## 壹、前言

　　在全球化時代，以國家為單位的世界觀逐漸受到挑戰，新的全球性問題改變了傳統地緣戰略的觀念。美國學者杭廷頓（Samuel Huntington）認為冷戰後的世界，全球政治在歷史上第一次成為多極和多文化的體系。[1]做為全球化的基本特徵，就是全球已屬於單一市場，各國不再可能制定片面或侷限性的政策，於是許多地域和國家的議題，必須從全球性的範疇來思考。[2]布贊（Barry Buzzan）甚至認為，愈來愈多成熟的國家已瞭解在為自己制定政策時，基於安全的理由，亦應考慮到鄰國的利益，因為國家的安全必須相互依賴。[3]在此全球化與民主化的進程中，全球各區域的交流越來越頻繁，公民社會逐漸形成，未來政府的

---

[1] Samuel Huntington, *The Clash of Civilizations and the Remaking of World Order* (Simon & Schuster, 1996), p. 21.

[2] 翁明賢、吳建德主編，《兩岸關係與信心建立措施》（台北：華立出版社，2005年），頁125。

[3] Barry Buzzan, *People, State and Fear* (London: Harvester Wheatsheaf, 1983), p. 208.

許多職能將直接由民間機構來監督、執行。隨著世界各地民間力量的增強，除了政府與企業的跨國交流之外，非政府組織（Non-Governmental Organization，簡稱 NGO）另一種跨國界的聯繫與合作，日益受到矚目。非政府組織屬於公民社會中的自發性機構，是相對於國家政府組織的團體，由於各國政府治理範疇與能力逐步縮減，非政府組織開始填補了政府在國際活動方面的空缺，也迅速在國際社會中成長，其所扮演的角色也愈來愈受到重視。

　　兩岸之間的互動和交流，雖然日益密切頻仍，但是其間仍存在著制度上以及意識型態上的衝突，尤其對於整體國家的定位乃是最大的爭議，致使雙方許多重大議題和政策均無法協商完成。在政府、官方之間正式的接觸管道囿於政治問題而不能有效突破之際，兩岸透過非政府組織來進行協商、交涉之思維愈顯重要。事實上，近年來兩岸之間許多重大的協議都是採取這種方式來達成，1990 年兩岸簽訂的「金門協議」即是一例。

　　由於兩岸民間交流乃勢之所趨，其間產生的諸多問題如犯罪、救援等仍需雙方共同解決，尤其在 2001 年兩岸「小三通」政策實施之後，金馬外島與中國大陸福建地區的交流更加頻繁，所產生的相關問題與日俱增。值得關注的是，小三通在相關法令配套尚未完備之前即貿然實施，在政策內容上實際許可小三通的範圍有限而且管制甚多，然而我方卻又積極宣傳和強調小三通「除罪化」的政策，導致兩岸民眾均誤認小三通已徹底除罪化，[4]「小額貿易」多半被誤以為合法，致使大陸漁民非法越界捕魚以

---

[4]　〈監委對小三通調查意見（系列之二）〉，《金門日報》，2002 年 9 月 10 日，版 2。

及兩岸人民走私偷渡案件增加。在此情形之下，兩岸擴大交流所衍生出諸如此類的問題，亟待雙方政府直接或經由民間機構協調，共同解決。有鑒於此，本文擬以我國非政府組織在兩岸關係的角色為研究主題與構想，除引述相關理論之外，並以金門紅十字會在小三通的運作為例，同時也藉由具體統計資料，來瞭解其運作情況，並分析政策上之利弊，從而研提可行的策略與方案，據以作為我國建構非政府組織制度在未來參與協助兩岸事務或國際事務應有的正確態度與應發揮的角色和功能。

## 貳、非政府組織的概念與功能

自 1970 年代起，國際關係理論繼先前蔚為主流的現實主義之後，出現了另一種聲音。一些具有自由主義思想的學者，從經濟合作與社會分工的角度來觀察當時的國際社會，提出國際間相互依存，分工合作的重要性與未來趨勢。由於全球化本身是一個進程，而不是單一的狀態，[5]隨著全球化的浪潮風起雲湧，使得當今世界的開放性、變革性、合作性更加明顯，區域性的合作和互賴也愈來愈明顯。在此全球化時代，最重要的條件就是社會關係空間規模的擴大，[6]造成時空距離的縮短，另外亦形成了弗里德曼（Jonathan Friedman）所謂的「全球互賴的增加，與互賴意

---

[5]　楊雪冬等譯，《全球大變革——全球化時代的政治、經濟與文化》（北京：社會科學文獻出版社，2001 年），頁 36。

[6]　Gillian Young, *International Relations in a Global Age: A Conceptual Challenge* (London: Polity Press, 1999), p.97.

識的增強」。[7]此論點與國際關係學者基歐漢（Robert O. Keohane）和奈伊（Joseph S. Nye）所提出的「複合互賴」（complex interdependence）之觀點，強調在國際關係與跨國互動日益密切和複雜的情況下，各種行為者之間都會受到彼此行動的影響，而且彼此的需求與依賴也將有增無減，二者有不謀而合之處。[8]在 Keohane 和 Nye 所提出之「複合互賴理論」中，另一個觀點是議題之間無階層（absence of hierarchy among issues）。這說明了各項議題之間的畛域越加模糊，許多原先不相關的議題產生了複雜的聯結關係。[9]如此一來，議題的處理也可能不再是單一國家能夠獨立解決，在必要的時候，不僅需要其他國家的協助，甚至可能需要國際組織或非政府組織共同協力解決。

　　1992 年，聯合國成立了「全球治理委員會」（Commission on Global Governance），正式揭開了全球治理之概念在國際社會上受到重視的序幕。[10]在全球治理的觀念之下，由於國家與國家相關議題之間的相互聯結，不僅使得研究國際議題必須跨越層次，更因此提供了非國家行為者參與國際事務的管道與機會。國際社

---

[7]　Jonathan Friedman, *Culture Identity and Global Process* (London: Sage, 1994), p.196.

[8]　參閱 Robert O. Keohane & Joseph S. Nye, *Power and Interdependence* (New York: Harper Collins, 1989), pp.23-28.

[9]　宋學文，〈議題聯結與兩岸關係之研究〉，《問題與研究》，第 37 卷第 2 期，1998 年 2 月。

[10]　全球治理的概念是各種的和私人的個人和機構管理其共同事務的諸多方式的總稱。它是使相互衝突的不同利益得以調和並採取聯合行動的持續過程。這既包括了有權迫使人們服從的正式機構和規章制度，也包括由各種人們同意或以為符合其利益的非正式制度安排。參閱 Commission on Global Governance, *Our Global Neighborhood* (Oxford: Oxford University press, 1995), p. 2.

會並且對於「國家是國際社會中之主要成員」的觀點提出強烈的質疑，強調非政府組織（NGOs）與公民社會力量（civil society power）的活化，使國與國之間的關係已經不只是以國家為主要核心。[11]

　　在此之前，非政府組織一詞正式被提出的歷史背景，可追溯自「聯合國經濟社會理事會」（Economic and Social Council, ECOSOC）。1945年聯合國成立以來，由於國際政治人權等專業領域不斷擴張，各種功能性、區域性或專業性組織不停膨脹，聯合國經濟社會理事會遂於 1950 年提出對非政府組織的定義，亦即凡是因「非政府間協商議而建立」的國際組織，均稱為非政府組織，[12]此應為非政府組織最粗略的概念。然而最廣義的非政府組織定義，應屬於世界銀行所提出，認為「公共或營利部門個人的組織，並不強調以合法註冊為條件；包括草根性的社區組織、非政府組織、非營利組織、公民社會組織、志願組織、慈善組織」等組織形式，皆屬於非政府組織。[13]概括而言，非政府組織強調國際性，組織活動需跨越國境，包括其組織成員、財政或活動範圍都不限於單一國家。組織的使命、目標是否具有國際性，組織

[11] Robert O. Keohane and Joseph S.Nye,Jr. *Power and Interdependence: World Politics in Transition.* 2nd ed.(Boston: Little Brown, 1989)；宋學文，〈我國在第二軌道外交之功能與限制〉，《政策月刊》，第 50 期，1999 年 9 月，頁 24；方怡文，〈從全球治理探討我國第二軌道外交之機會與限制：一個民主與人權的觀點〉，《新世紀智庫論壇》，第 31 期，2005 年 9 月，頁 89-111。

[12] Thomas W. Dichter, "Globalization and Its Effects on NGOs: Efflorescence or a Blurring of Roles and Relevance?" *Nonprofit and Voluntary Sector Quarterly*, Vol. 28, No.4, 1999, pp. 38-58.

[13] 鍾京佑，〈全球治理與公民社會：台灣非政府組織參與國際社會的觀點〉，《政治科學論叢》，第 18 期，2003 年，頁 23-52。

成員、活動範圍與財源是否侷限於單一國家等，皆是判斷該組織
究竟是國際非政府組織或是國家非政府組織的重要指標。有關非
政府組織之涵義請參閱表 1。

表 1　非政府組織的概念

| 界定標準 | 組織結構與專門用語 |
|---|---|
| 用於界定 NGOs 與相關概念的標準：<br>● 規模<br>● 組織結構<br>● 運作方案領域<br>● 特定地理範圍<br>● 資金來源<br>● 會員結構<br>● 在專案領域所持的立場 | 基於組織格式所對 NGOs 的界定用語：<br>● 非政府組織<br>　（non-governmental organization）<br>● 非營利組織（non-profit organization）<br>● 私人性志工組織<br>　（private voluntary organization）<br>● 非政府性發展組織（non-governmental development organization）<br>● 由政府主導組成的非政府組織<br>　（government-organized NGO [GONGO]）<br>● 捐助者組成的非政府組織<br>　（donor- organized NGO [DONGO]）<br>● 社會運動（social movements）<br>● 公民社會（civil society）<br>● 社區性組織<br>　（community-based organization）<br>● 人民組織（people's organization）<br>● 草根性組織（grassroots organization） |
| 運作的領域 | 工具與策略 |
| 一些 NGOs 已經運作的，獨立於或與其他組織協應的領域：<br>● 社區的組織 | NGOs 在其專案中採行的干預的工具與策略：<br>● 社區組織化（community organizing）<br>● 決策支援（decision support）<br>● 資訊擴散（information dissemination） |

| | |
|---|---|
| • 民主政治 | • 領導發展（leadership development） |
| • 教育 | • 參與（participation） |
| • 企業發展 | • 訓練與發展（training and development） |
| • 環境 | • 工作講習會（workshops） |
| • 醫療 | |
| • 住宅 | |
| • 人權 | |
| • 基礎建設 | |
| • 政治授權 | |
| • 改善貧窮 | |

資料來源：張曉文，〈全球化與台灣非政府組織的發展──以志工組織團體為例〉，《T&D 飛訊》，第 36 期，2005 年 8 月，頁 6-7。

　　我國政府自 1990 年代中期已經發覺運用民間非政府組織從事援外工作的必要性，不過從宏觀的角度來看，政府更應瞭解國際非政府組織真正關心的議題及基本運作方式，從而形成堅強的夥伴關係，協力解決人類共同的問題與困擾。[14]非政府組織過去多扮演國際性合作協調組織的角色，且大多是以國家之外的行為者自居，其活動與國家利益沒有直接關連。[15]1980 年代以後，隨著國際環境的改變和非政府組織數量的增加，非政府組織在全球政策的發言力已經越來越受到重視。以 1945 年在聯合國登記成

---

[14] 林德昌，〈台灣非政府組織參與國際社會之策略分析〉，林德昌編著，《台灣非政府組織與國際社會參與》（高雄：國立中山大學國際非政府組織研究中心，2004 年 12 月），頁 229-266。林德昌，〈非政府組織與國際發展合作：建構台灣援外的新架構〉，《兩岸與國際事務季刊》，第 1 卷第 1 期，2004 年 1 月，頁 73-102。林德昌、吳英明主編，《非政府組織》（台北：商鼎文化出版社，2001 年），頁 151-195。

[15] 行政院研究發展委員會編著，《我國與國際非政府組織發展關係之研究》（台北：行政院研究發展委員會，1993 年），頁 30-32。

立的非政府組織而言，當時僅有 41 個，如今卻已擴展至 1,500個以上，且組織所關心的議題遍布環境開發、衛生健康、婦女兒童、人道救援、縮減軍備、消除地雷以及和平安全等領域。由此可見，非政府組織的角色功能會隨著時代與國際社會的改變而有明顯的不同。

# 參、案例分析──金門縣紅十字會在
# 兩岸「小三通」的運作

## 一、相關法規

　　1987 年 7 月解嚴以後，於同年 11 月開放探親，兩岸間各種經貿往來日趨頻繁，各種交流活動絡繹不絕，由此衍生各種問題日漸增加，犯罪事件亦有增無減。我政府遂於 1991 年成立「行政院大陸委員會」處理大陸事務工作，並於同年成立「財團法人海峽交流基金會」，負責政府行政委託事項。

　　為進一步擴大協商與交流，兩岸紅十字組織以個人名義，於1990 年 9 月 11 日至 12 日在金門島就雙方人員遣返問題進行了工作商談。通過商談達成了 4 點協議（簡稱「金門協議」），確立了「人道精神與安全便利」的遣返原則，明確以「違反有關規定進入對方地區的居民（簡稱『偷渡人員』）以及刑事嫌疑或刑事犯」為遣返對象，商定了以馬尾－馬祖和廈門－金門為遣返交接

點，並確定了資料送達、復核、專用船使用、交接見證等遣返程
式，並於同年 10 月 8 日開始實施由兩岸紅十字組織見證的偷渡
人員遣返作業。有關「金門協議」之具體內容如下：

(1) 遣返原則：應確保遣返作業符合人道精神與安全便利的
　　原則。

(2) 遣返對象：

　　1. 違反有關規定進入對方地區的居民（但因捕魚作業遭遇
　　　緊急避風等不可抗力因素必須暫入對方地區者，不在此
　　　列）。

　　2. 刑事嫌疑犯或刑事犯。

(3) 遣返交接地點：雙方商定為馬尾←→馬祖，但依被遣返
　　人員的原居地分布情況及氣候、海象等因素，雙方得協
　　議另擇廈門←→金門。

(4) 遣返程序：

　　1. 一方應將被遣返人員的有關資料通知對方，對方應於二
　　　十日內核查答復，並按商定時間、地點遣返交接，如核
　　　查對象有疑問者，亦應通知對方，以便複查。

　　2. 遣返交接雙方均用紅十字專用船，並由民用船隻在約定
　　　地點引導，遣返船、引導船均懸掛白底紅十字旗（不掛
　　　其它旗幟，不使用其它的標誌）。

　　3. 遣返交接時，應由雙方事先約定的代表二人，簽署交接
　　　見證書。

　　另依「台灣地區人民自大陸地區遣返實施要點」之相關規
定，「經治安機關要求遣返之台灣地區人民，由原要求機關派員
協調中華民國紅十字會總會或財團法人海峽交流基金會辦理有

關聯繫及協商事宜」；以及「自大陸地區至金馬地區遣返之接受、押解及戒護，由內政部警政署選派義勇警察人員擔任，並由內政部警政署刑事警察局或金馬地區警察機關派員指導執行。」，足見在有法源依據的情況之下，紅十字會著實擔負政府委託的重大任務。

「金門協議」雖是以紅十字會名義組織的，但實際上是一次半官方的接觸，從此建立了兩岸事務協商管道，台灣輿論界認為這是一次「歷史性的會談」，是兩岸關係的一大突破。「金門協議」簽定後，中國大陸福建省根據中央對台方針政策和協議，採取依法、妥善、快速處理的方針，處理了 1991 年的「3.9 三保警」事件、「7.21 閩獅漁」事件、「10.4 閩連漁」事件，以及 1992 年「霞工緝 2 號船」事件和「閩寧緝 3 號船」事件等。並在打擊海上走私、私渡問題上，作出了很大的努力。1991 年我「海基會」副秘書長石齊平率團赴福建，與廈門市、福州及福建省政府有關部門就合作打擊走私、搶劫等犯罪活動交換了意見，達成了共識，建立了兩岸事務性接觸的渠道，並在共同打擊走私、偷渡領域進行了成功的合作。迄 2006 年為止，兩岸循「金門協議」遣返中國大陸方面人員計 126 批 24,419 人，遣返台灣方面人員計 23 批 67 人，有效維護兩岸社會與治安問題，並為海上直航創造了更方便的條件。[16]

---

[16]　〈金門協議〉，《華廈經緯網》，2007 年 6 月 4 日 http://big5.huaxia.com/zt/sw/07-045/2007/00630340.html（檢閱日期：2007/09/26）。

## 二、「小三通」後的運作

2000 年 3 月 21 日立法院通過了「離島建設條例」，其中第 18 條規定「在台灣本島與大陸地區全面通航之前，得先試辦金門、馬祖、澎湖地區與大陸地區通航，不受台灣地區與大陸地區人民關係條例等法令限制，其實施辦法，由行政院定之」，[17]小三通是台灣地區繼 1987 年 11 月開放民眾赴大陸探親、1993 年 3 月兩岸簽署「辜汪四協議」及 1995 年 5 月發布「境外轉運中心設置作業辦法」推動境外轉運政策後，兩岸交流交往的最大突破，2000 年 12 月 15 日行政院復發布「試辦金門馬祖與大陸地區通航實施辦法」，並於 2001 年 1 月 1 日起正式實施。

根據金門縣政府統計資料顯示，金門小三通海運載客量，由九十年度的二萬一千三百七十七人次，九十一年度的五萬三千六百八十一人次，九十二年度的十六萬零一百五十二人次，九十三年度的四十萬六千九百三十八人次，九十四年度的五十一萬八千七百二十八人次，九十五年度的六十二萬三千零三十人次，至九十六年度七月的四十三萬六千五百八十七人次。在入境的大陸旅行團人數方面，也一路攀升。九十三年十二月七日開放大陸人士組團來金旅遊後，由該年度的四團、六十四人，增加為九十四年度一百七十團、三千一百二十九人，九十五年度為一千零四十團、二萬零六十七人，九十六年度一至八月為八百八十九團、二萬零八百二十人，總計團數、人數已逾二千一百零三團、四萬四

---

17　行政院大陸委員會編，《兩岸「小三通」影響評估及規劃方向》（台北：行政院大陸委員會，2000 年），頁 1-2。

千零八十人。[18]依據台灣地區行政院大陸委員會 2000 年 10 月 2 日針對「兩岸（小三通）影響評估及規劃方向」所作的報告，金馬地區「小三通」規劃內涵及實施階段，目前尚在近程內涵，有限度開放金馬地區與大陸福建地區進行貨物、人員、船舶及郵電等之雙向往來，以及近程第一階段實施「除罪化」及「可操之在我」部分，要進入近程第二階段及中長程，必須經兩岸協商及配合兩岸「三通」及經貿關係正常化，始可推動，顯見在兩岸人民經由小三通往來日漸頻繁之際，現行規畫之小三通內涵及階段區分，早已不符現況，亟待檢討。[19]

　　兩岸小三通後互動頻仍，兩岸緣於國家政策及定位問題，尚未能正式建立治安聯防及共同打擊犯罪之機制，在此情況之下，民間機構參與協助兩岸事務之角色愈顯重要。有鑒於此，金門縣紅十字會依中華民國紅十字會法第四條第二項任務，除積極參與國、內外災變賑濟救護之使命，平時則依第三條規定，協助政府辦理有關預防疾病、增進健康及減免災難之服務。在「金門協議」的授權範圍，歷年來金廈雙方透過紅十字會在協助中國大陸人民來金門處理家屬浮屍事宜，[20]以及越界捕魚、採蚵者透過紅十字會居間進行處理及遣返工作上均著有成效。廈門方面更積極運用

---

[18] 陳榮昌，〈小三通進出人數今年 1 至 7 月逾 436587 人次〉，《金門日報》，2007 年 9 月 23 日，版 4。

[19] 曹爾忠，〈小三通架起了兩岸和平發展的大橋〉，發表於「第二屆海峽西岸經濟區論壇」研討會，2007 年 9 月 7 日，http://www.matsu.idv.tw/attach/matsu-3eba61b66772b11154f0261d17940fb7.doc，檢閱日期：2007/09/23。

[20] 中華民國紅十字會金門縣支會，〈中國浮屍蘇宜炮的家屬小三通到金門認屍〉，2006 年 11 月 6 日 http://www.redcross.org.tw/RedCross/indexset/Sub_main3.jsp?groupid=148&no=34，檢閱日期：2007/09/25。

其公安機關，並透過兩岸紅十字會居間聯繫，蒐集台灣地區黑社
會組織及成員資料，共同協助打擊犯罪。[21]小三通後，金門紅十
字會依據「金門協議」協助執行遣返大陸人民工作計 114 案 173
人，如附統計表（參見表 2）。

表 2　金門縣紅十字會協助執行遣返大陸人民統計表

| | 2002 | 2003 | 2004 | 2005 | 2006 | 2007 (1〜6 月) | 合計 |
|---|---|---|---|---|---|---|---|
| 件數 | 21 | 15 | 54 | 12 | 8 | 4 | 114 |
| 人數 | 38 | 23 | 68 | 16 | 20 | 8 | 173 |

資料來源：作者根據海岸巡防總隊金門查緝隊資料自行整理。

　　另外，在協助兩岸緊急醫療救援工作上，金門縣紅十字會於
2002 年至 2007 年 6 月，亦實際參與 112 件 112 人（參見表 3）。

表 3　金門縣紅十字會協助兩岸緊急醫療救援案件統計表

| | 2002 | 2003 | 2004 | 2005 | 2006 | 2007 (1〜6 月) | 合計 |
|---|---|---|---|---|---|---|---|
| 件數 | 8 | 10 | 13 | 35 | 32 | 14 | 112 |
| 人數 | 8 | 10 | 13 | 35 | 32 | 14 | 112 |

資料來源：作者根據金門縣紅十字會網站資料自行整理。參閱 http://www.
　　　　　redcross.org.tw/RedCross/indexset/Sub_main3.jsp?groupid=148&no=34

---

[21] 張蒼波，《金門地區治安組織聯防運作之研究》（台北：銘傳大學公共事務學
　　研究所碩士論文，2003 年），頁 58-63。

# 肆、政策評析與建議

## 一、擴大協助兩岸共同打擊犯罪

　　隨著兩岸交流與互動日趨頻繁緊密，跨境犯罪及潛逃中國藏匿之通緝犯亦有增加的現象。根據內政部警政署於民國九十六年十二月統計資料顯示，發布於專刊的通緝犯共有 95 位，其中潛逃至大陸者就有 78 位，比例高達 82%。[22]由於兩岸之間尚未正式建立共同打擊犯罪之機制，民間機構參與協助兩岸事務之角色愈顯重要。依中華民國紅十字會法第四條第二項規定，其任務除積極參與國、內外災變賑濟救護之使命，平時則依第三條規定，協助政府辦理有關預防疾病、增進健康及減免災難之服務。目前兩岸唯一制度性合作共同打擊犯罪的機制，即屬海峽兩岸紅十字組織代表所簽訂的「金門協議」，以此作為兩岸遣返偷渡犯與刑事犯的依據。兩岸紅十字會為安全便利遣返偷渡犯等所簽訂「金門協議」，其有關遣返對象刑事嫌疑犯或刑事犯，係指在一方犯罪逃至另一方之刑事（嫌疑）犯。但是，金門協議是針對有關刑事犯罪的兩岸合作與遣返體制，並沒有針對經濟犯罪者有任何相關的協議，所以大陸是否要幫台灣逮捕送回經濟犯罪者，基本上沒有任何的法律基礎可言。「金門協議」簽訂已逾 17 年，陸委會、海基會及其他警政機關應就此提出解決方案，兩岸打擊犯罪應不

---

[22] 內政部警政署，《內政部警政署全球資訊網》，http://www.npa.gov.tw/NPAGip/wSite/mp?mp=1，檢閱日期：2007/09/25。

受政治、意識型態的干擾，建立合作默契，同時可針對新類型犯罪或若干專門性議題進行討論，體諒彼此立場尋求解決問題之共識，在兩岸不涉及「一個中國」原則及「九二共識」的爭議下，繼續委由紅十字會協商修正金門協議內容；除了金融犯罪外，有關跨境毒品走私、詐欺等特定犯罪兩岸可先進行協商建立合作機制，例如在廈門與金門分別設立跨境犯罪案件協查中心，專責處理兩岸刑案司法協助事宜。

## 二、擔任兩岸複委託機制的角色

在兩岸交流過程中，非政府組織以及民間機構扮演的角色將益形重要。以兩岸「小三通」為例，小三通是兩岸民間對民間簽署協議、政府默認接受的交流合作模式。2000 年 12 月 15 日頒布「試辦金門馬祖與大陸地區通航實施辦法」，為小三通提供了完整的法源，因此小三通是台灣地區民意主導立法，進而推動兩岸政策，建構了兩岸交流合作的成功模式。1996 年後，兩岸政府授權的「海基會」與「海協會」的正式協商管道幾近停頓，小三通的順利推動執行，係另闢管道由兩岸民間團體，特別是未經台灣地區政府授權的馬祖民間團體——馬祖經貿文化交流聯誼會，於2001 年 1 月 28 日與馬尾民間團體——福州馬尾經濟文化交流合作中心，簽署了「福州馬尾——馬祖關於加強民間交流與合作的協議」（簡稱「兩馬協議」）；隨後未經授權的金門民間團體與廈門民間團體，也於同年 3 月 2 日也簽了「兩門協議」，小三通始得以落實執行。目前兩岸在全面性直航之政治前提難以突破之

情況下，陳水扁總統選舉期間所提出「四個擴大」中有關金馬小
三通擴大適用範圍之承諾，自 2004 年 3 月 1 日開始實施。在金
馬小三通擴大適用範圍之後，該航線之客運量亦隨之增加。特別
是「宗教直航」、「文化直航」等活動也將增加。另外，「四個
擴大」中有關「擴大兩岸貨運便捷化措施。同意將貨運便捷化措
施，由目前規劃的單向貨運包機，擴大為雙向包機」，則將是未
來最有可能突破的。因為該政策一方面可以有效回應大陸「直接
雙向、互惠互利、平等協商」之主張，二方面可以循類似兩岸紅
十字會的「金門協議」，以及大陸海峽兩岸航運交流協會與台灣
海峽兩岸航運協會協商推動「境外航運」等模式，藉由「複委託」
架構下之民間務實與彈性之互動，突破兩岸三通談判僵局，促成
雙方達成可接受之協議。此外，「複委託」機制固然有助於民間
在專業領域協助談判，並可善用民間作為談判「潤滑劑」，爭取
有助於減少政治意涵之協議。

　　有關兩岸擴大交流可以委託非政府組織或民間團體的複委
託機制，依據「兩岸人民關係條例」第 4 條之規定，陸委會可委
託各民間團體就相關議題與大陸協商，第一次台港航權協議就是
在此機制下完成的；惟「兩岸人民關係條例」於 2003 年經第八
次完成修法，再將委託其他民間團體的權力下放至海基會。設計
這個機制的用意，主因是兩岸海基會、海協會對於「一個中國」
及「九二共識」認知上的差異，導致對話中斷。但是兩岸之間諸
多事務性的協商必需透過民間組織進行較能減少阻力，為了恢復
交流才產生此修法的結果。[23]修正之後的複委託機制亦延至 2005

---

[23] 修法之後的複委託機制，仍然存在著一些問題，例如「兩岸人民關係條例」

年 6 月才宣布啟動。[24]而複委託機制法源的建立，無疑確立了海基會經過委託機關同意，得複委託其他具公益性質法人，協助處理兩岸往來相關事務之規定，[25]也提供了非政府組織參與兩岸事務與交流更寬廣的空間。

## 三、專職機構的定位

目前我國非政府組織發展尚屬成熟、制度亦稱健全，如能因其「非官方」的特性，參與兩岸、國際或援助事務，協助發揮我國的理念與價值觀，未嘗不是一條值得嘗試努力之路。惟非政府組織在參與兩岸事務上應有更專職的定位，與政府部門之間亦應有對話的管道，如日本「NGO 擔當大使」一職的設置，除強調雙方的對等性外，亦可顯示政府積極與非政府組織溝通的意願，開啟了政府積極與非政府組織對話的管道，代表政府對非政府組織需求的重視，以及與之合作的期待。[26]我外交部雖於 2000 年

---

第 4 條所加上的相關限制，即受委託之民間團體「設立時，政府捐助財產總額逾二分之一」，或其「設立目的為處理台灣地區與大陸地區人民往來有關事務，並以行政院大陸委員會為中央主管機關或目的事業主管機關」等之規定，顯然政府欲加以管控。

[24] 參閱〈晾著兩年的複委託機制終於啟動了！〉，《中國時報》社論，2005 年 6 月 15 日，版 A2。

[25] 李炳南、彭艾喬，〈「台灣地區與大陸地區人民關係條例」的第八次修訂——主要議題之分析（2003）〉，發表於「兩岸政經發展學術研討會」（台北：行政院大陸委員會等，2005 年 12 月 20-22 日），頁 1-13。

[26] 日本外務省為了增進與非政府組織間的合作，於 2002 年特別增設「NGO 擔當大使」一職，開啟了政府積極與公民社會對話的途徑。該職務的設置雖非全世界的創舉，但也僅次於瑞典，排名世界第二。其主要任務是作為政府與

10 月 2 日成立「非政府組織國際事務委員會」，用以協助國內民間團體參與非政府間國際組織及交流活動，亦即作為政府與非政府組織間溝通合作之窗口。正如日本在外務省設置了 NGO 專責職位，使得有關非政府組織的意見較容易傳達給主管機關，進而增加彼此間相互對話、協商與合作的空間，提升雙方的信任程度。但是，我主管兩岸事務之機構目前屬於大陸委員會而非外交部之權責，若欲強化我非政府組織參與協助兩岸事務的角色，應考慮專職溝通管道的設立，以收事權統一及事半功倍之效。

　　通常非政府組織是受政府的委託或在政府認可的情形下進行。因此，政府如何去整合民間可用的第二軌道資源，以及政府與非官方團體或代表之間的權限又將如何區分？第二軌道資源是在較具彈性的「非官方」、「非正式」的原則下運作，運作過程與結果，最後由誰負責等問題都應具體釐清。除非政府與民間代表或團體之間有一定的互信機制，否則很可能陷入爭功諉過的困境。

## 四、積極宣教，培養兩岸視野與國際觀

　　台灣非政府組織多半被賦予「拓展外交」的使命，但卻因對國際議題的不熟悉，在國際社會中所扮演的角色多侷限於災難或人道救援，以及參與或舉辦活動，甚少發揮議題設定與主導的功

非政府組織間的橋樑，當非政府組織與外務省進行意見或資訊交換時，該大使則以外務省代表的身分參加，和非政府組織進行對話，並傾聽非政府組織對政府的需求和期待。參閱林淑馨，〈日本非政府組織與政府之外交協力〉，《政治科學論叢》，第 32 期，2007 年 6 月，頁 71-108。

能。若我國的非政府組織在參與國際與兩岸事務上最終成了石之瑜教授所說的,「只是依附在政府之下,接受動員,以完成政府所委託的任務,而又無強大的公民社會做其後盾」,[27]那麼只能成為政府政策宣傳的工具,其他重要性的功能恐無法發揮。此外,由於我國目前的非政府組織多為提供急難救助型的組織,偏向以金錢或實物贈與形式來提供服務,因此在參與外交與兩岸政策制訂的能力上恐怕會受到限制。所以,從非政府組織的概念、設立的目的、及其角色定位來思考今後台灣非政府組織的發展方向得知,台灣非政府組織不應再消極地扮演補充性功能,需擺脫參與國際事務僅為了「行銷」的思維,[28]而需更積極培養非政府組織對國際社會的責任與使命,非政府組織甚至更需瞭解到其本身的存在有活化外交、提升政策制訂的正當性,並協助執行外交政策的功能。如欲使我國非政府組織能與全球接軌,不應僅利用非政府組織來達到短視、狹隘的政治目的,除了培養組織的國際視野,建立永續的資源網絡外,還應致力於非政府組織發展環境的建構,如加強援外機制的制度化、援外政策的明確化等。外交部自 2000 年開始,舉辦「全民外交事務研習班」培育民間外交種子人才,參加對象包括從事國際 NGOs 活動之民間團體所薦派的代表,各政府單位、議會及議員薦派之人員,政黨、媒體及其他民間單位薦派之人員,還有個別報名者。透過相關課程的安排,以及具有外交專業的人士與學者將其經驗與知識傳授給民間團體代表,一方面提供一個兼顧實務經驗與理論結合的學習交流

---

[27] 石之瑜、黃競涓,〈我國第二軌道外交中的「國家──社會」論述〉,《政治科學論叢》,第 11 期,2000 年,頁 103-125。

[28] 林淑馨,〈日本非政府組織與政府之外交協力〉,頁 100-101。

環境，另一方面可以整合民間的人才與資源，發揮政府與民間的整體力量，為拓展我國國際活動空間而努力。在同樣的情況之下，政府若能確立委託非政府組織積極協助兩岸交流事務，權責機關更應摒除僅止於人道救援或急難救助的思維，擴大賦予事務性功能以及居間主導、協調的角色，同時，亦應透過宣教以及制度化，培養非政府組織更寬闊的兩岸視野與國際觀。

# 伍、結論

隨著全球化的進程，這幾年來台灣在發展非政府組織與國際社會的接軌上，累積了相當的經驗和實力。在兩岸關係發展和交流過程中，我非政府組織亦扮演了極其重要的角色。以兩岸紅十字會為例，1990 年簽訂的「金門協議」，兩岸以此作為遣返偷渡犯與刑事犯的依據，彰顯了非政府組織積介入參與兩岸事務的功能。雖然近年來兩岸礙於「九二共識」與「一個中國原則」認知上的差異，致使政府間的協商管道受阻，然而紅十字會依「金門協議」及政府之委託仍在兩岸人道救援以及刑事遣返工作上有顯著的成效，對於促進兩岸和諧與持續交流占有重要的地位。今後，非政府組織參與國際社會的管道多元化，對於賦予協助兩岸交流功能性的角色應是可行的方向，一則透過民間務實與彈性之互動，有助於減少政治性之摩擦與衝擊，藉以突破兩岸談判僵局，達成雙方均可接受之協議；再則在政府依據法律授權的機制之下，兼可有效提供官方資源及輔導，並提供具體的政策指導方

向，協助其促成雙方在專業領域方面的談判。此外，隨著全球化與相互依賴的發展，兩岸之間亦可以藉由強化非正式、非官方的管道與策略，增加兩岸民間代表政府官方接觸的機會。

從「金門協議」的運作以及小三通開放的過程之中，顯示兩岸非政府組織以及民間機構均扮演關鍵性的角色，值得政府方面持續大力推動。兩岸之間的交流雖然目前有相關法源依據委託非政府組織執行，惟徒法亦難以自行，更端賴行政當局的主導力量，更唯有透過完善的制度才能克竟全功。在法規上，「兩岸人民關係條例」第 4 條所加上的相關限制，立意明顯，政府雖有權管控非政府組織參與兩岸事務，更應從正面思考，設置專職溝通管道，並積極予以輔導。就組織功能而言，台灣的非政府組織仍較傾向被動的支援面向，而缺乏積極建構政府與組織間之平台，若能予以充實且制度化，將更有助於我國非政府組織的發展和運作。

無可諱言地，非政府組織在兩岸關係中代表的角色固然重要，畢竟非政府組織在第二軌道上是絕對無法取代第一軌道政府的功能，推動非政府組織的目的是在為第一軌道鋪路，進而使兩岸政府在交涉過程有所緩衝。政府若欲強化我非政府組織參與協助兩岸事務的角色和功能，可以採取更主動積極的行動。例如：成立（或輔導既有的）學術研究機構與智庫，培養學有專精的學者與專家，以提供我國在兩岸關係發展上具有價值的研究結果與政策建議；或者積極延攬在民間、企業界等具有專業與兩岸事務經驗與能力的人士，扮演我國與中國大陸社會接觸的重要媒介。此外，為了使政府與民間之間的合作能達到最大的效益，不要形成多頭馬車、事權不一的情形，政府部門應該針對非政府組織擬定全盤性的規劃，扮演協調、輔導、提供資訊以及協助的角色，

有效整合國內學術機構與民間組織的人力資源，以及現有國際網絡的關係，提供民間有關國際法令與國際情勢的相關資訊，以及負責協調各政府部門與民間單位的合作事宜，並且設置長期性的專門預算加以奧援，以期透過第二軌道真正有效地拓展兩岸交流的工作。

（本文發表於「2007 台灣 NGO 國際事務人才培訓」研討會，國立中山大學國際非政府組織研究中心主辦，2007 年 10 月 3 日）

# 兩岸「小三通」政策之法制面與金廈地區的實踐

## 壹、前言

　　兩岸歷經長久的分離對立，自 1987 年台灣開放民眾赴大陸探親以來，海峽兩岸民間交流與經貿互動日益擴大，並益趨熱絡頻繁。大陸方面不斷呼籲兩岸直接「三通」，但台灣方面則對此採取不正面的回應，不斷向國內說明基於整體國家安全和國家利益的考量，兩岸若直接「三通」必須在確保國家安全、尊嚴、乃至全民福祉的前提之下始能實施。[1]然而隨著兩岸政經交流的持續發展，加上世界局勢的變化，全球經濟區域化與國際化的趨勢日漸明確，兩岸的政濟互動自然不能自立於世界潮流之外。

　　由於兩岸政治上的問題紛紛擾擾，短期間難有進一步的共識，因此，如何循序漸進在經濟上尋求發展與突破是雙方可考慮的先行步驟。在此情形之下，兩岸的「小三通」政策逐漸引起雙邊的共識和認同。尤其金門與廈門自古即有「史緣久、地緣近、語緣通、文緣深、神緣合、俗緣同、血緣親」等八緣之親的密切

---

[1]　行政院大陸委員會，《兩岸「小三通」推動方案執行計畫》，2000 年 12 月 26 日。http://www.mac.gov.tw/big5/economy/em0103.doc。

關係，[2]兩岸「小三通」政策將金廈做為一直航試點，不僅具有促使兩岸關係向前邁進一步的正面意義，更可藉由金廈之間的交流，提供雙方政府在確立日後兩岸朝和平、經貿發展等良性互動上重要參考的指標性意義。本文擬以「小三通」政策之法理和制度面為基礎，探討其理論和涵義，並進一步分析「小三通」在金廈試辦之實際成效和反應，根據執行之具體優缺成果擬具相關策略和改善建議，俾供政府部門決策之參考。

# 貳、「三通」之概念與內涵

所謂「三通」，指的是實現海峽兩岸直接「通郵、通航、通商」的簡稱，最早在 1979 年全國人大常委會在「告台灣同胞書」中提出，目的在於反映兩岸人民感情與現實上的需求。中共在有關「三通」的倡議上，自從 1979 年提出之後，翌年 1 月 1 日，時任中共「全國人大副委員長」的鄧穎超就表示：[3]「通商、通郵、通航，對祖國大陸和台灣都有好處，我們可以先從通郵開始，互通信息，增進了解，加深感情，溝通聯繫，打破三十年來的隔絕狀態。」1981 年 9 月 30 日，中共人大常委會委員長葉劍英發表談話，提出了九點「關於台灣回歸祖國實現和平統一的方針政策」（俗稱「葉九條」），其中「建議雙方共同為通郵、通商、通

---

2　李金振等，《金門設立特別行政區之可行性評估》（台北：行政院研究發展委員會編印，2002 年 6 月），頁 60。

3　《人民日報》（北京），1980 年 1 月 2 日，第 4 版。

航、探親、旅遊以及開展學術、文化、體育交流提供方便」（亦即所謂的「三通、四流」）更將「三通」的內容明訂在內。[4]

「三通」的概念，其實在兩岸與現代國際經貿的實踐上，是有三個不同層次的意涵。其緣起，也是最簡單與狹義的說法，是上述大陸官方所提出的「通商、通郵、通航」三個項目，這也一直是中共對台政策最重要的一個環節。其次，隨著兩岸在 2001 年底相繼加入世界貿易組織（WTO），「三通」的議題就涉入了國際經貿法律義務的概念，若採此一較為廣義的解釋，「三通」的內涵已經有所改變，換言之，海峽兩岸的政府必須依照 GATT & WTO 多邊架構義務，以及彼此入會所承諾的條件，開放應給與的經貿項目。若採取對「三通」最為廣義的說法，按照國際經貿的實踐，係指兩岸在符合現代國際經際法實踐之下的正常經貿往來，也等於是兩岸經貿完全正常化關係應有的實質內涵；以內容項目而論，則舉凡貿易、投資、關務、金融、航運、服務業、農產品、智財權、人員往來、勞務輸出、投資保障、國際商務仲裁、爭端解決等，都是雙方在經濟合作過程中必須處理的重要項目，其中有些議題或項目並不涵蓋在 WTO 的規範內容之內；而且若一直缺少雙邊的協商，是不可能理順彼此正常的經貿往來；職此，最廣義的「三通」概念，其實是包含極為廣泛的雙邊與多邊的國際經貿協商與國內法修正內容。[5]

為了推動兩岸「三通」，中共前國務院副總理錢其琛於 2002 年 1 月呼籲，新的一年應「爭取實現兩岸直接『三通』」。並提議

---

[4]　《人民日報》（北京），1981 年 10 月 1 日，第 1 版。
[5]　張顯超，〈兩岸「三通」的開放調整與協商〉，《中國大陸研究》，第 46 卷第 6 期，2003 年，頁 2-3。

「由兩岸民間行業組織就通航問題進行協商」[6]此外，針對兩岸
「三通」問題錢其琛亦進行一系列的講話，並其要點略可分為以
下幾項：1.以民為本，為民謀利是解決「三通」問題的立足點和
出發點；2.「三通」是兩岸中國人內部的事務，兩岸空中海上通
航是兩岸航線，絕不能把兩岸「三通」說成是「國與國」之間的
「三通」；3.兩岸「三通」是兩岸間的經濟事務，在「三通」業務
性、技術性商談中可以不涉及「一個中國」的政治含義；4.「三
通」的協商方式可以盡量靈活，解決的辦法應該簡單易行，力求
使技術問題單純化、解決方式便捷化，並主張由兩岸民間航業組
織協商「三通」。

　　台北對於兩岸的三通政策方面，自從民進黨於 2000 年執政
以後，陳水扁總統即於同年 9 月 22 日接受美國 CNN 電視台訪問
時表示對兩岸同時加入 WTO 一事持正面態度，而且新政府已經
積極檢討對大陸的經貿政策，包括「大三通」在內，因為兩岸關
係要正常化，首先就要從經貿關係正常化開始做起。[7]2002 年 5
月 9 日，陳水扁又在金門大膽島表示，「兩岸必須重開協商大門，
兩岸三通是必須要走的路」，以及「兩岸直航必須秉持民主、對
等、和平三原則，與不能矮化、地方化、邊緣化的三不政策」。[8]

　　由於兩岸之間的交流愈趨頻仍，國內亦有普遍的看法，認為
台海兩岸的直接通航終不可免。然而，中共迄未承認台灣為對等
的政治實體，並堅持「一個中國」是指「中華人民共和國」，台

---

[6]　《人民日報》（北京），2002 年 1 月 25 日。

[7]　〈總統接受 CNN 專訪〉，《行政院新聞局網站》，2000 年 9 月 22 日。
　　http://www.gio.gov.tw/info/2000htm/0922.htm

[8]　〈陳總統：三通是必走的路〉，《自由時報》，2002 年 5 月 9 日。

灣只能是「一個中國」之下的地方政府，在此前提之下，兩岸直航可能牽涉到的主權與法律管轄權等問題，包括國籍與國旗問題、證件相互承認問題、法律適用與糾紛處理問題，[9]此外，台灣方面亦考量到經濟效益與國家安全並重的關係，應在逐步邁向直接通航的過程中，分階段、分項目循序漸進，尤其過去幾年來台海兩岸的通航，從完全禁止，到後來的第三地灣靠後通航，以及之後的境外航運中心，已形成某種程度的直接通航。[10]在此情況之下，兩岸過渡時期的「小三通」政策隱然浮現。

# 參、「小三通」之實施背景與法理

「小三通」之內涵係依據「三通」──「通郵」、「通商」、「通航」而來，亦即在兩岸尚未開放直接三通之前，先由金門、馬祖二離島與對岸的廈門和福州進行小三通。此一「兩門（金門、廈門）對開、兩馬（馬祖、馬尾）先行」的觀念，最早係由中共福建省委書記陳光毅於 1992 年 3 月 23 日向媒體提出，然而後來陳光毅卻表示，「兩門對開是金門方面首先提出的要求。」[11]無論如何，金門地區人士繼而於 1993 年 10 月擬具「小三通說帖」加以呼應，其主要內容為金門、廈門之間先試行「小三通」，其方式

---

9　洪儒明，《民進黨執政後的中共對台政策》（台北：秀威出版社，2004 年），頁 115-116。

10　顏萬進，《在野時期民進黨大陸政策》（台北：新文京開發出版公司，2003 年），頁 137。

11　參見楊樹清，《金門社會觀察》（台北：稻田出版社，1998 年 12 月），頁 214。

為「單向直航」、「定點直航」、「先海後空」、「先貨後人」。由於
當時我「國統綱領」尚未進入中程階段，不僅「大三通」未能付
諸實現，即連「小三通」亦被我政府否決。[12]

　　2000 年陳水扁總統上任之後，強調在年底前實施「小三通」，
希望藉此對外向國際社會宣示台灣在兩岸對話的善意回應，對內
紓解國內喧嚷「三通」的壓力。[13]其後，在此政策宣示與朝野共
識之下，立法院乃於 2000 年 6 月 13 日第 23 次院會決議：政府
應於三個月內完成「小三通」政策評估，再三個月完成規劃之後，
隨即實施「小額貿易除罪化」以及「可操之在我部分」，作為第
一階段實施之項目。[14]行政院復據此擬定「小三通」推動方案及
執行計畫，以及「試辦金門馬祖與大陸地區通航實施辦法」，於
同年 12 月中旬陳報行政院，並於 2001 年 1 月 1 日正式實施。不
過，「小三通」之法源依據本為 2000 年 3 月 21 日由立法院三
通過的「離島建設條例」，並於同年 4 月 5 日經總統公布之後正
式實施，其中第十八條特別規定，金門、馬祖、澎湖等地區得先
行試辦兩岸通航。[15]該條條文規定：「為促進離島發展，在台灣本
島與大陸地區全面通航之前，得先行試辦金門、馬祖、澎湖地區
與大陸地區通航，台灣地區人民經許可後得憑相關入出境證件，

---

[12] 參見陳建民，〈規劃「金廈三通」芻議〉，《金門日報》，2000 年 3 月 21 日，
第 2 版。

[13] 陳建民、蔡承旺，〈中共在金廈「小三通」的策略運用〉，《展望與探索》，第
3 卷第 5 期，2005 年 5 月，頁 48-61。

[14] 參閱 http://www.china.org.cn/chinese/zhuanti/baoji/749382.htm。

[15] 「離島建設條例」於中華民國八十九年四月五日總統（89）華總一義字第
8900089260 號令制定公布全文 20 條；並自公布日起施行。參閱 http://law.moj.gov.
tw/Scripts/Query4.asp?B2=%AAu%A1@%A1@%AD%B2&FNAME=A0030121

經查驗後由試辦地區進入大陸地區，或由大陸地區進入試辦地區，不受台灣地區與大陸地區人民關係條例等法令限制；其實施辦法，由行政院定之。」就法制的角度而言，「離島建設條例」第十八條有行政裁量權的空間，立法院並無規定行政院有必須辦理「小三通」的義務，而僅是「容許」行政部門有自行裁量是否實施政策「選項」。但該條例已藉由立法機制反映出社會大眾對小三通的接受程度，進一步提供了「小三通」合法化的途徑，[16]基於政局的安定和人民的實際需求，行政院決定從善如流，不提出覆議案。雖然「離島建設條例」為兩岸「小三通」提供了法源依據，惟鑑於兩岸小三通係「三通」的一環，且與大陸地區相關往來事宜，事涉整體大陸政策，非單純離島建設問題，故為正本清源，以明確兩岸政策之整體架構及其法源，乃藉「兩岸人民關係條例」修正增訂第九十五條之一，明定主管機關於實施台灣地區與大陸地區直接通商、通航前，得先行試辦金門、馬祖、澎湖與大陸地區之通航、通商，並於 2003 年 10 月 15 日修正通過。[17]隨之於修訂「試辦金門、馬祖與大陸通航實施辦法」中，除保留「離島建設條例第十八條」文字外，另再加上「台灣地區與大陸地區人民關係條例第九十五條之一」等字　，使該項「辦法」保有雙重法源。[18]

對於「小三通」政策之推動，依照政府的說法，其主旨一方面是作為兩岸全面三通的試金石，另一方面則是為了離島地區的

[16] 洪儒明，《民進黨執政後的中共對台政策》，頁 89-90。
[17] 參閱 http://www.wtocenter.org.tw/SmartKMS/fileviewer?id=7505
[18] 張多馬，《台灣推動兩岸「小三通」之研究，《國立政治大學外交學系戰　與國際事務碩士論文》，2004 年 2 月，頁 47-48。

建設與發展，並希望藉由實施「小三通」增進兩岸人民良性互動。
金馬與大陸試辦通航的具體規劃項目，主要包含航運、商品貿
易、人員往來、金融往來、工商及農漁業發展等六大方面，而綜
合政府規劃的政策原則，則大致可涵括為下列幾項[19]：

1. 國家安全為最優先考量，即小三通必須在確保國家安全的
   前提下推動實施；
2. 不悖離「離島建設條例」整體立法精神，小三通係根據「離
   島建設條例」第十八條規定進行規劃，必須符合該條例之
   整體立法精神。
3. 與加入 WTO 及「三通」政策相互配合。小三通涉及通航
   及衍生之人、貨往來及相關商業行為，與我國加入 WTO
   及「三通」政策應整體考量，相互配合。
4. 盡最大可能維持離島地區發展與本島的連結，以防範離島
   經濟過於依賴大陸及政治立場的傾斜。
5. 經濟發展區隔之考量，亦即將金馬與大陸之經貿關係採取
   「邊區貿易」模式辦法。
6. 從建立穩定正常的兩岸關係為出發點，並考量兩岸關係在
   短程及中長程的不同情況，本著「雙向往來，互利互惠」
   原則，以「整體規劃，階段實施」方式進行。

　　正由於「三通」實踐的遙遙無期，作為過渡與準備性質的「小
三通」政策，其執行成效如何便格外的值得關注。據北京有關人
士透露，最初為因應台灣當局公布將正式實施小三通，大陸內部
曾出現兩股不同的聲音，反對的部門認為在台灣還未接受「一個

---

19 高長等，《兩岸關係中金門產業發展規劃研究——設置兩岸貨品交易中心、
　加工產業區規劃》，金門縣政府委託研究計畫，2003 年 4 月，頁 21-22。

中國」的原則下先實行小三通，有可能出現「兩國論」的翻版，另外持肯定立場者如中央對台工作小組則認為，在兩岸加入世界貿易組織後，兩岸一定要談三通問題，因此先談小三通為兩岸三通熱熱身亦具有一定意義，但一定要在「一個中國」原則架構下談判，且相關條件將比香港更優惠，幾經評估與兩相折衝後，中共高層仍批准福建沿海地區與台灣離島金門、馬祖實施小三通，並根據國務院總理朱鎔基的指示[20]，國台辦、外經貿部、公安部、海關總署等部門及福建省當局著手起草大陸版本的小三通方案，及準備談判的前期工作。

　　具體而言，中共認為小三通航線屬「國內特殊航線」，通航的談判必須堅守「一中原則」及「九二共識」。惟大陸方面從小三通實施以來，表面上的反應並不熱衷，甚至採取不合作的態度，因為中共當局不滿該方案在推出之前未經兩岸協商，因此轉而認為台灣方面推動小三通只是在延緩全面三通的時程，金馬與大陸間的小額貿易與人員交流早已存在，台灣大張旗鼓的搞小三通是一種混淆國際視聽的作法，大陸對民進黨政府在「觀其言、聽其行」的基本前提未變情況下，乃以冷處理的態度低調面對小三通。[21]

　　由於小三通並不是台灣行政部門所預定推展的施政項目，而是金馬民意尋求發展定位，向中央強力施壓的結果，因此注定形

---

[20] 《明報》，2000 年 11 月 13 日。當時總理朱鎔基表示，理解相關部門的疑慮，但是有通比無通好。另據該報報導指出，金馬小三通最初其實是由福建省政府在 1990 年提出的，當時是為了加速當地的經濟發展，吸引台資到福建投資，惟被當時國民黨主政的台灣當局所拒絕。

[21] 樊中原，〈「小三通」政策的檢視與展望〉，《台灣研究的基礎與前沿學術研討會論文集》，廈門大學台灣研究院，頁 344-355。

成「中央冷、地方熱」的基本格局[22]，同時最後又是在台灣當局未經兩岸先行協商的情況下強渡關山實施的，因而小三通自實施以來一直予人以施展不開的感覺。

# 肆、金廈「小三通」之實踐與展望

「小三通」是指台灣的金門、馬祖與大陸地區直接進行通郵、通航和通商。[23]「離島建設條例」公布後，行政院乃依此條例第十八條的規定，研訂法令並積極推動實施。「小三通」優先實施項目包括「除罪化」及「可操之在我」部分，其主要考量為大陸方面對我國人民及業者已採取若干的開放措施，並行之多年。因此，「小三通」初期所規劃之部分事項，主要是以針對不須經兩岸協商即可運作的事項為主。[24]

依據民國八十九年十二月十三日所公布的「試辦金門馬祖與大陸地區通航實施辦法」，小三通的開放內容包括：

---

[22] 張多馬，《台灣推動兩岸「小三通」之研究》，頁 48。

[23] Yan, Jiann-fa. "On the "Small Three Links": A View of National Security," http://www.dsis.org.tw/peace.htm.

[24] 林麗香，〈金馬「小三通」政策對國家安全的影響〉，http://www.mnd.gov.tw/division/~defense/mil/mnd/mhtb。

## 一、航運

中華民國船舶或大陸船舶經申請許可，得航行於離島兩岸通航港口與經交通部核定之大陸地區港口間；外國籍船舶經特許者，亦同。大陸船舶入出離島兩岸通航港口及在港口停泊期間應遵行之相關事項，得由交通部或有關機關另定之。

## 二、人員往來

在金門、馬祖設有戶籍六個月以上之台灣地區人民，得向內政部警政署入出境管理局在金門、馬祖所設服務站（以下簡稱服務站）申請許可核發入出境證，經查驗後由金門、馬祖進入大陸地區。

大陸地區人民有下列情形之一者，得申請許可進入金門、馬祖：

(1) 商務活動：大陸地區福建之公司或其他商業負責人。

(2) 學術活動：在大陸地區福建之大學教職員生。

(3) 探親：其父母、配偶或子女在金門、馬祖設有戶籍者。

(4) 探病、奔喪：其二親等內血親、繼父母、配偶之父母、配偶或子女之配偶在金門、馬祖設有戶籍，因患重病或受重傷，而有生命危險，或年逾六十歲，患重病或受重傷，或死亡未滿一年者。

(5) 返鄉探視：在金門、馬祖出生者。

(6) 旅行：經交通部觀光局許可，在金門、馬祖營業之綜合或甲種旅行社代申請者。

前項第六款應組團辦理，每團人數限十人以上廿五人以下，整團同時入出，不足十人之團體不予許可，並禁止入境。

另外，大陸地區人民於金門、馬祖海域，因突發之緊急事故，得申請救助進入金門、馬祖避難。大陸地區人民依第十二條規定申請經許可者，發給往來金門、馬祖旅行證，有效期間自核發日起十五日，由當事人持憑連同大陸居民身分證或其他足以證明居民身分之文件，經服務站查驗後進入金門、馬祖。以旅行事由進入金門者，停留期間至入境之次日止；進入馬祖者，停留期間自入境之次日起不得逾二日；依其他事由進入金門、馬祖者，停留期間自入境之次日起不得逾六日。

## 三、商品貿易

大陸地區物品，不得輸入金門、馬祖。但符合下列情形之一者，不在此限：

(1) 經濟部公告准許金門、馬祖輸入項目及其條件之物品。
(2) 財政部核定並經海關公告准許入境旅客攜帶入境之物品。
(3) 其他奉經濟部專案核准之物品。

金門、馬祖之物品輸往大陸地區，於報關時，應檢附產地證明書。其產地證明書之核發，經濟部得委託金門、馬祖當地縣政府辦理。

## 四、通匯

　　金門、馬祖之金融機構,得與大陸地區福建之金融機構從事匯款及進出口外匯業務之直接往來,或透過台灣地區與大陸地區以外之第三地區金融機構,從事間接往來。前項直接往來業務,應報經財政部洽商中央銀行後許可之;直接往來及間接往來之幣別、作業規定,由財政部洽商中央銀行後定之。第一項之匯款金額達中央銀行所定金額以上者,金融機構應確認與該筆匯款有關之證明文件後,始得辦理。

## 五、檢疫

　　為防杜大陸地區疫病蟲害入侵,動植物防疫檢疫機關得在金門、馬祖設檢疫站。運往或攜帶至金門、馬祖以外台灣地區之動植物及其產品,應於運出金門、馬祖前,由所有人或其代理人向動植物防疫檢疫機關申請檢查未經檢查合格或經檢查不合格者,不得運出。前項動植物及其產品,由行政院農業委員會定之。

　　運往金門、馬祖以外台灣地區之動物,其所有人或管理人應詳實記錄畜內動物之異動、疫情、免疫、用藥等資料,經執業獸醫師簽證並保存兩年以上,所在地動物防疫機關應不定時檢查畜牧場之疾病防疫措施及紀錄。運往或攜帶至金門、馬祖以外台灣地區之動植物及其產品經檢查結果,證明有罹患、疑患、可能感染動物傳染病或疫病蟲害存在時,動植物防疫檢疫機關得將該動物、植物或其產品連同其包裝、容器,予以消毒或銷燬;其費用由所有人負擔。

## 六、軍艦

我國軍艦進出離島兩岸通航港口港區，由地區軍事機關負責管制；如緊急狀況時，有優先進出及繫泊之權利。軍用物資之港口勤務作業及船席指泊，由地區軍事機關及部隊分配船席辦理及清運。國軍各軍事機關及部隊為辦理前兩項事務，得協調地區港務機關不定期實施應變演習。

由以上內容得知，目前小三通的實施範圍主要包含兩個項目：一為讓金門、馬祖民眾與大陸地區進行合法的直接經貿交流，此部分是指「除罪化」的事項；二為在有效控管風險及採取完善配套措施的前提下，有限度開放大陸地區船舶、貨品及人員進入金馬地區，此部分所指為「可操之在我」的事項。然而自實施以來，此項「除罪化」的政策在當地並未積極落實。經調查發現，有高達 59.5%的金門地區民眾覺得小三通之後，「岸邊交易」的情況更為嚴重，顯示一般民眾對於小三通之「除罪化」目標有所誤解，認為小三通要將原有的「岸邊交易」犯罪行為除罪，因此也造成「岸邊交易」之情形增加。甚至有 38.7%的民眾不認為由「岸邊交易」購買大陸物品是犯罪的行為，因而造成非法的供需循環效應，這也是「岸邊交易」比起小三通實施之前更嚴重的原因。[25]

金廈兩地自從「小三通」實施以來，人員往返頻繁，自 2001年 1 月 1 日起迄 2005 年 11 月止，金廈通航計 8,687 航次，其中

---

[25] 銘傳大學金門校區國家發展與兩岸關係研究所，《金門縣民眾對金廈「小三通」實施兩週年民意調查》，2002 年 12 月 28 日，頁 18。

我方船舶計 4,813 航次，廈門航舶 3,874 航次。（詳如表 1）另根據我行政院大陸委員會統計金廈小三通往來人數顯示，自 2001 年 1 月起至 2004 年 12 月止，台灣人民從金門前往廈門的人數（含台商中轉）為 309,988 人次；大陸人民從廈門到金門的人數（含社會交流或其他非以「旅遊」為目的之交流活動）為 14,791 人次，其中進行社會交流（含大陸配偶、探親、探病、團聚）人數為 9,574 人次（詳如表 2）。由此資料顯示，「小三通」推行以來，大陸人民來金人數，相較於我方人民赴廈的人數，呈現「向大陸傾斜」的現象，落差甚大。在民眾的感受方面，根據台北銘傳大學國發所所做的民調指出，小三通試辦至今已屆滿四年，台商對於小三通試辦的滿意度高達 75.7 分，但金門民眾的滿意度卻創下新低，2002 年滿意度為 58.6 分，2003 年滿意度為 56.6 分，呈現逐年降低的趨勢，而 2004 年更只有 50.5 分，創下新低。[26]不過台商方面則有九成八認為，金門有條件取代港澳成為進出大陸的門戶，也願意繼續利用小三通進行中轉。但是水頭碼頭相關設施不足，台金航線班次不夠，金廈船班不足，以及免稅商店尚未設立等因素是小三通應改善的地方。[27]

在觀光旅遊方面，「小三通」實施之後，興起了一股金廈旅遊樂潮。由於廈門商品種類比金門豐富，物價亦遠低於金門，金門居民可經常透過「小三通」管道到廈門或內地旅遊、購物。而在大陸開放民眾赴金門旅遊之前，廈門海上看金門卻一直是廈門

---

[26] 參閱《金門日報》，2005 年 1 月 13 日，http://web2.kinmen.gov.tw/eNews/index/eNews.aspx。
[27] 同前註。

旅遊的極佳賣點，對於廈門旅遊業的發展多所裨益。[28]在大陸方面進一步開放福建地區人民經由金廈直航到金門旅遊之後，雖然依相關規定可核准每日 700 人為上限[29]入境，但是實施以來，並未出現大陸旅客明顯增加的現象。根據統計，2005 年 1～10 月份，兩岸小三通在出境方面計有 1,505 航次，往來之總人數為 220,800 人，其中台灣地區人民（含金門民眾）前往大陸者為 207,522 人，大陸人民從金門經小三通返大陸者計有 13,258 人；在入境方面共有 1,665 航次，總人數為 217,719 人，其中台灣地區人民（含金門民眾）從大陸經小三通返回者為 206,139 人，大陸人民前往金門者計有 11,580 人。此外，從申請收件方面分析，2005 年 1~10 月份大陸地區人民申請進入金門地區共有 5,209 件，其中申請第一類者（學術、宗教）為 1,479 件、第二類（旅行）為 2,713 件、第三類（團聚、居留、定居、延期等）為 1,017 件。由此觀之，申請以旅遊名義前來金門者僅 2,713 件，雖然每件可申請多人，但實際以旅遊名義入境者距離每日 600 人之預估上限差距甚大，仍有很大的成長空間（詳如附表 3）。

---

[28] 林勁、張敦財、王茹，〈拓展廈金直航，推動兩岸全面「三通」的實踐性分析〉，《廈門大學學報》，2002 年 8 月 7 日，頁 3-5。

[29] 其中以觀光為名義者每日上限為 600 人，其餘以學術、宗教等名義者上限為 100 人。

表 1　2001～2005 年 11 月「小三通」航運往來統計表

| | 我方船舶〈金門－廈門〉 | | | | | 大陸船舶〈廈門－金門〉 | | | | |
|---|---|---|---|---|---|---|---|---|---|---|
| | 2001年 | 2002年 | 2003年 | 2004年 | 2005年 | 2001年 | 2002年 | 2003年 | 2004年 | 2005年 |
| 1月 | － | － | 90 | 124 | 124 | － | － | 48 | 122 | 124 |
| 2月 | － | － | 84 | 138 | 166 | － | － | 74 | 162 | 160 |
| 3月 | － | － | 80 | 180 | 122 | － | － | 54 | 180 | 120 |
| 4月 | － | － | 84 | 122 | 123 | － | － | 60 | 122 | 120 |
| 5月 | － | － | 16 | 130 | 124 | － | － | 16 | 122 | 124 |
| 6月 | － | － | 0 | 125 | 180 | － | － | 0 | 116 | 180 |
| 7月 | － | － | 32 | 123 | 173 | － | － | 26 | 120 | 164 |
| 8月 | － | － | 102 | 118 | 176 | － | － | 92 | 118 | 192 |
| 9月 | － | － | 102 | 120 | 168 | － | － | 68 | 120 | 158 |
| 10月 | － | － | 108 | 124 | 164 | － | － | 82 | 124 | 168 |
| 11月 | － | － | 102 | 122 | 184 | － | － | 68 | 122 | 146 |
| 12月 | － | － | 106 | 124 | － | － | － | 78 | 124 | － |
| 小計 | 171 | 482 | 906 | 1550 | 1704 | － | － | 666 | 1552 | 1656 |
| 總計 | 4813 | | | | | 3874 | | | | |

資料來源：金門縣港務處
統計時間至 2005 年 11 月
附註：2001 年、2002 年因航次不固定，相關單位未建立每月詳細資料

表2 2001～2004 年金廈「小三通」往來人數統計表

| | 台灣方面（人次）(金門－廈門) | | | | 大陸方面（人次）(廈門－金門) | | | |
|---|---|---|---|---|---|---|---|---|
| | 2001年 | 2002年 | 2003年 | 2004年 | 2001年 | 2002年 | 2003年 | 2004年 |
| 1 月 | 180 | 593 | 3,664 | 11,515 | 0 | 84 | 87 | 361 |
| 2 月 | 203 | 575 | 8,018 | 9,981 | 91 | 26 | 58 | 1,304 |
| 3 月 | 1,015 | 1,081 | 6,728 | 13,026 | 0 | 15 | 42 | 871 |
| 4 月 | 538 | 2,037 | 4,940 | 15,241 | 70 | 59 | 117 | 985 |
| 5 月 | 752 | 2,344 | 839 | 15,867 | 1 | 112 | 223 | 780 |
| 6 月 | 1,195 | 1,466 | 0 | 16,667 | 5 | 218 | 0 | 748 |
| 7 月 | 1,244 | 4,249 | 3,205 | 21,445 | 129 | 95 | 16 | 673 |
| 8 月 | 756 | 1,823 | 9,850 | 17,798 | 183 | 69 | 539 | 1,011 |
| 9 月 | 1,049 | 1,849 | 10,051 | 16,402 | 34 | 64 | 508 | 731 |
| 10 月 | 1,044 | 3,804 | 11,111 | 19,776 | 60 | 129 | 457 | 1,004 |
| 11 月 | 1,102 | 2,901 | 10,331 | 18,759 | 183 | 140 | 500 | 565 |
| 12 月 | 692 | 3,429 | 10,045 | 18,840 | 195 | 28 | 389 | 832 |
| 小計 | 9,738 | 26,151 | 78,782 | 195,317 | 951 *(411) | 1,039 *(118) | 2,936 *(2,486) | 9,865 *(6,577) |
| 總計 | 309,988 | | | | 14,791（9,574) | | | |

* （ ）內數字為大陸人民赴金門進行社會交流（含大陸配偶、探親、探病、團聚）人數。
資料來源：行政院大陸委員會
統計時間至 2004 年 12 月 31 日

表 3　2005 年 1 月至 10 月金廈「小三通」往來人數統計表

| | 大陸地區人民申請進入金門地區件數 | | | 出境查驗 | | | | 入境查驗 | | | |
|---|---|---|---|---|---|---|---|---|---|---|---|
| | 第一類〈學術、宗教等〉 | 第二類〈旅行〉 | 團聚、居留、定居、延期等 | 航次 | 台灣地區人民 | 大陸地區人民 | 總人數 | 航次 | 台灣地區人民 | 大陸地區人民 | 總人數 |
| 1 月 | 153 | 194 | 74 | 124 | 17755 | 1321 | 19076 | 124 | 18400 | 846 | 19246 |
| 2 月 | 118 | 37 | 115 | 161 | 22544 | 1527 | 24071 | 161 | 18978 | 996 | 19974 |
| 3 月 | 144 | 276 | 98 | 121 | 18564 | 1026 | 19590 | 120 | 19250 | 1569 | 20819 |
| 4 月 | 108 | 201 | 106 | 122 | 21197 | 1856 | 23053 | 120 | 23343 | 882 | 24225 |
| 5 月 | 182 | 247 | 111 | 125 | 21419 | 1194 | 22613 | 125 | 21180 | 814 | 21994 |
| 6 月 | 141 | 343 | 91 | 180 | 19394 | 981 | 20375 | 180 | 18975 | 1033 | 20008 |
| 7 月 | 118 | 322 | 114 | 169 | 24316 | 1561 | 25877 | 167 | 23517 | 1421 | 24938 |
| 8 月 | 153 | 508 | 110 | 174 | 20190 | 1379 | 21569 | 173 | 21025 | 1416 | 22441 |
| 9 月 | 93 | 359 | 94 | 163 | 21162 | 1402 | 22564 | 163 | 20531 | 1463 | 21994 |
| 10 月 | 269 | 226 | 104 | 166 | 20981 | 1011 | 21992 | 166 | 20940 | 1140 | 22080 |
| 合計 | 1479 | 2713 | 1017 | 1505 | 207522 | 13258 | 220800 | 1665 | 206139 | 11580 | 217719 |

資料來源：1）內政部警政署出入境管理局金門服務站 2005 年工作報告
　　　　　2）金門縣港務處

　　儘管兩岸「小三通」自從實施以來，其成效並未如預期，然而近年來中國大陸經濟高度成長，對於台灣的經濟發展定會產生鉅大的影響，台灣的經濟已無法自外於大陸的廣大市場；而台灣的技術、經驗、資金與管理能力，對於大陸邁向市場經濟之路又可扮演重要的推手。海峽兩岸本來就有密不可分與互補的經貿關係，如果能進一步整合，不僅可以達到經濟整合的效益，又可緩和兩岸的關係。[30]「小三通」的實踐，提供了兩岸良好的互動基礎和經驗，尤其金門與廈門在兩岸的交流中有其緊密的歷史、地理等關係，「小三通」實施之後，台灣與大陸地區的的人員往來、文化交流和經濟貿易更加頻繁，金廈直航的雙方互動模式與航班往返、通關、檢疫等經驗，對未來兩岸全面通航具有相當的參考價值。[31]另一方面，大陸實業界對於金廈「小三通」的態度相當積極，且寄予甚高的期望。例如廈門市貿易發展委員會、廈門國貿集團、中國貿易促進會廈門分會等，對於如何擴展對金門、台灣的貿易，不僅已付諸行動，而且還進行長遠的規劃和部署。以實質內容為例，根據金廈之間主要的貿易公司——「廈門國際貿易集團」的估計，金廈間每個月的貿易數量保守估計約在四萬噸左右，將來若雙邊貿易正常化，預估貿易量可高達六到八萬噸，[32]足見「小三通」若能進一步開放和妥善規劃，對於未來金廈之間的經濟效益定會有正面的意義。

---

[30] 童振源，〈兩岸經濟整合與台灣的國家安全顧慮〉，《遠景基金會季刊》，第 4 卷第 3 期，2003 年 7 月，頁 54-55。

[31] 蔡承旺，〈金門在兩岸經濟整合中的角色與地位〉，《台灣研究的基礎與前沿學術研討會論文集》，廈門大學台灣研究院，頁 356-362。

[32] 高長，〈實地考察研究發現為小三通一年算總帳〉，《投資中國》，2002 年 4 月，頁 8-19。

# 伍、結　論

　　兩岸「小三通」實施多年來，兩地普遍反應諸多問題存在。有的屬於金門基礎建設方面的問題，例如碼頭設施與交通問題等；更為重大的則必須透過兩岸政府協商才能處理，例如貨物中轉與擴大開放人員進出等法制面的問題，均有待雙方進一步磋商解決。本研究擬就尚待改進而得以轉化為法律層面的政策上，歸納以下幾點建議，提供參考：

1. 建立協商機制：兩岸關係受制於九八年後情勢之演變，雙方溝通管道幾近堵塞，協商無門，致使「小三通」政策擬定之初只得壓縮到「除罪化」及「可操之在我」的部份，結果造成通航雙邊事務性作業不能調合，人員往來以金門入廈門單向為主，並受制於大陸逐案專案的核准，從此更衍生出金門資金呈現單向傾斜的風險，另外，岸際小額貿易的大規模走私仍然嚴重，市場混亂，大陸　次商品充斥，正常商貿更加困難。

2. 政策之明朗化：「小三通」政策對於「邊貿合作」的具體內涵及措施，如經貿人員往來、商品輸出規定、雙邊商業管理、資金及技術引進、關稅優免等未見提出，導致民間業界投資裹足不前。

3. 強化對應配套措施：由於對兩岸商貿的行為規範架構的認知差異及對應配套措施不足，致使對既存地下經濟行為，非但未能導入正常規範，更因政策鬆綁的誤導而加速氾濫，並擴大失序態勢。

4. 試行複委託制：小三通並沒有經由兩岸協商，僅僅依靠兩地民間機構維持溝通，處理發生糾紛或突發事件的公信力十分有限，而目前台灣方面雖已建立「複委託協商機制」，但短期內仍將面臨委託團體的選擇、利益迴避問題的爭論、專業能力的質疑、公權力的展示，以及台灣內部共識的困擾，因此選擇「小三通」衍生相關議題作為「複委託協商機制」的試金石，應屬適當。

5. 加速政策鬆綁：小三通人數去年呈現倍數成長達卅萬人，比較台商透過港澳轉機進入中國與小三通兩者之間，每名經由小三通往返的旅客約可省下一萬多元交通費，這對長年往返兩岸的台商來說，累積的差額十分可觀，顯然民眾利用小三通往返兩岸確有需要，且應考慮先從簡化小三通的申請手續著手，逐步鬆綁小三通。另外還有碼頭設備和行李直掛等問題[33]，都是民眾期待迅速解決的優先項目。

6. 擴大小三通參與對象：除了自始即備受詬病的金門籍原住民住居設籍需滿六個月的規定外，既然小三通的開放帶有促進金門經濟發展的任務，則如果依照原先適用小三通中轉只限定政府部門合法登記的福建台商，那表示不到十分之一的台商可以享用小三通，不但一般的觀光客無緣利用，大多數的台商也無法適用。

7. 創造經貿與觀光資源：就金門民眾而言，小三通的真正誘因是以金門作為兩岸經貿的中轉站，亦即以中轉站來合法取得兩岸間價格差距的貿易利得，惟目前的小三通規範尚

---

[33] 資料來源：雅虎奇摩網站，http://tw.news.yahoo.com/050614/43/1y4dw.html，2004 年 8 月 30 日。

不允許財貨直接由金門中轉台灣，而經特案核准中轉者也每都造成時間的延宕，再回顧當初實施小三通的目標之一是希望藉由小三通開放大陸人士到金門投資與旅遊，結果卻是金門人單向往大陸投資與旅遊，顯見小三通在配套措施上確有缺失。就此，未來相關的配套措施除基礎設施的加強、人員往來的管制、貨物通關的檢驗，更應擴充及於金融業務往來與直接通匯等等。

8. 邊境貿易機制的規劃：現實上除了兩岸當局政策外，金門地區與對岸大陸已是無所不通，也因此金馬離島政府和居民，現階段都寄希望於以邊區貿易為出發點，逐漸把金門地區與大陸廈門地區，變成是一個和平發展的區域，而在另一方面，也希望中央政府透過採取邊境貿易的意見和規劃，把這些已經或應該通的部分合法化。

（本文發表於「2005 兩岸政經發展」學術研討會，
中國大陸研究學會主辦，2005 年 12 月）

# 「小三通」後金門在建構金廈旅遊圈之角色研析

## 壹、前言

　　金門與廈門在隔絕了五十餘年後，於 2001 年 1 月 1 日重新啟動「小三通」（亦即「金廈直航」），也開啟了兩岸交流的新紀元，不僅使得兩岸關係更向前邁進一步，更是日後雙方走向和解的重要指標。隨著兩岸逐漸擴大民間交流，金門自 1949 年海峽兩岸分治以來，所被賦予的戰地角色也就不具意義，其歷史角色與地位也隨之轉變，代之而起的是金門在解除戰地政務之後，面對兩岸交流愈趨頻繁，在實施「小三通」政策之後，金門遂成為兩岸人員與貨物往來的首開門戶。儘管這些轉變是漸進式的，但是就兩岸的互動關係來看，卻具有重要而正面的意義。

　　小三通實施以來，金門與廈門經貿往來愈來愈頻繁，民間交往也愈熱絡，不少金門民眾蜂擁前往大陸購屋置產、探親旅遊，估計每年「錢進大陸」的金門資金高達上億元新台幣，金門民眾並到大陸銀行開戶，根據估計，目前在大陸開戶之金門民眾人數至少有三千人以上。小三通雖然在金門民眾殷切期盼中誕生，但近年來小三通後的經濟發展趨勢，有嚴重向大陸傾斜的現象，已

引起地方人士對金門經濟發展的憂慮。從小三通開始即規劃每日
開放 600 人進入金門觀光，但實施初期沒有任何團體以「觀光」
名義進入金門。直至 2004 年 1 月 7 日廈門航空集團員工一行 24
人，首次以觀光名義申請獲准成行，同年年底經金門地方人士全
力向大陸方面爭取，終於正式宣布開放大陸福建地區觀光團體赴
金門觀光，旋即在 2004 年 12 月 7 日大陸方面有三個團體正式抵達
金門觀光，開啟了小三通觀光交流嶄新的一頁，而金門在觀光旅遊
面對此一全新的契機，應積極尋求發展一可長可久的觀光旅遊策略。

　　2004 年台灣地區觀光年會在金門舉行，來自 25 縣市的觀光
旅遊社團代表聚集在莒光樓，並發布共同宣言明白指出開放兩岸
雙向觀光旅遊，可以增進人民情誼，化解對立岐見，喚起和平曙
光，並全面帶動台、澎、金、馬地區 25 縣市觀光旅遊事業榮景。
金廈由於歷史上同屬同安縣的行政區，所以兩門的百姓是血緣同
根、神緣同廟、語言同腔、文緣同源，加上五十餘年來政治隔閡
與軍事對立，金門與廈門彼此的感覺是既陌生又熟悉，大陸居民
對金門也充滿了好奇心，願意到金門旅遊的比例高達 63.7%。[1]因
此，兩岸雙向觀光最適合從金門、廈門開始，大陸居民到廈門旅
遊的旅客若延伸至金門旅遊，台灣到金門旅遊之旅客也可進入廈
門旅遊，「金廈旅遊圈」隱然成型。以金門與福建東南沿海的地
緣經濟關係而言，「金廈旅遊圈」極具開發之潛力，[2]未來金廈

---

[1]　參閱陳建民、張皆欣、李能慧，〈大陸居民對金門觀光資源形象之研究——
　　以廈門旅遊之大陸居民為調查對象〉，發表於「二十一世紀產業發展」研討
　　會，2003 年 10 月，國立高雄應用科技大學主辦。

[2]　王鴻凱等，〈金門觀光發展之願景與計畫〉，發表於「金門觀光發展」研討會，
　　2002 年，金門縣政府主辦。

旅遊可以發展成為大陸內地及台灣地區的旅遊線，雖然目前大三通尚未實施，金門亦逐漸成為台灣與大陸人員轉運之樞紐，在大陸正式開放旅客到金門觀光，金門旅遊的市場勢將產生鉅大的轉變，大陸旅客或可取代台灣旅客成為金門旅遊的主要客源。本研究著眼於此，針對金廈旅遊交流之過程與現況、金門在金廈「小三通」後之轉型、金門觀光競爭力等方面逐一剖析，藉以闡明金門在建構未來「金廈旅遊圈」之角色。

# 貳、金廈旅遊交流之過程與現況

## 一、交流背景

「小三通」是指台灣的金門、馬祖與大陸地區直接進行通郵、通航和通商，[3]依據台灣方面在 2000 年 12 月 15 日所公布的「試辦金門馬祖與大陸地區通航實施辦法」，小三通的開放內容包括：航運、人員往來、商品貿易、通匯、檢疫、軍艦。目前小三通的範圍主要包含二個項目：一是讓金門、馬祖民眾與大陸地區進行合法的直接經貿交流；二是在有效控管風險及採取完善配套措施的前提下，有限度開放大陸地區船舶、貨品及人員進入金馬地區。「試辦金門馬祖與大陸地區通航實施辦法」第 12 條之規定大陸地區人民有下列情形之一者，得申請許可入出金門、馬祖：

---

[3] Yan, Jiann-fa. "On the "Small Three Links": A View of National Security," 〈http://www.dsis.org.tw/peace.htm〉.

1. 探親：其父母、配偶或子女在金門、馬祖設有戶籍者。
2. 探病、奔喪：其二親等內血親、繼父母、配偶之父母、配偶或子女之配偶在金門、馬祖設有戶籍，因患重病或受重傷，而有生命危險，或年逾 60 歲，患重病或受重傷，或死亡未滿一年者。但奔喪得不受設有戶籍之限制。
3. 返鄉探視：在金門、馬祖出生者及其隨行之配偶、子女。
4. 商務活動：大陸地區福建之公司或其他商業負責人。
5. 學術活動：在大陸地區福建之各級學校職員生。
6. 宗教、文化、體育活動：在大陸地區福建具有專業造詣或能力者。
7. 交流活動：經內政部警政署入出境管理局會同相關目的事業主管機關專案核准者。
8. 旅行：經交通部觀光局許可，在金門、馬祖營業之綜合或甲種旅行社代申請者。

　　有關前述旅行業務又另規定應組團辦理，每團人數限 10 人以上 25 人以下，整團同時入出，不足 10 人之團體不予許可，並禁止入境。另大陸地區人民於金門、馬祖海域，因突發之緊急事故，得申請救助進入金門、馬祖避難。且依前述各項規定申請者，其停留地點以金門、馬祖為限。

　　綜觀經由金廈直航達成兩岸旅遊交流之重要相關規定，其主要內涵如下：[4]

---

[4] 范世平，〈大陸開放民眾赴金馬地區旅遊之影響〉，《展望與探索》，第 2 卷第 11 期，2004 年 11 月。

（1）以組團方式團進團出

　　大陸民眾前來金馬旅遊必須是組團辦理，每團人數限 10 人以上 25 人以下，整團同時入出，不足 10 人之團體不予許可，並禁止入境。

（2）經由金馬地區旅行社代為申請

　　大陸觀光客必須經台灣方面交通部觀光局許可，在金門、馬祖營業之綜合或甲種旅行社代為申請。另根據第 13 條規定，代申請之綜合或甲種旅行社應備申請書及團體名冊，向服務站申請進入金門、馬祖，並由負責人擔任保證人。

（3）停留時間有所放寬

　　第 14 條規定，申請經許可者發給往來金門、馬祖「旅行證」，有效期間自核發日起 15 日或 30 日，由當事人持憑連同大陸居民身分證或其他足資證明居民身分之文件，經服務站查驗後進入金門、馬祖。若以旅行事由進入金門、馬祖者，停留期間自入境之次日起不得逾 2 日；但根據「試辦金門馬祖與大陸地區通航人員入出境作業規定」與「大陸地區人民申請進入金門馬祖送件須知」，對於停留時間有所放寬，其中赴金門與馬祖旅行停留時間最多為三天兩夜，每日許可人數金門為 600 人，馬祖為 40 人；另申請旅行者（簡稱為第二類），其申請工作天數為六天。

　　雖然在上述辦法中明確訂定大陸人士可來金門旅行，但是自從「小三通」試辦三年多以後，一直未真正開放從事旅遊活動，大陸人士 2001 年有 951 人來金，2002 年有 1,039 人來金，2003 年有 2,936 人來金，2004 年有 9,865 人來金，其中含大陸配偶、探親、探病、團聚……等。在 2003 年 11 月及 12 月曾申請旅行

件 114 件，2004 年初申請旅行件 123 件，隨後因雙方政策未協商好又暫停。

　　從上述可知，台灣方面早已完成大陸民眾前來金馬旅遊之相關配套法令，只待兩岸協商完後即可開放，然而由於兩岸對於「一個中國」的看法迥異，大陸當時堅持必須在「體現一國內部事務」的原則下商談，而台灣方面則不表認同，因此談判無法開展。例如：中共國台辦副主任王在希即明確指出，中國如果是別國，兩岸三通就無法推動[5]；以及國台辦發言人李維一亦表示，兩岸航線絕對不能做為「國與國」之間的事務來處理等[6]，由此可以瞭解大陸方面始終堅持只有在「一中」原則的基礎上，不論是春節包機或是兩岸三通直航才能有進一步互動的可能。在此情況之下，使得雖然金馬地區廣開大門但真正前來旅遊者數量甚少。而台灣方面也在始終堅持「可操之在我」的前提下，小三通由台灣片面開放，並未積極與大陸方面進行磋商。直至 2004 年 9 月 24 日，福建省副省長王美香和金門方面說明將開放福建地區居民赴金門旅遊，雙方面的交流再露曙光，在金馬地區人士的大力奔走下，大陸方面終於改變過去以來對於小三通的拒絕態度，轉而同意開放福建地區民眾前來金馬地區旅遊，而大陸方面主動開放福建省與金、馬交流，即有「一個中國」的意涵。有關雙方進一步開放旅遊交流的背景和過程如下：

1. 2002 年 9 月 4 日至 9 日，當時為中共國務院副總理的錢其琛到福建省考察時表示，要進一步推動大陸居民赴台旅遊，可同意福建省先行試辦大陸居民赴金門旅遊。他說：

---

[5]　《聯合報》（台北），2004 年 11 月 17 日，第 A13 版。

[6]　《聯合報》（台北），2004 年 11 月 18 日，第 A13 版。

　　「旅遊你們可以考慮，你們那裡願意到台灣旅遊的人不少，特別是閩南地區的，願意去看看，我看也可以搞，先到金門看看，以後更多的就往前移。」[7]

2. 2003 年 2 月 14 至 16 日，錢其琛再度到福建考察，在聽取福建省工作匯報時指出：「還有一部分台胞、台商坐福建的船到金門，這個做法也是好的，可以成為一個口子了。福建比較特殊，要充分利用這個口子，鬆一點問題不大，總的要有突破。有些特殊的情況，允許先開一個口子，人來往多了，慢慢就形成了新辦法，然後再慢慢修改。你們與金門關係不錯，要讓台胞感覺大陸方便。規定，是針對所有口岸，要修改規定難。福建可以鬆一點、靈活一點，但不可能一切都事先設想好，只要做起來，慢慢就會有突破。」[8]

3. 2004 年 6 月 17 日，廈門市副市長葉重耕經由「小三通」途徑，前往金門考察交流，並在「廈金旅遊座談會」中表示，透過這幾年來金廈雙方在旅遊互動探索，期望能儘快開通廈金旅遊，以共同創造互利互贏，造福兩岸的人民。隨行的廈門市旅遊局副局長林世超也表示，金廈加強兩門旅遊合作，雙方都有強烈意願。金門縣旅遊發展協會也肯定金廈透過不斷的接觸和了解，在旅遊開通後能助益雙方共生共榮，並期盼大陸觀光客早日能延伸到金門，讓金門

---

[7]　林長華、趙玉榕，〈廈門在建設東南沿海中心城市中金門所扮演的角色分析〉，《廈門涉台調研課題匯編》（廈門：廈門市人民政府台灣事務辦公室，2004 年 1 月），頁 93。

[8]　同前註，頁 92。

有最大的受益，並由兩岸旅遊串連，有助推廣國際旅遊的
通路。[9]

4. 2004 年 9 月 24 日，大陸福建省副省長王美香在國台辦交
流局局長戴肖峰與國家旅遊局旅遊促進與國際連絡司司
長沈蕙蓉的陪同下，首度宣布將儘快實施開放福建地區居
民到金門、馬祖旅遊。同年 10 月 26 日王美香在會見馬祖
經貿文化交流聯誼會理事長陳雪生時再度表示，福建將於
2004 年年底前開放居民赴金門、馬祖旅遊，使得兩岸旅遊
交流邁出了重要的一步。[10]

5. 2004 年 9 月 29 日國台辦發言人李維一也表示，將支持有
關方面積極來推動開放福建省居民赴金門、馬祖旅遊之政
策，同時廈門方面已積極進行整合[11]。

6. 2004 年 11 月 10 日，金門縣旅遊發展協會暨各產業界代表
（旅行社聯誼會、優良飯店聯誼會、餐飲業者、遊覽車公
會、特產業者聯誼會、解說人員協會等）前往福州，與福
建省金馬澎分會及大陸方面相關團體開會，進一步確定大
陸福建地區居民來金旅遊日程，並於 2004 年 12 月 7 日正
式首發旅行團來金旅遊。

---

[9]　〈金廈雙向旅遊露出一線曙光〉，《金門日報》，2004 年 6 月 19 日，第 2 版。

[10]　參閱 http://tw.news.yahoo.com/041026/43/13n5l.html。

[11]　參閱 http://tw.news.yahoo.com/041024/43/13g7d.html。

## 二、實施現況

　　「小三通」實施以來，金廈兩地人員往返頻繁，自 2001 年 1 月 1 日起迄 2003 年 12 月 31 日止，金廈通航計 2,092 航次，計出境 1,072 航次，入境 1,020 航次。[12]另根據台灣方面行政院大陸委員會統計金廈小三通往來人數顯示，自 2001 年 1 月起至 2004 年 12 月止，台灣人民從金門前往廈門的人數（含台商中轉）為 309,988 人次；大陸人民從廈門到金門的人數（含社會交流或其他非以「旅遊」為目的之交流活動）為 14,791 人次，其中進行社會交流（含大陸配偶、探親、探病、團聚）人數為 9,574 人次（詳如表 1）。由此資料顯示，「小三通」推行以來，大陸人民來金人數，相較於我方人民赴廈的人數，呈現「向大陸傾斜」的現象，落差甚大。在民眾的感受方面，根據台北銘傳大學國發所所做的民調指出，小三通試辦至今已屆滿四年，台商對於小三通試辦的滿意度高達 75.7 分，但金門民眾的滿意度卻創下新低，2002 年滿意度為 58.6 分，2003 年滿意度為 56.6 分，呈現逐年降低的趨勢，而 2004 年更只有 50.5 分，創下新低。[13]不過台商方面則有九成八認為，金門有條件取代港澳成為進出大陸的門戶，也願意繼續利用小三通進行中轉。但是水頭碼頭相關設施不足，台金航線班次不夠，金廈船班不足，以及免稅商店尚未設立等因素是小三通應改善的地方。[14]

---

[12] 參閱內政部警政署入出境管理局，《金門服務站工作報告》（2001～2003）。
[13] 參閱《金門日報》，2005 年 1 月 13 日，http://web2.kinmen.gov.tw/eNews/index/eNews.aspx。
[14] 同前註。

　　在觀光旅遊方面，「小三通」實施之後，興起了一股金廈旅遊樂潮。由於廈門商品種類比金門豐富，物價亦遠低於金門，金門居民可經常透過「小三通」管道到廈門或內地旅遊、購物。而在大陸開放民眾赴金門旅遊之前，廈門海上看金門卻一直是廈門旅遊的極佳賣點，對於廈門旅遊業的發展多所裨益。[15]在大陸方面進一步開放福建地區人民經由金廈直航到金門旅遊之後，雖然依相關規定可核准每日 700 人為上限[16]入境，但是實施以來，並未出現大陸旅客明顯增加的現象。根據統計，2005 年 1～5 月份，兩岸小三通在出境方面計有 653 航次，往來之總人數為 108,403 人，其中台灣地區人民（含金門民眾）前往大陸者為 101,479 人，大陸人民從金門經小三通返大陸者計有 6,924 人；在入境方面共有 650 航次，總人數為 106,258 人，其中台灣地區人民（含金門民眾）從大陸經小三通返回者為 101,151 人，大陸人民前往金門者計有 5,107 人。此外，從申請收件方面分析，2005 年 1～5 月份大陸地區人民申請進入金門地區共有 2,163 件，其中申請第一類者（學術、宗教）為 705 件、第二類（旅行）為 954 件[17]、第三類（團聚、居留、定居等）為 504 件。由此觀之，申請以旅遊名義前來金門者僅 954 人，尚有很大的成長空間（詳如附表 2）。

---

[15] 林勁、張敦財、王茹，〈拓展廈金直航，推動兩岸全面「三通」的實踐性分析〉，《廈門大學學報》，2002 年 8 月 7 日，頁 3-5。

[16] 其中以觀光為名義者每日上限為 600 人，其餘以學術、宗教等名義者上限為 100 人。

[17] 經由旅行社申請之情況常為一件多人。

表 1　2001～2004 年金廈「小三通」往來人數統計表

| | 台灣方面（人次）<br>（金門－廈門） | | | | 大陸方面（人次）<br>（廈門－金門） | | | |
|---|---|---|---|---|---|---|---|---|
| | 2001<br>年 | 2002<br>年 | 2003<br>年 | 2004<br>年 | 2001<br>年 | 2002<br>年 | 2003<br>年 | 2004<br>年 |
| 1 月 | 180 | 593 | 3,664 | 11,515 | 0 | 84 | 87 | 361 |
| 2 月 | 203 | 575 | 8,018 | 9,981 | 91 | 26 | 58 | 1,304 |
| 3 月 | 1,015 | 1,081 | 6,728 | 13,026 | 0 | 15 | 42 | 871 |
| 4 月 | 538 | 2,037 | 4,940 | 15,241 | 70 | 59 | 117 | 985 |
| 5 月 | 752 | 2,344 | 839 | 15,867 | 1 | 112 | 223 | 780 |
| 6 月 | 1,195 | 1,466 | 0 | 16,667 | 5 | 218 | 0 | 748 |
| 7 月 | 1,244 | 4,249 | 3,205 | 21,445 | 129 | 95 | 16 | 673 |
| 8 月 | 756 | 1,823 | 9,850 | 17,798 | 183 | 69 | 539 | 1,011 |
| 9 月 | 1,049 | 1,849 | 10,051 | 16,402 | 34 | 64 | 508 | 731 |
| 10 月 | 1,044 | 3,804 | 11,111 | 19,776 | 60 | 129 | 457 | 1,004 |
| 11 月 | 1,102 | 2,901 | 10,331 | 18,759 | 183 | 140 | 500 | 565 |
| 12 月 | 692 | 3,429 | 10,045 | 18,840 | 195 | 28 | 389 | 832 |
| 小計 | 9,738 | 26,151 | 78,782 | 195,317 | 951 *<br>（411） | 1,039 *<br>（118） | 2,936 *<br>（2,486） | 9,865 *<br>（6,577） |
| 總計 | 309,988 | | | | 14,791（9,574） | | | |

\* （）內數字為大陸人民赴金門進行社會交流（含大陸配偶、探親、探病、團
　聚）人數。

資料來源：行政院大陸委員會

統計時間至 2004 年 12 月 31 日

表 2　2005 年金廈「小三通」往來人數統計表

| 工作項目 / 2005 年 | 大陸地區人民申請進入金門地區收件 | | | 出境查驗 | | | | 入境查驗 | | | |
|---|---|---|---|---|---|---|---|---|---|---|---|
| | 第一類(學術、宗教等) | 第二類(旅行) | 團聚、居留、定居、延期等 | 航次 | 台灣地區人民 | 大陸地區人民 | 總人數 | 航次 | 台灣地區人民 | 大陸地區人民 | 總人數 |
| 1 月 | 153 | 193 | 74 | 124 | 17,755 | 1,321 | 19,076 | 124 | 18,400 | 846 | 19,246 |
| 2 月 | 118 | 37 | 115 | 161 | 22,544 | 1,527 | 24,071 | 161 | 18,978 | 996 | 19,974 |
| 3 月 | 144 | 276 | 98 | 121 | 18,564 | 1,026 | 19,590 | 120 | 19,250 | 1569 | 20,819 |
| 4 月 | 108 | 201 | 106 | 122 | 21,197 | 1,856 | 23,053 | 120 | 23,343 | 882 | 24,225 |
| 5 月 | 182 | 247 | 111 | 125 | 21,419 | 1,194 | 22,613 | 125 | 21,180 | 814 | 21,994 |
| 合計 | 705 | 954 | 504 | 653 | 101,479 | 6,924 | 108,403 | 650 | 101,151 | 5,107 | 106,258 |

資料來源：內政部警政署入出境管理局金門服務站 2005 年工作報告

# 參、金門在「金廈直航」後之角色定位

## 一、金門戰地角色的變遷

在歷史上，金門歷經了古寧頭戰役與兩次台海危機，塑造了其在兩岸關係發展過程中戰地的角色，也正是因為如此，金門長久以來的歷史定位，向來都不是以經濟為取向。金廈小三通，就目前而言，其政治上的象徵意義，應要高於實質上的經濟效益。[18]

---

[18] 羅德水，〈盼以金門戰地，作為和平起點〉，《中國時報》（台北），1996 年 3

現在金門的基礎建設和軟硬體設備，在實施小三通之後更顯得匱乏不足，但是自從實施之後，對於兩岸緊張情勢的和緩，產生了正面的意義，這是不爭的事實。

由於金門特殊的歷史經驗，以及夾處於兩岸之間的地理位置，使得金門長期以來被形塑成軍事化的戰地角色。兩岸目前所要關切的應該是如何營造一個相對和平穩建的兩岸關係，以爭取較長時期的和平來換取兩岸問題朝向有利雙方發展的方向。因此制度上的任何設計，只要是符合地方需求與國家總體利益的，甚且是有助於兩岸緊張情勢和緩的，都是可以嘗試的。兩岸目前對於大三通仍欠缺具體的共識之前，「小三通」遂成了高度的政治性象徵意義。其所代表的意義是台灣方面主動釋出的善意，而對金門而言，長期的軍事管制與軍政措施讓金門經濟嚴重落後，「小三通」的實施，不僅可使金門對照廈門成為和平示範區；更可把行之有年、地下化的小額貿易行為納入合法的規範，凡此皆代表著無比的政治意涵。自此，金門已然擺脫純粹軍事化的角色，而成為兩岸直接交流的和平示範區。金門在實施「小三通」之後，由於地緣優勢與高度的政治象徵意義，在兩岸局勢尚不十分明朗之時，適可扮演和平「緩衝區」的角色。

## 二、金門在金廈交流之定位

在兩岸「小三通」方興未艾之際，大陸方面雖然有意接受金門和廈門成為兩岸「小三通」的試行點，吾人以為金門更應把握

此契機，因為廈門經濟特區具有極優良的經濟條件。廈門經濟特區是 1980 年在鄧小平特區建設思想指導下所創辦，並在 1984 年提出實行自由港的政策。目前廈門在產業結構方面，一、二、三級產業已由 1985 年的 22：37：41 調整到一九九八年的 4：59：37。農業生產以發展高附加價值的作物為主，共有耕地四十二萬畝，並擁有豐富的漁產資源；在製造業主要以電子、機械、化工、紡織、食品、建材為主；在旅遊業方面，1997 年共有 38 萬餘外國人、華僑和港澳、台灣人民至廈門觀光。[19]

　　此外，廈門經濟特區在 1985 年 6 月國務院所通過的廈門特區實施方案中，已將之定位為落實鄧小平「一國兩制」構想的示範區域。在吸引外人投資方面，確立了「以僑引台、以港引台、以台引台、以外引台」的引資方針。大陸的國務院經貿部及交通部亦在 1996 年相繼公布了「台灣海峽兩岸間貨物運輸代理業務管理辦法」以及「台灣海峽兩岸航運管理辦法」，確定廈門為大陸對台的直航試點。截至 1999 年 6 月止，台商在廈門的投資總額為 35.5 億美元，台商人數約有 4 萬人；十多年來入出廈門口岸的台胞估計已累計達兩百多萬人次；而大陸各地在廈門設立以開展對台經貿工作為主的機構已達兩千多家，使廈門成為兩岸經濟文化交流最密切的地區。[20]職是之故，從區域經濟的角度來看，「小三通」之後，金門地區的發展勢必與廈門愈來愈密切。廈門經濟特區經過二十幾年來的建設和改革，不論是投資環境、基礎建設和各級產業都有相當的規模和成就，金門未來的發展在「小

---

[19] 李金振等，《金門設立特別行政區可行性之評估》（台北：行政院研究發展考核委員會編印，2002 年 6 月），頁 60。

[20] 同前註，頁 61。

三通」之後，可藉助結合廈門之現有資源與規模以獲致最有效的利益。

　　基於金門和廈門的基本條件、區域人口特性、地理區位、相關基礎設施及對外競爭特性，金門結合既有之「廈門經濟特區」，共同促進兩岸經貿交流與發展乃是今後思考的方向。廈門與金門語言相同，習俗相通，在東南沿海地區具有獨特的優勢。舉其要者為：一、在兩岸大三通之前，金廈直航是一條新通道，可擴大其在兩岸之間的功能；二、廈門是一深水海港城市，可以為推動兩岸直接三通盡早實現做出貢獻；三、廈門市每年9月8日都會舉辦國際性招商會展，特別是對台經貿洽商。因此，廈門是大陸開展對台經貿活動的平台以及加強兩岸經貿合作的橋樑；四、廈門市是閩南地區的中心，可以開展以閩南特色為主的對台民間工作，增進兩岸民眾的情誼。[21]此外，金門與廈門距離相近，可整合成相同的經濟實體，利於進行整合規劃發展。不過，與金門相較，廈門經濟體較為龐大，都市相對規模差異較大，人口差距亦甚多，且金門基礎建設不足，小三通作業未全面發揮效益，兩岸協商談判尚未有效建立，實質交流效益尚需推展，凡此皆是兩地合作較為不利的因素。所幸金廈直航帶來的旅遊便利，進而促進台商往返頻繁的利基，台商快速來往兩岸之間，形成資源互補，未來可透過兩岸有條件試辦金廈地區經濟合作，以作為評估三通的基礎。

---

[21] 此為中共廈門市委書記在 2003 年 5 月向省委調研組匯報時，認為廈門在對台工作時，比起其他市所具有之優勢。參閱林長華、趙玉榕，〈廈門在建設東南沿海中心城市中金門所扮演之角色分析〉，《廈門涉台調研課題匯編》，前揭書，頁 82。

　　揆諸以上之優劣勢分析，可知金門在推動經濟特區用以配合廈門的經濟特區方面仍有許多條件亟待克服。而在所有的不利因素中，政策面乃是主導一切的關鍵，端賴兩岸政府未來的政策取向而定。以大陸方面的角度觀察之，大陸所企求的無非是兩岸儘早實施「大三通」，若能大三通，表示兩岸對於國家的認同已有相當的共識，且在政策上已確定廈門為大陸對台灣的直航試點，此對於金廈間進一步的經濟交流，甚至支持金廈商圈較無問題。金門與大陸兩地開啟「小三通」對於金門而言，已逐步確立其在兩岸關係的地位，可建立在以經濟交流為主軸之架構中。依據歷史的經驗，在兩岸互動的洪流中，金門始終扮演著關鍵的角色與地位，若能以此契機作為金門之新定位與新角色，化軍事對抗為經濟交流，繼而對催化台海兩岸當有實質的裨益和效果。

# 肆、金門觀光競爭力分析

　　金門縣雖隸屬於福建省，但在政權和自治權等各方面皆由台灣所管轄，位於福建東南沿海的九龍江口外，在 1992 年 11 月解除戰地政務；1993 年 2 月開放觀光申請；1994 年 5 月起再解除觀光入境申請；1995 年 10 月成立金門國家公園，為一座維護歷史文化資產、戰役紀念為主，兼具自然保育的國家公園。由於金門天然資源缺乏以及地理環境的限制，加上長年軍管，各項政經建設停滯不前，雖然自 1993 年開放觀光以來，其間經歷戰地政務解除、「金門國家公園」成立、「金門地區綜合建設方案」的核定、及

「離島建設條例」的實施等措施，但對金門整體經濟發展並無產生重大的改變。小三通的推動，讓金門地區的民眾都期盼透過這項政策的落實，為地區經濟注入新的生命力，提振經濟的發展，同時也賦予金門地區發展金廈觀光共榮圈的一個全新的局面與轉機。

　　金門與廈門兩地「試辦通航」以來，對於金門民眾往來金廈兩地和對兩地的經濟發展，以及兩岸關係長遠發展，具有相當的效益。例如，航運方面金廈航線定期客船航班已啟動，目前有七家客輪業者加入營運行列；金門港因小三通政策的需要而具備與「國際化」接軌的機制，包括海關、檢疫、商檢、人員出入境查驗等機構；金門50餘年來的發展思維侷限於台灣，但在區位優勢事實及目前兩岸關係發展情勢已趨緊密下，金門直接與大陸交流與往來，讓金門提早接觸、熟悉大陸政經、社會環境、吸取交流經驗，有利於台灣發展兩岸關係之規劃及金門前途長遠發展之策劃。至於整個大陸市場是否可為金門帶來更大的商機？目前在廈門旅遊資源中，有一項非常重要且熱門的觀光景點「海上看金門」，若開放大陸當局將金門列入開放觀光區，則因大陸居民對金門充滿了好奇，必有大量旅客透過廈門旅遊到金門一睹金門神秘的色彩，金門的觀光資源將成為廈門旅遊圈重要的的一環，這對廈門旅遊是一項重大利基。2001年大陸境內的同胞到廈門旅遊的遊客高達600餘萬人次，境外旅客亦達60萬人次，這些境內或境外的旅客若有一定的比例願意到金門旅遊，同樣的將為金門帶來龐大的商機。

　　「觀光競爭力」係指某地相對其他地區或國家在吸引入境旅客方面可能呈現的優勢比較。因此，旅遊目的地予外界的整體印象，是遊客選擇該旅遊地點的一項重要依據。遊客對旅遊區掌握的資訊愈充分，若產生正面形象，則選擇該地從事旅遊的機會愈

大。[22]金門在各項觀光特有資源中，經調查發現「戰地色彩」、「金門風光」、「文物古蹟」、「治安交通」、「居民富人情味」等五項資源是旅客對金門觀光重要的意象，而這些觀光資源也能滿足旅客的期望。金門旅遊在與台灣旅遊競爭之下，較無競爭優勢的是「旅遊設施」、「導遊服務」等項，但是金門旅遊比起台灣旅遊在「古蹟文物」、「人情友善」等項具有絕對的競爭優勢。在旅遊成本上，金門旅遊尚無競爭優勢。以目前來金門的旅遊團而言，其團費均在成本邊緣，服務品質自然無法提升，若要以較低的價格提供競爭者相等的產品或服務，實屬困難。[23]

　　金門觀光資源是否能在大陸旅客心中建立一個獨特而受歡迎的形象？應該先深入瞭解大陸觀光客內心對金門的實際想法，透過旅遊前及旅遊後對金門特有觀光資源之吸引力與滿意度分析，以瞭解特有觀光資源的發展潛力（隱藏而未讓人知之資源）。藉由競爭態勢分析及資源潛力分析，以瞭解金門市場的本質，並擬定金門觀光市場發展競爭優勢之策略，不斷提昇旅遊品質，增進旅客滿意度，建立良好口碑，若有此良性循環，滿足好奇心的動機將在大陸廣大的市場上綿延不絕，金門觀光產業也能永續經營歷久不衰。經調查研究顯示，大陸居民認知的金門主要觀光資源，分別為「金門海島自然風光」、「戰爭遺蹟與設施」、「文物古蹟」、「民俗風情」等，而這四項金門的主要觀光資源，對大陸居民均具有一定的吸引力，其吸引力指數依次為「金門海

---

22　參閱梁國常，《遊客對風景遊憩區認知意象之研究——以陽明山國家公園為例》，國立台灣師範大學地理學系博士論文，2002 年。

23　林進財、陳建民、張皆欣，〈金門地區觀光競爭態勢之研究〉，《觀光研究學報》，第 8 卷第 2 期，2001 年，頁 151-176。

島自然風光」、「戰爭遺蹟與設施」、「民俗風情」、「文物古
蹟」。以此觀之，大陸居民認為來金門的主要目的是以觀賞「海
島自然風光」最具吸引力，相較於台灣遊客認為金門最具吸引力
的主要觀光資源為「戰爭遺蹟與戰爭設施」，有其不同的意義。
因為金門對台灣民眾而言是國共戰爭時期的最前線，金門在軍事
管制時期更是充滿了神秘的色彩，在兩岸幾次重大戰役中留下了
不少戰事史跡和遺址，對於台灣民眾極具吸引力；而金門對於大
陸居民而言，在國共戰爭時期互為敵對的一方，「戰爭遺蹟與戰
爭設施」對於大陸居民而言，具有較高的政治敏感度，因此對於
「海島自然風光」具有較高的憧憬。具體而言，大陸旅客選擇「從
海上看金門」的熱門賣點，不僅對於神祕的「金門海島自然風光」
有所滿足外，又能一窺戰爭時期隸屬不同政治體制的神祕金門，
凡此皆為金門相較於台灣的觀光競爭優勢。此外，大陸居民對金
門整體好感度為 40.9%，對金門的觀光資源認為有吸引力的為
52.6%，願意到金門旅遊的比例高達 63.7%，顯示有一部分的大
陸居民願意到金門旅遊並不是對金門有好感，或覺得金門的觀光
資源具有高度的吸引力，而是為了滿足好奇心。再比較上述各項
分析顯示，大陸居民願意參訪金門乃因金門隸屬不同的政治體制
產生的特殊屬性對其最具吸引力。如果金門觀光未能在實質觀光
資源提供更吸引人的服務，勢必將因一時開放，無法提供更好更
多質量的旅遊服務，將如同 1992 年金門解除戰地政務開放觀光，
台灣旅客蜂擁而至，因服務品質低落，觀光活動與設施不足，旋
即盛極而衰。[24]

---

[24] 參閱陳建民、張皆欣、李能慧，前揭文。

# 伍、結論

　　2000 年 12 月 5 日台灣方面通過「台灣地區與大陸地人民關係條例」修正案，其中第十六條增訂第一款「大陸地區人民申請來台從事商務觀光……」之規定，大幅放寬之前大陸地區人民來台的限制，並自 2001 年 1 月 1 日開始實施，開啟了大陸地區人民以觀光名義來台從事團體旅遊活動的新頁。根據評估，每年來台觀光旅客可達 30 萬人次至 100 萬人次，創匯收益亦可達每年 30 億美元之鉅，約佔台灣地區國民境內旅遊年支出總額新台幣 1,989 億元之 49.8%，對提振國內旅遊市場（inbound market）無疑是一項令人期待的盛事。[25]隨著大陸經濟的高度成長，大陸出境旅遊人數逐年增加，2001 年首度超過 1 千萬人次，每年成長率約 20%，大陸旅客儼然已經成為各地區積極爭取的旅遊市場。以香港為例，自從大陸官方在 2002 年宣布將香港列為大陸內地人民的觀光旅遊地區後，使原本逐漸蕭條的香港旅遊市場竟活絡起來，大陸赴港旅遊人次從 50 萬人倏地攀升至 500 萬人次，顯示大陸龐大的觀光客市場實在不容小覷。另根據交通部觀光局的統計，2001 年台灣的出境人數共達七百三十三萬餘人次，其中三百四十四萬人次前往中國大陸，接近總數二分之一。由此可見，隨著海峽兩岸民間交流的日益密切，中國大陸已經成為台

---

[25] 故鄉市場調查股份有限公司，《1999 年國人國內旅遊狀況調查報告》（台北：交通部觀光局，2000 年）。

灣民眾前往觀光的最熱門地區，[26]兩岸觀光旅遊交流盛事，榮景
應可期。

　　金門由於率先實施金廈「小三通」直航，在兩岸觀光交流取
得有利的優勢，加上金廈地緣、人文等密切之關係，金門在建構
未來「金廈旅遊圈」將扮演重要的角色。金門在以下幾點發展的
角色值得觀察：

## 一、福建旅遊圈的逐步擴大

　　未來，金門地區與中國大陸在觀光業發展方面將形成更為緊
密之聯繫，不僅「金廈旅遊圈」隱然成形，相對於此，閩北的馬
尾與對岸的馬祖也會形成所謂「兩馬旅遊圈」，此兩旅遊圈亦可
逐漸與中國大陸的國內旅遊相結合，2002 年福建入境觀光客共計
184.82 萬人次，國內觀光客為 3,931 萬人次，且在逐年增加中，
這些數量龐大的遊客如果適度規劃與兩旅遊圈相結合，將有利於
福建地區的旅遊業發展。

## 二、成為廈門旅遊的延伸

　　由於廈門之國內及國外觀光客逐年成長，未來金門也可成為
廈門的另一旅遊資源。廈門機場為一國際機場，具有 77 條國內
外航線，吞吐量 1,000 萬人次；金門地區可充分利用廈門既有之

---

26　范世平，〈從英倫事件看兩岸旅遊糾紛問題〉，《展望與探索》，第 1 卷第 3 期，
　　2003 年 3 月。

旅遊資源，擴展為廈門的旅遊腹地。另一方面，未來金門與廈門之間的經濟依賴程度，將會更大幅度增加，亦有利於金門地區的觀光發展，若能使大陸觀光客大量進入，必須立即增加飯店、旅行社、導遊人員、餐廳、特產店與遊樂設備，以提供大量之需求，此對於金門當地的經濟發展與就業亦必然帶來直接而明顯的裨益。

## 三、加快廈門海灣型城市的發展

雖然廈門與金門兩地的經濟發展水平不同，規模差異甚大，但在金廈旅遊圈實現以後，可以藉旅遊業作為金門經濟發展的先導，但是廈門地區仍占著主導的優勢，金門則居於輔助地位，此對於大陸在建設廈門成為東南沿海中心城市的過程中，亦蒙其利。例如，從 2001 年開始實金廈直航後，陸續有大陸方面的鼓浪嶼號、同安號、新集美號，以及台灣方面的新金龍號、馬可波羅號、東方之星號、太武號等航行於金門水頭碼頭和廈門和平碼頭之間，雙方的碼頭軟硬體建設和相關的旅遊基礎設施也快速的增建中，這對廈門海灣型城市的經濟發展極具效益。

## 四、促進兩岸進一步擴大交流

大陸觀光客若能大舉經「小三通」進入金門，對於台灣地區也會形成相當程度的宣示意義。因為大陸觀光客可以直接帶動經濟復甦，而使台灣方面對於開放大陸民眾直接赴台灣觀光的壓力大增加；若金廈小三通帶動出「金廈旅遊圈」豐碩的旅遊和經濟

發展成果，則台灣地區其他縣市為了發展觀光產業，應會希望比照金廈模式要求開放大陸觀光客直接來台旅遊，甚至要求中央政府更主動、積極的釋出善意或是在政治立場上作出更大讓步，以期能促進兩岸進一步交流，這種促成的壓力若是「由下而上」的，當會更具效果。

　　有鑒於十年前開放台灣民眾來金門旅遊之時，因事前缺乏完整規劃，導致至今衍生許多積弊難返的觀光產業亂象，且惡性競爭的結果造成競相殺價，旅遊品質低落。因此當面對大陸遊客的新興市場逐漸成形，更應妥適規劃以為因應，尤其兩岸事務牽涉問題層面甚廣，更應做好充份的準備。長久以來，金門的旅遊市場，早已因價格因素、市場供需問題，以及同業的惡性競爭等因素，而出現旅遊品質不佳、住宿環境不理想、購物行程過多……等等問題叢生。日後金門地區政府應加緊做好相關基礎建設，旅行業界在接待大陸人士來金旅遊時，更應該維持市場之正常交易秩序，提昇旅遊品質，並強化大陸旅客來金觀光旅遊之信心，進而推動金門地區旅遊業之永續發展。此外，鑒於以後兩地旅遊活動的頻仍，有關檢疫衛生、金融匯兌、經濟犯罪、邊境安全、治安事件、旅遊糾紛、旅遊意外等問題的產生和處理，也都應該互有管理機制與溝通的管道，以資因應。

（本文發表於「2005 兩岸經貿與教育交流」學術研討會，

廈門大學主辦，2005 年 7 月 4 日至 6 日）

# 從「古寧頭戰役」到「小三通」

## 壹、前言

　　金門雖為文風鼎盛,但是由於其特殊的地理位置及海峽兩岸敵對情勢之關係,一直塑造著戰地及反共前哨角色的印象。在此歷史背景及在戰地政務體制的管制之下,形塑了與台灣地區截然不同的情境。金門在國共內戰期間,從一九四九年中共解放軍在金門古寧頭戰敗後,便成為台海衝突的主要角色。復由於美國的介入,金門甚至亦是美、中(共)、台三方的角力戰場。由於金門的角色定位直接肇因於兩岸關係的發展,而兩岸關係的演變又以歷次台海危機最能彰顯金門定位的問題。此乃因為歷次台海危機不僅只是台北與北京之衝突而已,更因為美國的介入,使得美、中(共)、台之間在台海危機期間有著極為複雜的互動。不諱言地,台海危機除了是兩岸之間的軍事衝突外,更是美、中(共)、台三者間徹底的政治角力。[1]要研究兩岸關係,美、中(共)、台三角關係之互動是不可或且的觀察方向,而要探討金門的歷史定位與角色變遷,除了要從國共內戰的歷史軌去探求,兩岸關係的演變,更是攸關金門角色與定位的最主要因素。

---

[1]　羅德水,《兩岸關係發展與金門定位變遷之研究》,淡江大學中國大陸研究所碩士論文,2000 年 1 月,頁 12。

　　隨著兩岸逐漸擴大民間交流，金門戰地角色之定位也就比較
不具意義，金門在解除戰地政務之後，其位於兩岸之間角色也隨
之轉變。面對兩岸交流愈趨頻繁，台北方面又實施「小三通」政
策，開啟了兩岸互動的新頁，金門遂成為兩岸人員與貨物往來的
首開門戶。儘管這些轉變是漸進式的，但是就兩岸的互動關係來
看，卻具有重要而正面的意義。由於特殊的地方性因素，金門在
近半世紀的兩岸關係發展過程中，扮演相當關鍵的角色。更重要
的是，台灣的發展已經邁入世界先進國家之林，而同處於一個國
度的金門才剛開始努思如何尋求自己的角色定位問題，並亟思進
一步關懷已身的處境與經濟發展。尤其是在跨世紀的今日時局，
國家正面臨體制轉型及政府組織再造之際，金門的前景及未來規
畫亦顯得格外重要。

　　在過去五十多年間，金門在兩岸關係發展過程中具有高度象
徵性的地位，也提供了兩岸領導人表達政治理念與決策風格所不
可或缺的舞台。在兩岸關係發生遽變的時刻，向來作為兩岸軍事
與政治對峙焦點的金門，立即面臨了必須調本身角色的壓力，而
此種轉型的趨勢，並不只發生在兩岸之間，即使在兩岸各自的領
域之內，也都出現了迅速而深刻的變遷，其變遷的因子尤以政治
與經濟兩方面最為明顯。「小三通」的實施，是台北方面在處理
兩岸關係時所釋放出善意的風向球。這個政策對金門人而言，代
表著不僅是金門角色定位的大轉變，也是金門創造商機的大好機
會。本文立意在於觀察金門在兩岸關係發展歷史上的角色變遷，
並針對「小三通」實施之後的金門做剖析，以瞭解金門角色的轉型。

# 貳、金門戰地角色的開端

## ——「古寧頭戰役」

在國共內戰期間，一九四九年的金門「古寧頭戰役」具有重大的歷史意義。由於國共戰爭導致兩岸分治，而金門在此次戰役中，決定了其在兩岸關係中的角色與定位問題。

國共內戰之初，由於中國共產黨在歷經八年對日抗戰後，已經發展成一個大黨，擁有一百二十多萬黨員、掌握了中國大陸一百萬平方公里的土地、統治了將進一億的人口、而且統轄了一百二十萬正規軍與二百二十萬民兵。[2]為了圓其「解放台灣，統一中國」的美夢，中共解放軍繼續向中國大陸各地進軍，並且積極準備渡海攻台。中共的策略是先掃除國軍所有之閩浙沿海島嶼，包括舟山群島、大陳列島、馬祖、金門、東山島等，而金門與廈門兩島更是中共為攻打台灣，需先廓清的外圍，以及需先占領作為出發的陣地。[3]

一九四九年十月十七日，共軍攻陷廈門後，中共第十兵團主要工作轉入城市接管工作，而以兩個軍的兵力分布至澳頭、大

---

[2] 胡繩主編，《中國共產黨的七十年》（北京：中共黨史出版社，1991 年 8 月），頁 210。

[3] 早在一九四九年十月，中華人民共和國成立之前，解放軍第十兵團即在泉州召開作戰會議，決定以第二十九軍和第三十一軍攻占廈門，並以第二十八軍攻陷金門，企圖一舉拿下金廈兩島，「為以後的台灣戰役掃清外圍，占領出發陣地」。參閱徐焰，《台海大戰（上編）》（台北：風雲時代出版社，1992 年 10 月），頁 109-110。

嶝、圍頭等地集結，其中由第二十八軍準備攻擊金門，第三十一軍攻小金門，對金門形成三面包圍，企圖一舉奪取金門進犯台澎。十月二十四日夜，中共解放軍以近萬餘兵力，分乘木船兩百餘艘，在金門本島瓏口和古寧頭一帶登陸，雙方展開了歷經五十六小時的浴血苦戰。初期國軍因傷亡過多，轉守西山、湖南高地、安歧等地。二十六日三時許，共軍以一加強營四個連隊再登陸古寧頭，國軍在海空協助之下，於拂曉再次攻擊，激戰至二十六日晚，登陸之共軍大半為守軍殲滅，殘餘部隊潰集古寧頭北山等處，再經國軍圍剿，至二十七日十時許，餘軍全數為守軍解除武裝。[4]

　　古寧頭一役，確是共軍在國共戰爭中的一大敗筆，不僅延宕了其攻台的時程，也阻礙了其解放台灣的有利時機。從軍事鬥爭的角度來說，決定國共隔海對峙的戰役當屬「古寧頭戰役」，此戰役所造成的結果是兩岸隔海分治的局面。[5]就台灣方面而言，以當時的軍事情勢，在台之軍力仍有所不足，台北第六軍之二〇七師雖已成立，三三九師卻人員不足，一六三師由原台灣警備旅兩團所改編，台南之第八十軍，所屬第二〇一師戍守金門，二〇六師尚稱完整，三四〇師則在編練中，而由上海苦戰後撤退來台的五十二軍及五十四軍，實力亦折損過半。[6]設若金門不保，則中共趁勢揮軍台澎，徒增國軍風險。因此古寧頭一役有效延阻共軍解放台灣的企圖，確保台灣生機，促使後方順利發展，其歷史

[4]　張火木，《金門古今戰史》（金門縣政府印行，1996 年 10 月），頁 44。
[5]　張讚合，《兩岸關係變遷史》（台北：週知文化事業公司，1996 年 1 月），頁 93。
[6]　張火木，《金門古今戰史》，前揭書，頁 51。

意義與重要性自不待言。金門也因此役，奠立了其在兩岸分治過程中，戌守前方，成為反共前哨的戰地角色。

# 參、後冷戰時期金門戰地角色的轉變

金門由於地處海島，在冷戰期間的國共戰爭中，占有極其重要的戰略地位。冷戰時期一九五四年及一九五八年的二次台海危機，金門乃處於兩岸當局政治性的考量以及美國對兩岸的政策考量，而決定金門的命運。冷戰時期，由於兩岸絕大部分是處於軍事衝突與對峙的階段，因此，金門的戰地角色必須被強調與重視，並作為復興基地前哨站的表徵，其軍事意義似乎大於政治意義。[7]

自一九四九年十月二十五日古寧頭戰役開始，金門便成為台灣方面寄望反攻大陸的跳板，也是中共方面在冷戰時期前進台海的主要戰場，此時金門作為兩岸角力的軍事意義不言可喻。反之，後冷戰時期，兩岸關係已漸次朝和解與和平統一的路程邁進，金門逐漸褪去其軍事色彩，以謀求對岸中共善意的回應，因此所謂「撤軍論」甚囂塵上，此時金門的政治意味反而大於軍事意義。[8]

---

[7] 陳建民，〈從台海危機論金門的戰略地位——權力平衡理論的運用〉，國立高雄應用科技大學金門分部學報，創刊號，2000年6月，頁16。
[8] 同前註。

　　自一九五〇年代的二次台海危機之後，對台北而言，金門具備實際上軍事反攻的意義及可能性日益減縮，但仍具有在地緣政治上作為對外宣示台北不忘反攻大陸的職志，以為執政當局穩固統治的基礎。為證明台北具有反攻決心的宣傳性，直接在金門屯駐重兵，並將之定位為前線與戰地，最具有說服力。其次為加強實質宣傳效果，台北當局復以金門作為「戰地政務」的實驗地區，[9]在政治上與軍事上都具有無比的象徵意義。

　　時值後冷戰時期，金門外島在兩岸關係發展過程中做為戰地之角色意義已不在。首先，在中共迄未放棄武力犯台的條件之下，雖然中共對金門外島的奪取為犯台可能方式之一，但是中共率先攻擊金門、馬祖甚或澎湖的可能性不高。因為若攻打金、馬外島，勢必會遭致這兩個外島的猛烈反擊，戰火會立刻延燒至大陸，廈門和福州外緣亦將受到摧殘，且我在金、馬兩地目前尚有軍事防禦工事；相對於金、馬外島的嚴密兵力部署，我方在東沙島和太平島的有限兵力將很難久守，[10]因此中共對東沙島和太平島的攻掠較易，代價也較低，在此情況之下，金、馬外島反而相對安全。況且以第三次台海飛彈危機的型態來看，中共初期以飛彈對台灣實施封鎖，或對台灣無軍事防備或防備兵力較弱的小型島嶼進行攻擊的可能性極高。相對於此，金門再度成為第一次及第二次台海危機時中共率先攻擊的首波目標的可能性大為降低。換句話說，就整個國際局勢以及台海戰略情勢的考量而言，

---

[9] 所謂「戰地政務」實驗，就是預備在反攻大陸後，接收淪陷區實施軍政的制度。其根據就是一九五六年六月頒行的「金門、馬祖地區戰地政務實驗辦法」。

[10] 林郁方，《危險的預言》（台北：翰蘆圖書出版公司，1995 年 1 月），頁 73-92。

金門在傳統上作為保衛台灣的前哨站的角色已逐漸淡化，後冷戰時代金門在兩岸關係中的軍事性角色會轉化成政治性角色。

其次，基於兩岸關係漸趨和緩的考量，「金馬撤軍」論終究不只是口號而已。近年來，金門駐軍的數量已經從民國八十六年的三萬多人，於一年後銳減至兩萬餘人，到現在只剩不到一萬人。顯然金馬撤軍最終的考量是從軍事上和政治上兩方面著眼。在軍事方面，執政當局認為金門的戰略地位已經不像以往那樣重要，繼而政府政策上有意規劃金門成為「和平區」的構想原本就是一種在兩岸之間設立「軍事緩衝區」的觀念；在政治考量上，也顯示政策上樂見兩岸問題和平解決的決心和態度。況且金門對岸的廈門今已成為國際商港與經濟特區時，若繼續將金門定位為戰地顯已不符合現今的兩岸情勢。[11]

# 肆、「小三通」對金門角色定位之影響

「小三通」的規劃與實施，在中央或地方、官方或民間，都基於現今國內外局勢的改變而為之，尤其是考量到兩岸關係以及金門地區的發展。首先就金門地方的考量而言，金門雖以歷經「古寧頭」與「八二三」二次戰役而聞名，且由於在一九五四年的第一次台海危機以及一九五八年的第二次台海危機（亦即「八二三」砲戰）占有重要的戰略地位；然而，金門長期在軍事管制之下，實施戰地政務的結果，其經濟發展與台灣產生極大的差距。當昔

[11] 羅德水，〈金馬福建和平區〉，《聯合報》（台北），2000 年 2 月 19 日，第 15 版。

日與金門經商頻繁的對岸廈門已發展成為人口百萬以上的大都會以及國際商港的同時，而金門的經濟成長卻遠不如台灣甚或對岸的廈門。這對長期在前線犧牲奉獻的金門人而言，自然無可釋懷。因此，金門人一直想與同為福建的廈門「小三通」，除了基於血緣、方言、文化等相近的考量外，最主要的原因還是經濟發展方面的考量。也就是說，當政府在經濟措施方面無法有效促進金門的繁榮之際，金門人選擇與對岸較為繁榮的廈門進行「小三通」亦為不得不考慮的方向。[12]

再就中央的角度來看，認為金門、馬祖今日的戰略地位已大不如前。開放金、馬兩地作為與大陸三通的優先試點，正可展示與大陸和平交流的誠意。況且中共迄未放棄對台使用武力，尤其中共於二○○○年二月二十一日第二次發表對台白皮書，明確提出對台動武三條件：（一）如果台灣被以任何名義從中國分割出去的重大事變；（二）如果出現外國侵佔台灣；（三）如果台灣當局無限期拒絕通過談判和平解決兩岸統一問題。[13]在此情況之下，拉長兩岸間的安全距離仍屬必要考量，而以金、馬兩地作為首先試點，檢證兩岸三通對台灣安全，乃是符合循序漸進的戰略設計。[14]

「小三通」是兩岸分隔對立五十年後邁向直接往來的重要一步，這一步充分展現新政府希望兩岸從此告別對立，開啟穩定和

---

[12] 同前註。

[13] 〈中共「一個中國的原則與台灣問題」白皮書〉，《聯合報》（台北），2000年2月22日，第39版。

[14] 〈將金門規劃為經貿特區並納入規劃小三通〉，《金門日報》，2000年2月17日，第2版。

平、共存共榮關係的新契機。雖然有學者專家指出：自小三通試行一年多以來，並未促進全面大三通的實踐，大三通並未因小三通的試辦而學到很多經驗，也無法瞭解到大三通該如何操作或是如何促進大三通另一種思維的格局，從而對於大三通並沒有收到實質的示範效果。[15]然而小三通的立意，從兩岸關係的角度而言，畢竟只是在政策上作為測試兩岸良性互動以及改善兩岸關係的風向球，若要做為實施大三通的基礎和學習的經驗，未免過於高估小三通的重要性。因此，當務之急，必需先求兩岸透過「小三通」模式建立金廈的進一步交流與相互依存度，進而促成兩岸關係更趨和緩與擴大經貿交流。

# 伍、「小三通」後金門的角色與定位評估

## 一、軍事化角色的袪除

「小三通」是我政府大陸政策之下推動兩岸三通的觀察站。雖然現今金門的基礎建設和軟硬體設備，並不足以全面實施小三通，然而實施之後，對於兩岸緊張情勢的和緩，確有明顯的正面意義。綜觀金門長久以來的歷史定位，向來都不是以經濟為取

---

[15] 〈監委對小三通調查意見（系列之二）〉，《金門日報》，2002 年 9 月 10 日，第 2 版。

向，也正是因為如此，金廈兩門的小三通，其政治上的象徵意義，絕對要高於實質上的經濟效益。[16]

　　回顧金門的歷史，歷經了古寧頭戰役與兩次台海危機，形塑了金門在兩岸關係發展過程中戰地的角色。由於金門特殊的歷史經驗，夾處於兩岸之間的地理位置，以及兩岸因素與國際局勢的變化，使得金門的定位在過去半個世紀以來與兩岸關係的發展以及美中（共）台之間的互動息息相關。金馬問題在整個一九五〇年代的美中（共）台三角關係中，扮演著舉足輕重的角色，以金門為衝突焦點的台海危機，幾乎可以說是一九五〇年代美中（共）台三角關係在台海互動的主軸。換句話說，一九五四至一九五五年以浙江沿海島嶼的攻防以及「九三金門砲戰」為中心的「第一次台海危機」，催化了「中美共同防禦條約」與「台海決議案」的產生；而一九五八年以「八二三金門砲戰」為中心的「第二次台海危機」，則是直接影響了「中美聯合公報」的簽署。[17]因此，金門由於特殊的時空背與地理位置，遂成為兩岸在交手和互動時，不得不接觸的一個點，也扮演了攸關兩岸關係發展的重要角色。

　　金門長期以來被形塑成戰地的軍事角色，雖然和諧的兩岸關係不必然會導致兩岸的統一，但是充滿敵意，長期處於敵對狀態之下的兩岸關係，卻會直接影響兩岸的和平與台灣的安全，而金門的軍事角色雖在逐漸褪祛之中，卻仍然是兩岸關係良窳的指標。統一與獨立都是長遠的議題，台灣所要關心的應該是如何營造一個相對和平穩建的兩岸關係，以爭取較長時期的和平來換取

---

[16] 羅德水，〈盼以金門戰地，作為和平起點〉，《中國時報》（台北），1996 年 3 月 20 日，第 11 版。

[17] 羅德水，前揭論文，頁 161。

兩岸問題朝向有利台灣的方向解決。因此任何制度的設計，只要
是符合地方需求與國家總體利益的，甚且是有助於兩岸緊張情和
緩的，都是可以嘗試的。雖然台灣方面在開放試行「小三通」的
壓力之一，是欲以「兩門對開，兩馬先行」來催化兩岸的全面三
通，不論其效果如何，在大陸已成為台灣對外貿易最大的順差來
源，以及兩岸皆已經加入 WTO 之後，「大三通」的迫切性已是
自不待言。在台灣對大三通仍有困難的情形之下，「小三通」遂
成了了高度的象徵性意義。其所代表的是台灣方面主動釋出的善
意，而對金門而言，長期的軍事管制與軍政措施讓金門經濟嚴重
落後，「小三通」的實施，一則，可使金門對照廈門成為和平示
範區；二則，制度化的小三通，除了把行之有年、地下化的小額
貿易行為納入合法的規範外，更代表著無比的政治意涵。金門自
此，擺脫純粹軍事化的角色，而成為兩岸直接交流的和平示範
區，這對當地以及國家和兩岸關係而言，未嘗不是一項新的起
點。金門在實施「小三通」之後，由於地緣優勢與高度的政治象
徵意義，在兩岸局勢尚不十分明朗之時，適可扮演和平「緩衝區」
的角色。以「小三通」的立意規劃，在兩岸互動情勢一時難以解
套的情形下，金門的特性不但可以為自己創造出主動、自我為中
心的走向，更可為兩岸創造出雙贏的局面。對亟思拉攏金門以牽
制台灣的中共而言，金廈共同體的成形，勢必會減少中共對台灣
走向的疑慮，對陷於是否「大三通」困境的台灣而言，更可藉此
獲取經驗，建立信心，跳脫兩岸對立的格局，共創合作互利的新
局面。[18]

---

[18] 羅德水，〈金門要當活棋，不願意被夾殺〉，《中國時報》（台北），1996 年 2

## 二、去戰地化的角色

　　金門在袪除其軍事化的角色後，就定位而言，應朝向兩岸緩衝和平島的角度設計。就行政區劃分而言，亦應結合「離島建設條例」的精神，及推動「三通」之行政配套措施，規劃為「經貿特區」或「特別行政區」之可行性，並針對目前推動「小三通」對金門之影響評估，及未來設立特別行政區對兩岸關係發展之對策，以進一步確立金門在兩岸關係發展之角色。

　　從歷史的角度觀之，金門在實施戰地政務時期就是一種軍事性質的特別行政區。金門雖然於民國八十一年十一月七日終止「戰地政務實驗」，開始實施地方自治，並於隔年開放觀光，惟自開放觀光以來，軍事資源隨戰地政務之解除而減少，而軍方對部分地區之管制仍然存在（例如海岸線與太武山區），相對地阻礙金門之經濟與觀光的發展。反觀兩岸關係之互動，中共不憂懼台灣之軍事進攻，反而大力建設廈門經濟特區，台灣方面卻懼怕大陸武力進犯而不敢貿然投資金門，因此造成金門既跟不上台灣，又落後廈門地區遠甚。金門地區實施「小三通」之後，未來的發展更應考量時空背、資源條件、政府政策，以及兩岸往來之特殊性等因素，以開展金門之特殊價值。

　　就金門所處的環境而言，金門與對岸廈門的關係雖然有著「史緣久、地緣近、語緣通、文緣深、神緣合、俗緣同、血緣親」等層面的親密關係，不過不容諱言的，金門正如同南北韓的「板門店」和東、西德的「西柏林」一樣，扮演著軍事緩衝的角色。

在冷戰時期，金門正好是民主與共產集團兩股勢力衝突的緩衝地，因此金門自此形塑了其戰地以及軍管的特色。可是當兩岸由對立走向和解，金門最後也走向終止戰地政務之途，其經濟發展受限的問題也浮出檯面。畢竟在長期軍管體制之下，金門的經濟長期依賴軍人的消費，一旦此種特殊的依賴關係有所變動時，整個社會經濟態勢就會發生重大的影響。過去，金門一直被定位在「戰地」的角色，如今時代變遷，金門民眾也希望政府能把金門定位在以經貿、觀光為導向的「經貿特區」，才是能達到維持兩岸良性互動以及兼顧金門永續發展的首要選擇。再從當前國際形勢來看，各國都以發展經濟為首要目標，而國內的新政府亦以振興經濟為其施政要項之一，加以對岸的大陸更是採取政經分離的政策，同時兩岸也已先後加入了世界貿易組織，因此，環顧當前國內外局勢以及現階段的兩岸關係，金門的前景必須從加速經濟發展，加強投資與建設等方向去思考才是正途。

## 三、兩岸交流取代軍事對抗

在兩岸關係的發展過程中，金門與廈門歷經無數的砲火交戰，如今雙方已由對立化為直接交流，其所代表的意義甚是重大。然而在兩岸分治五十餘年的情況下，台灣的經濟成長並未在給戰地前線的金門同樣的繁榮，反觀對岸的廈門雖然是在共產體制之下，卻能有豐碩的經濟成長，相較之下，金門遠遠落後於對岸的廈門。當前的兩岸已進行「小三通」，並且由金門地區先試

行，代表著金門在政策上應擺脫過去軍事對抗的本質，而以經濟發展做為與對岸廈門和解的第一步。

　　大陸方面雖然有意接受金門和廈門成為兩岸小三通的試行點，則金門更應把握此契機，因為廈門經濟特區具有極優良的經濟條件。廈門經濟特區是一九八○年在鄧小平特區建設思想指導下所創辦，並在一九八四年提出實行自由港的政策，乃大陸惟一由中央指定可以實行自由港政策的經濟特區。一九九四年三月全國人大更賦予廈門地方立法權，使廈門成為大陸開放程度最高的經濟特區。目前包括海滄、杏林、集美等地區均規劃為台商投資區，同安縣為對外開放區，使廈門經濟特區擴大至二五六平方公里。目前廈門在產業結構方面，一、二、三級產業已由一九八五年的 22：37：41 調整到一九九八年的 4：59：37。農業生產以發展高附加價值的作物為主，共有耕地四十二萬畝，並擁有豐富的漁產資源；在製造業主要以電子、機械、化工、紡織、食品、建材為主；在旅遊業方面，一九九七年共有三十八萬餘外國人、華僑和港澳、台灣人民至廈門觀光。[19]

　　此外，廈門經濟特區在台政策上被大陸中央賦予對台工作之前線基地任務。在一九八五年六月國務院所通過的廈門特區實施方案中，已將之定位為落實鄧小平「一國兩制」構想的示範區域。在吸引外人投資方面，確立了「以僑引台、以港引台、以台引台、以外引台」的引資方針。大陸的國務院經貿部及交通部亦在一九九六年相繼公布了「台灣海峽兩岸間貨物運輸代理業務管理辦法」以及「台灣海峽兩岸航運管理辦法」，確定廈門為大陸對台

---

[19] 李金振等，《金門設立特別行政區可行性之評估》，（台北：行政院研究發考核委員會編印，2002 年 6 月），前揭書，頁 60。

的直航試點。目前在廈門的台資企業，投資規模在一千萬美元以上者有四十四家，截至一九九九年六月止，台商在廈門的投資總額為 35.5 億美元，台商人數約有四萬人；十多年來入出廈門口岸的台胞估計已累計達二百多萬人次；而大陸各地在廈門設立以開展對台經貿工作為主的機構已達兩千多家，使廈門成為兩岸經濟文化交流最密切的地區。[20]職是之故，從區域經濟的角度來看，「小三通」之後，金門地區的發展勢必與廈門愈來愈密切，最主要的因素乃是地緣關係。廈門經濟特區經過二十幾年來的建設和改革，不論是投資環境、基礎建設和各級產業都有相當的規模和成就，金門未來的發展在「小三通」之後，可藉助結合廈門之現有資源與規模以獲致最有效的利益。

# 陸、結論

　　由於種種因素的影響，兩岸關係一直是個極為複雜的問題，而且尚牽涉到國際因素的層面，其中又以美國的影響最為重要。在兩岸嚴重衝突的年代，金門成為兩岸政權最大的角力場所；而在兩岸步入交流時期，遠比在新加坡舉行的「辜汪會談」之前，雙方早已於金門達成了「金門協議」。即使兩岸為了三通議題和進一步的交流陷入困境，台灣方面為了釋出善意，仍不得不以金門做為「小三通」的試行點。因此，就過去和現在來看，金門在

---

[20] 同前註，頁 61。

兩岸關係中所扮演的角色雖然在變,卻仍不失其「兩大之間難為小」的地理和戰略特性。

　　從歷史的角度來看,金門角色的轉變是逐漸從軍事、政治到經濟的過程。在兩岸關係的發展過程中,金門所扮演的角色隨著國內政經局勢與國際形勢而有所改變。在國內情勢方面,北京政權成立之後,中共解放軍繼續企圖解放台灣,並在閩浙沿海島嶼發動一連串的戰役。金門即在一九四九年之後的國共戰爭中,扮演了關鍵性的角色,也形成了在兩岸關係中的定位問題,更形塑了金門戰地角色的開端;而國際因素的介入兩岸問題,對金門的歷史角色與定位有深切的影響。尤其美國在國共戰爭期間一直扮演著重要的角色,而金門在五〇年代的中美關係發展過程中亦扮演著極其重要的角色。綜觀冷戰時期的兩岸關係發展過程,金門的角色是以戰地的軍事性角色為主,其戰略價值一直持續到後冷戰時期才稍有改變。

　　隨著兩岸民間交流頻繁,金門成為兩岸三通的前哨站。「小三通」是我政府大陸政策之下推動兩岸三通的觀察點,雖然現今金門的基礎建設和軟硬體設備,並不足以全面實施小三通,然而實施之後,對於兩岸緊張情勢的和緩,確有明顯的正面意義。綜觀金門長久以來的歷史定位,向來都不是以經濟為取向,也正是因為如此,金廈兩門的小三通,其政治上的象徵意義,絕對要高於實質上的經濟效益。「小三通」之後,金門祛除了純軍事化的角色,代之而起的是政治性的角色,同時在勢之所趨之下,以經濟發展為訴求,以取代舊戰地政務體制的呼聲也隨之而起。畢竟金門長期在軍管的戰地政務體制之下,經濟發展停滯,而「小三通」帶來的是政治的象徵和經濟的契機,因此,金廈經貿圈和觀

光發展的規劃，一時成為熱門的話題，而兩岸也在此情況下營造良好的氣氛。

「小三通」的實施雖然不如預期般的理想，兩岸關係與「小三通」所形成之交互影響層面，並未從實質面徹底解決。換句話說，小三通並未促進全面大三通的實踐，從而中共方面亦無從瞭解我方的善意，進而釋放更多善意，讓小三通的格局加大。儘管如此，「小三通」讓金門在兩岸關係的發展過程中，從以往軍事性的角色轉型成政治性的角色。而金門即使未再被定位為戰地，也有條件在兩岸之間扮演著積極性的角色。從近代的歷史當中，可以清楚瞭解到，金門在兩岸關係發展過程的重要時刻都不曾缺席，「古寧頭戰役」扭轉了台灣被中共解放的命運，甚至在一九五〇和一九六〇年代，金門的戰地形象，其象徵性的意義也是支持國民政府在台統治的重要基礎。在兩岸步入交流的時期，金門竟也搖身一變，成為兩岸直接溝通的一座橋樑。兩岸在劍拔弩張的時期，金門雖然被定位為戰地，卻也因為美國的因素而免於被赤化的命運；而在兩岸無法取得進一步的共識，致使低迷的兩岸僵局難有結構性的突破之前，金門的意義與價值又再度浮現。換句話說，金門的角色對於兩岸關係的意義，遠不止於在兩岸緊張時成為北京軍事演習的地點或者是僅僅作為屏障台灣本島安全的戰地角色而已。更明確的是，金門的前途與未來決定於台北與北京之間的角力。

過去，金門一直被定位在「戰地」的角色，如今時代變遷，金門民眾也希望政府能把金門定位在以經貿、觀光為導向的「經貿特區」，才是能達到維持兩岸良性互動以及兼顧金門永續發展的首要選擇。再從當前國際形勢來看，各國都以發展經濟為首要

目標，而國內的新政府亦以振興經濟為其施政要項之一，加以對岸的大陸更是採取政經分離的政策，同時兩岸也已先後加入了世界貿易組織，因此，環顧當前國內外局勢以及現階段的兩岸關係，金門的前景必須從加速經濟發展，加強投資與建設等方向去思考才是正途。也唯有如此，當金門的關係與大陸愈加緊密之時，兩岸三邊的思維應更加縝密。因為金門，使得台北部分人士再怎麼強調分離主義，都無法真正突破「一個中國」的界線；也正因為金門，使得北京方面在思考台北是否接受「一個中國」時，仍然必須顧及台北試圖以金門釋放善意的用心，以及金門在兩岸之間的「特殊關係」。這或許是金門在兩岸關係發展過程中最重要的意義和角色。

　　金門歷史上「戰地」角色的定位，在「小三通」之後已徹底褪去。兩岸既然先確立以金門作為直接交流的試行點，是以曾歷經多次國共內戰所在地的金門更是具有兩岸「終戰」、「和平」等具體意義的地理條件優勢。選擇金門作為兩岸和平之出發點，不僅有象徵性的意義，更有實質性的宣示效果。在作為兩岸和平中立區之後，更可利用金門作為經貿合作交流之地點。僅管未來大三通之後，金門在兩岸經濟上所能扮演中介之角色勢必受到影響；而在兩岸關係緩和後，金門在扮演軍事前哨站的角色亦已淡化。在兩岸大三通之前的過渡階段及不確定時期，金門在兩岸交流的特殊地位與價值仍存在。因此未來金門之長遠發展，仍須結合地緣、人文及產業特性，朝較具未來性與區域性經濟整合（如金廈自由貿易區）等方向規劃，而非過渡性的角色與功能定位規劃，如此亦會有助於兩岸關係的長遠良性發展。

　　金門在其特殊的歷史背景和戰地政務的體制之下，形塑了與台灣不同的觀光資源。過去基於軍事的角色需求，除了少數軍事用途遭破壞以外，大部分仍保留了傳統閩南式建築、聚落與文物古蹟；此外，良好的生態環境，也是候鳥珍禽的棲憩之處。這些過去因戰事需要和軍事管制而得以保存的資源，現已成為金門發展觀光之特殊及具吸引力的重要資源。又由於鄰近大陸的地域優勢，兩岸「小三通」模式讓金門的觀光發展又燃起的新的賣點。兩岸可以協商開放更多人民以「小三通」模式從事觀光活動，不僅可以增加彼此之認知及減少隔閡，亦可增進金門與廈門地區觀光業務之成長。

　　從一九四九年以來，金門的歷史角色與定位大大的和兩岸關係的發展產生連結。近年來，隨著兩岸關係的演變以及台灣島內政治情勢的變化，使得金門一直處於政治靠台灣，經濟靠大陸的情勢中。「小三通」實施之後，使得金門「政治靠兩邊（亦指兩岸），經濟擺中間」的訴求更為激烈，也使得「小三通讓金馬『福建化』或『去中華民國化』」的說法更顯得不切實際。對金門人而言，中國與台灣不是互斥的觀念，金門人既認同金廈兩門血濃於水的情感，也珍惜台金兩地休戚與共的共同意識；金門人固然以為金廈的經濟交流可以使金門走向繁榮，更相信台灣的民主成就才是金門永續發展的基礎。在兩岸僵局遲遲無法打開的今天，金門的角色與定位不該被偏狹解讀為「中國化」或「邊緣化」，而應以較積極的心態，讓金門有足夠的基礎條件和對岸的廈門從事雙方人民在產業、生活機能、生活習慣等方面的交流。以金門作為拓兩岸新關係的中介角色，建立金門和廈門代替台北和北京之間的溝通管道，因為身為中華民國福建省的金門跟中華人民共

和國福建省的廈門，兩者之間應該沒有所謂「一中」的問題，因此，金門可以發揮地域上的優勢，擺脫歷史上「反共」的前哨角色，反而可以在未來對兩岸關係的良性互動上做出相當的貢獻。

（本文連載於「金門日報」，2003 年 4 月 22 日至 26 日，第 6 版）

# Role of tourism in connecting Taiwan and China: The case of Kinmen-Xiamen "Mini Three Links"

## Abstract

Although a number of researchers have proposed the notion that tourism may provide an impetus or even be an impulse to reduce tension between nations in hostility, only few empirical researches have been conducted to support the postulation. For a broad understanding of tourism across the Taiwan Strait, this paper previously draws on an overview of tourism and the evolutionary process of "Mini Three Links" between Kinmen (of Taiwan) and Xiamen (of China). Further, using empirical testing, the paper assesses the perceptions of Kinmen tourists towards China. The results revealed a statistically significant difference between the respondents who had and hadn't traveling experiences to Xiamen with regard to the image of China as well as its government officials. It disclosed the fact that for the respondents of Kinmen who had never been to Xiamen, they might have a stronger disagreement on acquiring a good image of the PRC and the Chinese government officials than those who had experiences of visiting there. It is consistent with theories that low politics activity can be an effective force to reduce tension and in turn greatly influence political relations. The findings of the paper suggest that under the circumstances reciprocal tourism continues to evolve, tourism may be an effective tool for decreasing hostilities across the Taiwan Strait.

Keywords: Kinmen, Xiamen, Mini Three Links, reciprocal tourism, perception

# 1. Introduction

In recent years, both the people-to-people track and the government-to-government track of diplomacy have become important avenues for increasing engagement between politically divided or partitioned nations. A number of researchers have argued that tourism may be one of the important contributors to achieving mutual understanding between partitioned or hostile nations (Sönmez & Apostolopoulos, 2000; D'Amore, 1999; Richter, 1996; Hobson & Ko, 1994). By and large, some observers have postulated that tourism may even be an impulse to reduce tension and distrust by influencing national and international politics (Hall, 1994; Hobson & Ko, 1994; Matthews & Ritcher, 1991; Var, Brayley, & Ritcher, 1991; Var, Schluter, Ankomah, & Lee, 1989). Taking Korea for example, it was suggested that tourism could assist in the reunification of the North and South via these two tracks of diplomacy (Kim & Crompton, 1990). However, few empirical testing have been conducted to support the notion between divided nations with different political ideologies (Kim, Timothy, & Han, 2007; Kim, Prideaux & Prideaux, 2007), particularly in China and Taiwan.

China and Taiwan did not permit any contact between their peoples for more than three decades since the separation in 1949. Not until October 14, 1987 was the ban on civilians to visit China lifted, for visiting families only (Chen and Hsieh, 1993:288). Travel accessibility of this period could be described as unofficial relations since there was no direct contact between the two governments; furthermore, travel to China was legalized only through a third country. However, in the beginning of the 21st century, the suspension between China and Taiwan was ended by a so-called "Mini Three Links" policy, owing to a concession between the governments on both sides of the Strait. This policy outlined a significant milestone that reflected an accommodation between the two governments after such a long period of confrontation. Starting with the beginning of 2005, Kinmen was opened to Chinese tourists, yet only to those from Fujian Province of China. The breakthrough of "Mini Three Links" policy has provided an opportunity for Taiwan to reestablish harmonious relations with China. As China has become a major player in the international tourism market (Zhang & Lam, 2004: 45-52) and will be the fourth biggest world outbound country by 2020 (World Tourism Organization, 1997), Taiwan is likely to take this opportunity to effectively develop its Kinmen Island in the sector of tourism industry.

On the basis of increasing engagement in recent years across the Taiwan Strait, this paper examined the role tourism plays in light of recent initiatives by both China and Taiwan that have used the "Mini Three Links" project as a conduit for improving bilateral relations. Topics on cross-Strait tourism were discussed, including the current travel flows across the Taiwan Strait and the changing political relations of the two governments that could have influenced the development of tourism and travel between Taiwan and China. An overview and status quo of tourism across the Taiwan Strait and the evolutionary process of "Mini Three Links" were introduced. Particularly, empirical research was conducted in this study to explore the picture of tourism project and citizens' views of the "Mini Three Links." The main objective of the paper is to assess the proposition that tourism may provide an impetus or have some potential for promoting peace in hostile countries by examining the perceptions of Kinmen tourists who have visited Xiamen of China, as well as the differences caused by their traveling experiences.

## 2. Literature review

As the world is becoming a global village in which people from different continents are made to feel like next door neighbors, a security complex is defined as a set of states whose major security perceptions and concerns are so interlinked. However, the link concerning securitization does not imply that it always goes through the state; politicization as well as securitization can be enacted in other fora as well (Buzan, Wæver, & Wilde, 1998: 24). In facilitating more authentic social relationships between individuals and nations, tourism can help overcome many real prejudices and foster new bonds of fraternity. In this sense tourism has become a real force for world peace (Pope John Paul II, cited in D'Amore, 1988). Kim and

Crompton (1990) demonstrated that tourism is a vehicle for implementing people-to-people diplomacy in Korea and that tourism as a potential low-politics activity for influencing political interaction can play a significant role in political integration of the two Koreas. In their study, two tracks in diplomacy are recognized. Track-one diplomacy is the official channel of government relations. Track two diplomacy is the unofficial channel of people-to-people relations. In the context of Korea, tourism is perceived as a primary vehicle for facilitating successful track-two diplomacy. It offers a non-threatening apolitical way of tentatively initiating closer relationships and creating an environment which could facilitate more formal political negotiations. From a theoretical perspective, Kim et al. (2007) also drew on the international relations literature to examine possible roles for tourism. They assessed the proposition that tourism has some potential to act as a mechanism for promoting international peace by examining the reactions of South Korean tourists who have visited North Korea, and suggested there are positive indications of an opportunity for tourism to facilitate better intergovernmental relations (Kim, Prideaux & Prideaux, 2007).

Another group of researchers has speculated that tourism may act as a positive tool through reducing tension and suspicion (Hall, 1984; Hobson & Ko, 1994; Jafari, 1989; Matthews, 1978; Richter, 1989, 1994; Var, Brayley, & Korsay, 1989; Var, Schluter, Ankomah, & Lee, 1989). In some researchers' notion, they even tend to argue that tourism may be an important contributor to achieving mutual understanding between nations and alleviating economic disparities (D'Amore, 1999; Hobson & Ko, 1994; Jafari, 1989; Matthews & Richter, 1991; Richter, 1996; Sönmez & Apostolopoulos, 2000; Var, Brayle, & Korsay, 1989). Furthermore, the International Institute for Peace through Tourism (IIPT, 2002) advocated that tourism has a major role to play in promoting peace. Recently, some researches into the effects of political change on tourism flows between nations were published little by little. Among the studies, Butler and Mao's (1996) noted that travel between politically divided states can assist in reducing tensions and promote greater political understanding, and suggested that as the frequency of tourism increases, peace is more likely to be contributed to a result. The results appear in tandem with that of Yu's (1997) that postulated from a low politics activity perspective—a level between ordinary people, tourism can be an effective force in reducing tension and in turn greatly influencing political relation. In the case of China and Taiwan, Yu found that the tide of travel across the Taiwan Strait would remain difficult to reverse even if serious tensions continue to exist.

Other researchers, by contrast, suggested that while factors identified as causing the division of nations include religion, ethnicity, political and ideological differences, colonialism and civil war (Kim & Prideaux, 2003: 675-676), tourism may not be a generator of peace but the beneficiary of it (Litvin, 1998). Discussing topics such as organizations of tourism, handling of statistics and budgets, ideologies, and barriers erected against Western travelers,

Kreck (1998) examined the Soviet Union, Poland, Czechoslovakia, Bulgaria, and the German Democratic Republic, and concluded that ideologies in the former Eastern bloc countries determined all activities, including tourism. In the case of Cyprus, Altinay and Bowen (2006) evaluated the influence of politics and nationalism on the tourism planning and development under a possible federal constitution. Through semi-structured interviews, the views of Turkish and Greek Cypriot participants from private and public organizations were studied. Their findings suggested that any future planning and development is likely to be a complex undertaking, as the two societies tend to have different sets of objectives and expectations. Hobson & Ko (1994) assessed the implications of the change in sovereignty on the future development of Hong Kong's tourism industry. The findings suggested that the rapprochement between Taiwan (ROC) and China (PRC) and the booming economy of China have led to dramatic changes in the composition of visitor arrivals to the territory in recent years. However, the current political environment and the 1997 change in sovereignty from Britain to China will inevitably impact Hong Kong's current markets and its future market position and strategies.

From a different perspective of the international relations literature, realism and liberalism, the two dominant theories of international relations, provide widely contrasting views on the potential for activities below the level of the sovereign state to achieve peace. The debate rests on the premise that peace is characterized as the absence of war, and is only obtainable through a balance of power where neither state is capable of winning against the other, and thus rather than closer people-to-people ties or the possibility of national reunification (Burchill, 1995). Based on this view of international politics, tourism cannot either positively or negatively affect interstate relations. However, the finding of Kim et al. (2007) indicates that tourism has positively influenced the views of (Korean) Southerners on the macro or person-person level and also at the micro level of government-to-government contact. Tourism has also assisted in reduced feelings of mistrust towards the North (Korean) by Southerners thus assisting in the peace process. As a consequence, based on the success of track-one and track-two diplomacy, peace may be a realistic objective, provided that track-two diplomacy continues and develops.

## 3. Tourism between Taiwan and China

### 3.1. Rapprochement & travel between China and Taiwan

Many countries attach great importance to the development of travel industry in a view to balancing the payments of their national economy and foreign exchange. In recent years tourism has become one of the fastest growing sectors of the world economy and is widely recognized for its contribution to regional and national economic development (Seddighi & Theocharous, 2002: 437). As a developing country, China has been activating its tourism industry with great efforts since 1978 when the country established an open-door policy to tourists. The policy followed China's pursuit of a neoclassical approach by promoting its reform in the domestic and foreign economic policies that adopts the Chinese standard view of the 11th Plenum as the "turning point" in the history of the PRC's economic development (Luo, 2001: 29). In the meantime, the advent of the 21st century has created a new environment for the development of tourism industry in China, while China's entry into the World Trade Organization (WTO) has brought both promising opportunities and unprecedented challenges to the industry. Upholding a policy of openness and reform for more than 20 years, China has made some achievements in the economic development, which brought about a change in people's perception of tourism, and recognition of tourism as an industry as well (Du, 2004: 484).

The division between China and Taiwan was caused by political ideological conflict between the Nationalists and the Communists. On May 20, 1949, the "Emergency Decree"—a law to punish communists—was declared by the Kuomintang (KMT) on Taiwan and many other islands in the Taiwan Strait (Wakabayashi, 1995). Beginning on New Year's Day of 1979, China launched an all-out campaign for peaceful reunification between the mainland and Taiwan. The KMT gradually lifted its restrictions against discussing the issue of reunification with mainland China. Indirect mail from the mainland to Taiwan via Hong Kong was permitted (Yu, 1997).

Indirect trade between the two sides through Hong Kong, Japan and Singapore grew rapidly. By 1985, indirect trade between the mainland and Taiwan was estimated at $1.1 billion, doubled that of 1984. In the same year, the mainland became the fourth largest trading partner for Taiwan (Chi, 1995) and indirect exports from Taiwan to the mainland totaled $987 million (Chen and Hsieh, 1993: 273). This period was still characterized as zero-tourism stage although some Taiwan visitors quietly visited the mainland through a third country. However, the increased contact of the two peoples generated through travel has had a profound impact on the mutual understanding and relations on both sides of the Taiwan Strait. The increased travel volume prompted the establishment of semiofficial organizations on both sides to handle travel and business related issues and disputes. As a low-politics activity, tourism at this time has helped to ameliorate the tension and hostility between the two peoples in initial reconciliation. Travel between Taiwan and the mainland is greatly influenced by the changing political relations of the two governments. Many obstacles remain in the development of tourism and political relations between the two politically divided states (Yu, 1997).

Up to now, for China, Taiwan is not regarded as a country that deserves a formal foreign relationship and diplomacy with China. Instead, the bilateral relations are dealt with as internal and domestic affairs from China's angle. For China's leaders, the Taiwan issue is inextricably related to national self-respect and regime survival.

Today, China's main objective is not to assert direct territorial rule over Taiwan but to avoid the island's permanent loss. Consequently, the Chinese leadership will not jettison the one-China principle, the recognition of which remains a precondition to any serious political negotiations with Taipei (Swaine, 2004: 39-49). In general, from the perspective of the policy-making process, any individual leaders of the Chinese Communist Party (CCP) are not allowed much room to take political risks in dealing with Taiwan (Hsu, 2002: 130-164). More fundamentally, during the era of Reform a shared commitment among the CCP leaders to certain higher-level national strategic priorities—most importantly the nation's fundamental interests in maintaining a peaceful and stable surrounding environment for the sake of economic modernization—has facilitated the development of intra-Party consensus over the basic policy concerning the Taiwan issue. It has been widely shared among the CCP leaders that, as long as the prospect of peaceful reunification is effectively preserved, there is neither the urgency nor the strategic imperative to force a final resolution of Taiwan issues before China accomplishes its modernization task (Chu, 2003: 962). In other words, reunification is no more urgency for the new CCP leaders than a mission for the long haul.

Beijing, on one hand, has moderated its saber-rattling at Taiwan, while the cross-Strait confrontation remains in place. On the other hand, in accordance with its consequential decisions, Beijing made some pivotal tourism-oriented policies towards Taiwan after its

"Anti-Secession" legislation in 2005. On May 20 of the same year, China's National Tourism Administration (NTA) announced its polar policy to open Chinese tourism in Taiwan. Besides that, Beijing has announced the "Measures for the Administration of Chinese Citizens Traveling to or from the Region of Taiwan," all signifying China's open-door policy on tourism towards Taiwan has gone into high gear. In response to Beijing's initiative, Taiwan acknowledges that details of the measures hinge on negotiations with Beijing (Taipei Times, August 5, 2005).Currently, two categories ("category 2" and "category 3") of Chinese nationals are permitted to enter Taiwan and Taipei is planning to revise the policy regulating cross-Strait tourism to allow as many as 1,000 Chinese tourists to enter Taiwan per day for stays of up to 10 days. "Category 1," which isn't opened yet, is those traveling from China via Hong Kong and Macao. "Category 2" is those visiting a third country or conducting business via a third country, while "category 3" is those residing or studying overseas (including Hong Kong and Macao). The new initiative means Chinese travelers will hereafter be divided into four major groups, depending on their destination, and Chinese outbound tourists to Taiwan will be classified into the fourth group, which is most recently mandated. According to China's regulations, the other three groups are: (1) those going to "other" countries, who are covered by the 2002 "Measures for the Administration of the Overseas Tours of Chinese Citizens;" (2) tourists going to Hong Kong and Macao, covered by the "Notice of the State Administration of Tourism on the Relevant Issues concerning the Travel Agencies' Organizing Inland Residents to Travel to Hong Kong and Macao," also issued in 2002; and (3) those going to neighboring countries, covered by the "Interim Measures for the Administration of Tours of Neighboring Countries" of 1997.

## 3.2. The "Mini Three Links"

In the beginning of 2001, the suspension between Kinmen and Xiamen over the past nearly 50 years was reconnected by the "Mini Three Links" project, owing to a peaceful concession of the governments on both sides of the Taiwan Strait. The so-called "three links" are direct transportation, mail service and trade across the Taiwan Strait. Prior to the project, cross-Strait exchanges were totally cut off when President Chiang Kai-shek moved his KMT government to Taipei in 1949. Currently visitors, mail and trade from Taiwan to China are rerouted through a third country or territory, like Hong Kong; meanwhile, "Mini Three Links" are in place between the offshore island of Kinmen (of Taiwan) and Xiamen in the Chinese province of Fujian (Fukien) as well as between Matsu (of Taiwan) and Foochow (of China) (Hung, 2002: 20).This project was made possible as a result of reducing domestic pressure on the stalled opening of full direct links on Taipei's side, and represented a rapprochement at the current stage between the two governments across the Taiwan Strait after such a long period of confrontation (Chen, 2005: 48-61).

Basically, there are six areas identified in which detailed plans have been fleshed out, including transportation, passengers, trade, currency, quarantine, and shipping, among which passenger transportation is most favored. Residents of the outlying islands may be the only ones eligible to take advantage of cross-Strait transportation during the early stages of implementation of the "mini links," because the legal basis for the "mini links" is the "Offshore Island Development Act." Upon fully implementation, travelers from Taiwan will most likely have to pass through the outlying islands, with the intermediate ports there treated as third-country transshipment centers. Passenger transportation regulated in the project definitely marked a milestone for tourism between Kinmen and Xiamen, particularly for the two places used to be in conflict in the Cold War Era. During the transition, the Taiwanese Government was intentionally planning to provide local citizens and tourists in Kinmen with substantial recreational values. On October 18, 1995, Kinmen National Parks was established as Taiwan's sixth national park. This is the first national park in Taiwan dedicated to maintaining war history and memorials as well as historical assets while preserving nature and providing recreation. To ensure sustainable development of historical assets and protect natural environment in Kinmen, the Taiwanese government has been actively involved in preserving traditional Fujianese village, maintaining war memorial and historical landmark, and conserving biologically diversified environment.

Interestingly, at first Beijing was uninterested in the "mini links" project, and thus advocated officially that the "mini links" were not identical to the "direct links" that China has been hoping for, and that limited links projected by Taipei will not meet the needs of cross-Strait interaction (United Daily News, December 29, 2000: 2). Even though Beijing was highly critical of the policy in the first beginning, Zhang Qiyue, spokesman of the PRC Foreign Ministry, stressed that since the "mini links" will be beneficial to the people living on Kinmen and Matsu, the mainland will seek to facilitate their implementation. That Beijing had dropped its opposition to the links and had switched instead to active support was based on the perception of manipulating the policy in a strategic way from a neutral position to a more active position.

Although Beijing has not yet renounced its use of military force against Taiwan, the people-to-people contacts continue to increase through travel. Table 1 shows the total arrivals of visitors between Kinmen and Xiamen via the route of "mini links."

Table 1　Visitor numbers between Xiamen and Kinmen

| Year | Total number of tourists | Tourists from Kinmen to Xiamen | Tourists from Xiamen to Kinmen |
|------|--------------------------|--------------------------------|--------------------------------|
| 2001 | 10,689 | 9,738 | 951 |
| 2002 | 27,190 | 26,151 | 1,039 |
| 2003 | 81,718 | 78,782 | 2,936 |

| 2004 | 205,182 | 195,317 | 9,865 |
| 2005 | 258,636 | 244,504 | 14,132 |
| 2006 | 313,459 | 278,060 | 35,399 |
| Total | 896,874 | 832,552 | 64,322 |

The growth from 2001 to 2006 was evident from Table 1 as the height of the low-politics activity in this period was reached to a total number of nearly nine hundred thousand visitors year after year. According to the official statistics, between 2001 and 2006, passengers traveling via "mini links" from Xiamen to Kinmen accounted for only 64,322, outnumbered by those who traveled from Taiwan to Xiamen, which accounted for as many as 832,552. As a consequence, the project turned out to be in Beijing's advantage as the flowing tide of visitors from Kinmen greatly benefited Xiamen, hence the more progressive attitude of China. Evidences showed that Beijing has been constantly adjusting the "mini links" project from conservativeness to an incremental openness. In September of 2002, when Qian Qichen, Chinese Vice Premier, paid an inspection to Fujian province, the proclamation of the project that allowed the mainlanders to tour on Kinmen was first approved. In the ensuing year when Qian inspected Fujian again, detailed guidelines were added in the project, which according to Qian's perception stressed that Fujian would be by no means least involved in Beijing's policy-making towards Taiwan and could be more flexible and pliable, due to their geographical proximity and cultural similarity. Moreover, given the more favorable position after the "mini links",

Kinmen and Matsu were plotted in Beijing's two breakthrough points to further expand the implementation of the links (Chen, 2005: 57).

Under such guidelines, the announcement made by Fujian authorities in 2004 allowed citizens of Fujian province to make Kinmen-bound tourism trips before the end of the same year, also saying that this openness would reflect the spirit of the "Mini Three Links" that Taiwan initiated nearly three years ago, aiming at bolstering exchanges between people from both sides of the Taiwan Strait. Taiwan opened direct postal, trade and shipping links between Kinmen and Xiamen in January 2001. However, up to this point, China did not allow its citizens to travel to Kinmen for leisure trips until the end of 2004 (Taipei Times, September 27, 2004). The quick change of China's policy and strong support for the "mini links", on one hand, revealed that China hoped to set up cooperative ties and joint efforts for the promotion of tourism resources, and economic entities in the region of Fujian province, and Kinmen of Taiwan. On the other hand, this tourism-related policy aimed at integrating the tourism zone of the west coast of the Taiwan Strait, in light of Beijing's "Taiwan Strait West Coast Economic Zone" project. With a view to fulfilling this project, Fujian authorities has mapped out a plan to allow tourists from the "Pan Pearl River Delta" to make a tour on Kinmen. The "Pan Pearl River Delta" consists of nine provinces of China—Guangdong, Guangxi, Sichuan, Yunnan, Guizhou, Hunan, Jiangxi, Fujian, Hainan. Apparently, Beijing seems to be flexible when it attempts to set up closer economic exchanges or cooperation frameworks with Taiwan. The "mini links" provides a leeway for China to make up with Taiwan in dealing with misunderstandings that might occur in the bilateral relations. According to a local opinion poll, 72.8% of the respondents in Kinmen considered that the "Mini Three Links" project could help break the stalemate across the Taiwan Strait over the past 50 years (Ming Chuan University, 2004), representing a huge step of change in the perception of local people even though Kinmen used to be battlefront in its confrontation with China.

## 4. Research methods and sampling

Based on the aforementioned literature review and the status quo of tourism between China and Taiwan noted above, a structured questionnaire was designed and conducted using a sample of residents in Kinmen. The sample was restricted to persons who lived in Kinmen and was simply based on three reasons. First, until now empirical researches on China-Taiwan tourism trends are rare, and studies testing tourists who have traveled to and fro Xiamen and Kinmen do not exist. Second, since residents of Kinmen are allowed to travel freely and directly to Xiamen, they are able to understand the rationale for opening of tourism. Third, in-depth personal perception in Kinmen residents tends to be realized to define the change of political relations caused by tourism.

To carry out this research, a sample of 900 residents of Kinmen was targeted and surveyed by means of the structured questionnaire. The sample was taken at random at the five townships of Kinmen. After distributing all questionnaires from the beginning of March 2005 to the end of August in the same year, the authors successfully collected 701 out of 900, representing a response rate of 77.89%. Of the returned questionnaires, 652 were usable and effective. In consideration of some difficulties such as limited time and manpower, a convenient sampling method was chosen. The questionnaire was tested for reliability and generated good results.

The following stage of analysis was adopting basic descriptive statistics for all demographic items. In order to understand tourists' perception of China and the relations between Kinmen and Xiamen, items were listed based on mean response scores within each section. The ensuing methods contained a factor analysis of all attributes, including image of Chinese government and Kinmen-Xiamen relationship presented to produce a smaller, non-redundant set of standardized scores for the respondents. Lastly, a t-test was obtained for assessment of the differences between the respondents who had visited or had never visited China.

## 4.1. Profile of respondents

The demographic profile of the respondents is demonstrated in Table 2. There were 342 (52.6%) females and 308 (47.4%) males among the respondents. Most of the respondents were in the age group of 20-30 years, representing 38.6% of the respondents. The following three groups ranking in order were 31-40 (28.3%), 41-50 (20.8%), and 51-60 (9.5%). Nearly 45% (44.9%) of the respondents had college or university degrees and 35.3% had a high school degree. With regard to their occupations, 41.2% were soldiers, government officials, or teachers, 34.7% businessmen, 14.5% factory workers, and 9.6% farmers or fishermen. Among the respondents, 41.6% earned NT$300,000 and below a month, 26.3% NT$310,000-500,000, and 14.6% NT$510,000-700,000.

Table 2   Demographic profile of respondents

|  | Frequency | Percentage (%) |
|---|---|---|
| Gender |  |  |
| Female | 342 | 52.6 |
| Male | 308 | 47.4 |
| N = | 650 | 100.0 |
| Age group |  |  |
| 20-30 yr | 251 | 38.6 |
| 31-40 yr | 184 | 28.3 |
| 41-50 yr | 135 | 20.8 |
| 51-60 yr | 62 | 9.5 |
| 61 yr and above | 18 | 2.8 |
| N = | 650 | 100.0 |
| Education level |  |  |
| Primary school and below | 42 | 6.4 |
| Secondary school | 62 | 9.5 |
| High school | 230 | 35.3 |
| College or university | 293 | 44.9 |

| | | |
|---|---|---|
|    Postgraduate | 25 | 3.8 |
| N = | 652 | 100.0 |
| Occupation | | |
|   Farmer, fisherman | 62 | 9.6 |
|   Factory worker | 93 | 14.5 |
|   Businessman | 223 | 34.7 |
|   Solider, government official, teacher | 265 | 41.2 |
| N = | 643 | 100.0 |
| Monthly income (NT$) | | |
|   910,000 and above | 58 | 8.9 |
|   710,000-900,000 | 55 | 8.5 |
|   510,000-700,000 | 95 | 14.6 |
|   310,000-500,000 | 171 | 26.3 |
|   300,000 and below | 270 | 41.6 |
| N = | 649 | 100.0 |

## 4.2. Traveling experiences of Kinmen tourists to Xiamen

Concerning the traveling experiences of Kinmen residents to Xiamen, three questions were asked respectively such as the number of trips, their average expenditure, and purpose of visiting. The result is shown in Table 3. About 31% of the respondents reported not having any traveling experience to Xiamen after the implementation of "Mini Three Links" project. Nearly 30% of the respondents answered 1-2 times of traveling experiences, followed by "3-4 times" (14.8%). With regard to their average expenditure, the respondents most often answered "NT$10,001-20,000" (40.4%), followed by "NT$10,000 and below" (33.4%), "NT$20,001-30,000"

(17.4%). The most important motive of traveling to Xiamen by the respondents was for tourism (61.3%). The second most popular purpose was to do business (14.9%), and the third was to visit friends and relatives (9.6%).

Table 3   Traveling experiences of respondents

|  | Frequency | Percentage (%) |
|---|---|---|
| Number of trips to Xiamen |  |  |
| None | 202 | 31.0 |
| 1-2 | 196 | 30.1 |
| 3-4 | 96 | 14.8 |
| 5-6 | 53 | 8.1 |
| 7-8 | 35 | 5.4 |
| 9-10 | 12 | 1.8 |
| 11 and above | 57 | 8.8 |
| N = | 651 | 100.0 |
| Average expenditure (NT$) |  |  |
| 10,000 and below | 157 | 33.4 |
| 10,001-20,000 | 190 | 40.4 |
| 20,001-30,000 | 82 | 17.4 |
| 30,001-40,000 | 19 | 4.1 |
| 40,001 and above | 22 | 4.7 |
| N = | 470 | 100.0 |
| Motive of trips |  |  |
| Tourism | 383 | 61.3 |
| Business | 93 | 14.9 |
| Visiting friends & relatives | 60 | 9.6 |
| Pilgrimage | 40 | 6.4 |
| Cultural exchanges | 49 | 7.8 |
| N = | 625 | 100.0 |

# 5. Kinmen tourists' perceptions of China

## 5.1. Image of China by Kinmen tourists after the "Mini Three Links"

To analyze Kinmen tourists' perceptions of China since tourism inaugurated between Kinmen and Xiamen, questions about tourists' attitude were designed, including their impression of China and the effect caused by the "Mini Three Links." Table 4 demonstrates the results of the analysis based on the mean scores measured on a Likert scale from 1 to 5 (strongly disagree to strongly agree). In response to queries about exchanging tourism activities with Xiamen, 38% of the respondents agreed or strongly agreed that Kinmen would economically lean on Xiamen (mean score = 3.06), and 41% of the respondents agreed or strongly agreed that Kinmen and Xiamen had better relations with each other (mean score = 3.22). When asked if tourism via the "mini links" will lead to an eventual reunification, almost 50% (49%) of respondents showed a neutral position, while only 29% of respondents agreed or strongly agreed (mean score = 3.08).

Table 4    Kinmen tourists' perceptions of China (N = 601)

| Items | Strongly disagree (%) | Disagree (%) | Neutral (%) | Agree (%) | Strongly agree (%) | Mean | Std. |
|---|---|---|---|---|---|---|---|
| Kinmen will lean on Xiamen economically after the "mini links" | 6 | 25 | 32 | 32 | 6 | 3.06 | 1.012 |
| The relations between Kinmen and Xiamen have been better after the "mini links" | 5 | 13 | 41 | 35 | 6 | 3.22 | 0.951 |
| Tourism via the "mini links" will lead to an eventual reunification | 5 | 16 | 49 | 24 | 5 | 3.08 | 0.903 |
| You have good feelings about Xiamen | 5 | 13 | 41 | 36 | 5 | 3.21 | 0.919 |
| Your perception of the PRC is good | 18 | 33 | 40 | 7 | 2 | 2.42 | 0.939 |
| Your perception of the (Mainland) Chinese government officials is good | 20 | 34 | 39 | 6 | 1 | 2.35 | 0.909 |

Interestingly, in regard to Kinmen tourists' perception of China, the respondents showed an ambivalent feeling. More than 52% of respondents disagreed that they had good feelings about China (PRC) (mean score = 2.42), and a higher level of respondents (54%) denied a positive image of the (Mainland) Chinese government officials (mean score = 2.35). On the contrary, 41% of the respondents showed a substantially high level of agreement on a question about

Kinmen tourists having good feelings about Xiamen (mean score = 3.21). These results seemed to confirm that although the respondents were conservative and neutral in some ideological questions, they tended to be more interested in the substantial and economic parts rather than the political parts, and believed that the relationship between Kinmen and Xiamen had become tighter and closer after the "Mini Three Links."

## 5.2. Factorial analysis of Kinmen tourists' perceptions of China

For a further analysis of image of China by the respondents, an exploratory factorial analysis was undertaken for the scales referring to the attributes of Kinmen residents' perceptions of China and the links between Kinmen and Xiamen. With the aim of reducing their dimensions and identifying the determinant factors, a principal components analysis was carried out in advance. First of all, all attributes were classified into two "factors" according to their characteristics. "Factor 1" group, which featured in the respondents' impression on China as well as its government officials was called "Image of China." "Factor 2" group, which contained the elements of relations between Kinmen and Xiamen since the two sides opened tourism to each other, was named "Kinmen-Xiamen relationship." More precisely, "Factor 1" contained the items of "Your perception of the PRC is good," and "Your perception of the (Mainland) Chinese government officials is good." However, "Factor 2" contained the other attributes pertaining to the Kinmen-Xiamen relations, namely, "Kinmen will lean on Xiamen economically after the "mini links"," "The relations between Kinmen and Xiamen have been better after the 'mini links'," "Tourism via the 'mini links' will lead to an eventual reunification," and "You have good feelings about Xiamen." Table 5 shows that the variances explained (%) of the two factors are 30.49 and 26.70 respectively, making the cumulative variance explained as high as 57.19%. Besides that, KMO (Kaiser-Meyer-Olkin) is .624 (>.05), and Bartlett is 760.000, representing statistically a relationship of significance (p< .000). The results suggested that it was suitable to maintain the arranged items in each factor for a following analysis.

In order to realize the relationship between the "factors" mentioned above and Kinmen tourists' attitude, the authors adopted a t-test (see Table 6). In the aspects of Kinmen-Xiamen relationship, the results didn't show a statistically significant difference between the respondents who claimed ever or never to have been to Xiamen. On the contrary, the results revealed a statistically significant difference between the respondents who had and hadn't traveling experiences to Xiamen with regard to the image of China, such as the items of "Your perception of the PRC is good," and "Your perception of the (Mainland) Chinese government officials is good." The results disclosed the fact that for the respondents of Kinmen who had never been to Xiamen, they might have a stronger disagreement on acquiring a good image of the PRC and the Chinese government officials than those who had experiences of visiting there.

Table 5    Factorial analysis of Kinmen tourists' perceptions of China

| | | Factor loading | Eigen value | Variance explained (%) | Cumulative variance explained (%) | Cronbach α |
|---|---|---|---|---|---|---|
| Factor 1 (Image of China) | Your perception of the PRC is good | .890 | | | | |
| | Your perception of the (Mainland) Chinese government officials is good | .901 | 1.83 | 30.49 | 30.49 | |
| Factor 2 (Kinmen-Xiamen relationship) | Kinmen will lean on Xiamen economically after the "mini links" | .657 | | | | .6529 |
| | The relations between Kinmen and Xiamen have been better after the "mini links" | .669 | | | | |
| | Tourism via the "mini links" will lead to an eventual reunification | .619 | 1.60 | 26.70 | 57.19 | |
| | You have good feelings about Xiamen | .571 | | | | |

Table 6    T-test of correlation between Kinmen residents' traveling experiences and their perceptions of China

| Factors | Experiences of traveling to Xiamen | Frequency ( N = 651) | Mean score | Standard deviation | T-value | Sig. |
|---|---|---|---|---|---|---|
| Image of China | Yes | 449 | 2.4521 | .86952 | -3.179 | .002 |
| | No | 202 | 2.2327 | .78880 | | |
| Kinmen-Xiamen relationship | Yes | 450 | 3.1678 | .61615 | -1.676 | .095 |
| | No | 201 | 3.0808 | .60930 | | |

# 6. Conclusions and implications

Tourism, along with its obvious international economic impact transcends governmental boundaries by bringing peoples of the world closer together through the understanding of different cultures, environments and heritage. It is potentially one of the most important vehicles for promoting understanding, trust, and goodwill among peoples of the world (D'Amore, 1988b). By contrast, based on a different perspective of international politics, peace is not simply characterized as closer interpersonal relationship. Hence tourism cannot either positively or negatively affect national reunification, e.g. inter-Korea relations (Kim, Prideaux & Prideaux, 2007). The major goals of this study were to understand issues regarding tourism between Kinmen and Xiamen via the "Mini Three Links," and to examine empirically the political context of tourism in light of Kinmen residents' perceptions of China after visiting there. As a result, in-depth personal perceptions in Kinmen's residents were realized and change of tourists' political ideologies caused by traveling experiences was evident.

Further, since Communist governments have a history of utilizing tourism to control contact between their own citizenry (Kim, Timothy & Han, 2007), it seems no different in the context of the "Mini Three Links." In the perception of China, Taiwan is part of China, and as China has, in some degree, willingness to move toward a peaceful reunification with Taiwan, using tourism to fulfill the prescribed purpose can be one of the options. This is obvious in the case of the "mini links," judging from the open-door policy on tourism that was released little by little. In this sense, the tourism project is more like the one that Korea have used as a conduit and an aid for improving political relations and rapprochement between the North and South (Kim & Prideaux, 2003). According to the study, 61.3% of the respondents admitted their main motivation of traveling from Kinmen to Xiamen was tourism, and 14.9% doing business. Apparently the "Mini Three Links" project makes a special and quick tunnel for businesspeople of Taiwan to travel to the opposite side of the Strait, and the convenience of visiting has helped enhance the opportunities and willingness for residents of Kinmen to visit China.

Based on the findings, respondents showed a high mean score on "the relations between Kinmen and Xiamen have been better after the 'mini links'" (mean of 3.22). Likewise, the mean score on "you have good feelings about Xiamen" is also high (mean score of 3.21). More fundamentally, a further factorial analysis revealed that traveling experiences do have influences on the perceptions of respondents in regard to the image of China and its government officials. As a consequence, the respondents having no experiences of traveling to Xiamen showed a stronger disagreement on the positive image of the PRC and the Chinese government officials. The results of this study indicate that the relations between Kinmen and Xiamen have been affiliated and become closer after the venture commenced, according to the respondents. The findings also support the view that tourism has significant potential to develop a more positive image of a long-term enemy on a person-to-person basis, and that tourism does have a role to play in improving relations at least on the level of track-two diplomacy, thus paves the way for more harmonious relations (Kim, Prideaux & Prideaux, 2007). By the same token, the results of the study suggest that given the degree of animosity that used to exist between Kinmen and Xiamen, increased interaction between people of different political ideologies can have a positive effect on the attempts to achieve peaceful relations. In the case of "Mini Three Links," the outcome of the study is consistent with theories that low politics activity can be an effective force to reduce tension and in turn greatly influence political relations. This finding is especially important and suggestive, because after Beijing's adoption of the "Anti-Secession Law," which serves to provide a legal basis for the use of "non-peaceful" means to oppose the cause of Taiwan independence, its military drills directed at Taiwan on the southeast coast of China have yet to abate. As Yu (1997) indicated that the tide of travel across the Taiwan Straits would be difficult to reverse while serious tensions continue to exist, the finding of this study reemphasizes the importance of the role that tourism is playing in connecting China and Taiwan.

By contrast, the respondents showed their conservative attitude in some more political and ideological questions. While being asked if "tourism via the "mini links" will lead to an eventual reunification," nearly fifty percent of respondents showed a neutral position, representing a mean score of 3.08. Further, in the queries about respondents' perception of China, respondents showed a higher disagreement on the positive image of the PRC and its government officials, representing mean scores of 2.42, and 2.35 respectively. The results seem to be inconsistent with the aforementioned outcome that respondents showed optimism about Kinmen-Xiamen relationship, as well as their having good feelings about Xiamen. The results may confirm that respondents are more interested in the low-profile people-to-people interaction than the high-level and political issues. In the case of "Mini Three Links," it is argued that although tourism has positively influenced the views of Kinmen residents on the macro or person-to-person level, it is far from jumping into conclusion that tourism may simultaneously have impacts on the micro level of government-to-government reconciliation or eventual national reunification.

In summary, from the perspective of person-to-person contact, the role that tourism plays in connecting Beijing and Taipei through the "Three Mini Links" is positive and evident, because tourism acts as a catalyst in the development of regional economic interdependence and intersection of the macro level between Kinmen and Xiamen. The finding showed that 38% of the respondents acknowledged that Kinmen would economically lean on Xiamen, and 41% agreed a closer relationship between Kinmen and Xiamen, all representing a huge step of change in the perceptions of Kinmen residents. Aside from political factors, economic factors such as bilateral trade links, suggested by Chul (2001), are identified as causes for reunification of divided nations. In the case of China and Taiwan, factors contributed to an eventual reunification are far and away more complicated. Tourism alone can not definitely prevent war or lead to reunification because the strength of person-to-person interaction and sentiments is outweighed by political elements. However, the findings of this study suggest that tourism has assisted in promoting incremental peaceful environment in the regions of Kinmen and Xiamen, as well as in reduced feelings of aversion towards China by Kinmen residents, particularly by those who have traveled to Xiamen owing to the tourism project. According to the study, it is suggested and hoped that given the opportunities of reciprocal tourism continue to develop, tourism may be an effective instrument for reducing hostilities across the Taiwan Strait. This observation is supported by Butler and Mao's notion (1996) that as the frequency of travel increases, conditions are likely to be more conducive to peace, and that of Kim, Prideaux & Prideaux (2007) that tourism is a facilitator of peace, and vice versa. Provided that a peaceful condition between China and Taiwan prolongs, tourism across the Taiwan Strait may continue to grow as suggested by Litvin (1998) that tourism is on the contrary a beneficiary of peace.

## References

Altinay, L., & Bowen, D. (2006). Politics and tourism interface: The case of Cyprus. *Annals of Tourism Research*, 33(4), 939-956.

Anastasopoulous, P. G. (1992). Tourism and attitude change Greek tourists visiting Turkey. *Annals of Tourism Research, 19*, 629-642.

Burchill, S. (1995a). Realism and neorealism. In, S. Burchill, R. Devetak, A. Linklater, M. Paterson, C. Reus-Smit, and J. True, (eds.), *Theories of International Relations*. New York: Palgrave. 70-102.

Burchill, S. (1995b). Liberalism. In, S. Burchill, R. Devetak, A. Linklater, M. Paterson, C. Reus-Smit, and J. True, (eds.), *Theories of International Relations.* New York: Palgrave. 29-69.

Butler, R. W., & Mao, B. (1996). Conceptual and theoretical implications of tourism between partitioned states. *Asia Pacific Journal of Tourism Research, 1*(1), 25-34.

Buzan, B., Wæver, Ole, & Wilde, Jaap de. (1998). *Security—A new framework for analysis.* US: Lynne Rienner Publishers.

Chen, C. L., & Hsieh, C. 1993. *A chronicle of the relations between the Taiwan Straits.* Beijing: Chinese History Press.

Chen, C. M. (2005). China's strategies towards the Kinmen-Xiamen "Mini Three Links", *Prospect & Exploration, 3*(5), 48-61.

Chi, S. (1995). *Taiwan's economic role in east Asia.* Washington D.C.: The Center for Strategic and International Studies.

Choy, D., Dong, G., & Wen, Z. (1986). Tourism in PR China: Market trends and changing policies. *Tourism Management, 7*, 197-201.

Chu, Yun-han. (2003). Power transition and the making of Beijing's policy towards Taiwan. *The China Quarterly, 176*, 960-980.

Chul, Y. (2002). The implication for German unification for Korea: Legal, political and international discussions. In Korean National Commission for UNESCO, (ed.), *Korean politics: Striving for democracy and unification.* Hollym: Seoul. 110-121.

D'Amore, L. (1988). Tourism: A vital force for peace. *Annals of Tourism Research, 15,* 268-271.

D'Amore, L. (1999). Tourism: The world's peace industry. *Annals of Travel Research, 27*(1), 35-40.

Du, Chiang. (2004). Economic development in China and changes in concepts of leisure of the Chinese. In Du Chiang, (ed.), *Selected works of tourism research.* Beijing: Tourism Education Press, 28-36.

Guo, Y., Kim, S., Timothy, D., & Wang, K. (2006). Tourism and reconciliation between Mainland China and Taiwan. *Tourism Management, 27*(5), 997-1005.

Hall, C. M. (1994). *Tourism and politics: Policy, power and place.* Chichester: Wiley.

Hall, D. R. (1984). Foreign tourism under socialism: The Albanian Stalinist model. *Annals of Tourism Research, 11,* 539-555.

Harrison, D. (2004). Introduction: Contested narratives in the domain of world heritage. *Current Issues in Tourism, 7(4/5),* 281-290.

Hobson, J. S. P., & Ko, G. (1994). Tourism and politics: the implications of the change in sovereignty on the future development of Hong Kong's tourism industry. *Journal of travel Research, 32*(4), 2-8.

Hsu, S. C. (2002). The impact of the PRC's domestic politics on cross-strait relations. *Issues & Studies, 38*(1), 130-164.

Huang, T.C. (1993). Current and future education exchange between the Taiwan Straits. In R. C., Chu (ed.), *A review of cultural exchanges between the Taiwan Straits.* Taipei: Taiwan Straits Exchange Foundation. 176-202.

International Institute for Peace Through Tourism (IIPT). (2002). <http://www.iipt.org/index.html/, visited 1 February, 2002>.

Jafari, J. (1989). Tourism and peace. *Annals of Tourism Research, 16,* 439-444.

Jayawardena, D. (2003). Revolution to revolution: Why is tourism booming in Cuba? *International Journal of Contemporary Hospitality Management, 15,* 52-58.

Kim, S. S., & Prideaux, B. (2003). Tourism, peace, politics and ideology: Impacts of the Mt. Gumgang tour project in the Korean Peninsula. *Tourism Management, 24*(6), 675-685.

Kim, S. S., Prideaux, B., & Prideaux, J. (2007). Using tourism to promote peace on the Korean peninsula. *Annals of Tourism Research, 34*(2), 291-309.

Kim, S. S., Timothy, D. J., & Han, H. C. (2007). Tourism and political ideologies: A case of tourism in North Korea. *Tourism Management, 28*(4), 1031-1043.

Kim, Y., & Crompton, J.L. (1990). Role of tourism in unifying the two Koreas. *Annals of Tourism Research, 17*(3), 353-366.

Kreck, L. A. (1998). Tourism in former Eastern European societies: Ideology in conflict with requisites. *Journal of Travel Research, 36,* 62-67.

Lepp, A., & Gibson, H. (2003). Tourist roles, perceived risk and international tourism. *Annals of Tourism Research*, 30, 606-624.

Lew, A., & Yu, L. (1995). *Tourism in China: Geographic, political, and economic perspectives.* Boulder, CO: Westview Press.

Litvin, S. W. (1998). Tourism: The world's peace industry? *Journal of Travel Research, 37*(1), 63-66.

Luo, Qi. (2001). *China's industrial reform and open-door policy (1980-1997).* Aldershot: Ashgate.

Matthews, H. G., & Ritcher, L. K. (1991). Political science and tourism. *Annals of Tourism Research, 18,* 120-135.

Milman, A., Reichel, A., & Pizam, A. (1990). The impact of tourism on ethnic attitudes: The Israeli-Egyptian case. *Journal of Travel Research, 29,* 45-49.

Ming Chuan University, (2004). *Opinion poll on the "Mini Three Links".* Taipei: Ming Chuan University.

Park, H. S. (1996). *North Korea: Ideology, politics, economy.* Englewood Cliffs, NJ: Prentice Hall.

Richter, L. K. (1983). Political implications of Chinese tourism policy. *Annals of Tourism Research, 10,* 395-413.

Richter, L. K. (1989). *The politics of tourism in Asia.* Honolulu: University of Hawaii Press.

Seddighi, H. R., & Theocharous, A. L. (2002). A model of tourism destination choice: A theoretical and empirical analysis." *Tourism Management, 23*(5), 475-487.

Sönmez, S., & Apostolopoulos, Y. (2000). Conflict resolution through tourism cooperation? The case of the partitioned island-state of Cyprus. *Journal of Travel Research, 22*(3), 37-39.

Swaine, Michael. (2004). Trouble in Taiwan. *Foreign Affairs, 83*(2), 39-49.

Taipei Times. (2004). Matsu welcomes China's decision to allow tourist visits.　September 27, <http://english.www.gov.tw/TaiwanHeadlines/index.jsp?categid=10&recordid=55731>.

Taipei Times. (2005). China tours hinge on Beijing. August 5, < http://english.www.gov.tw/TaiwanHeadlines/index.jsp?categid=8&recordid=54701>.

Timothy, D. (2001). *Tourism and political boundaries.* London: Routledge.

Var, T., Brayley, R., & Korsay, M. (1989). Tourism and world peace: Case of Turkey. *Annals of Tourism Research, 16*(2), 282-286.

Var, T., Schluter, R., Ankomah, P., & Lee, T.H. (1989). Tourism and peace: The case of Argentina. *Annals of Tourism Research, 16*(3), 431-434.

Wakabayashi, M. (1995). Two nationalisms concerning Taiwan: A historical retrospect and prospects. In J.J. Wu (Ed.), *Divided nations: the experience of Germany, Korea, and China.* Taipei: Institute of International Relations. 170-192.

Wen, J. (1997). China's domestic tourism: Impacts, development and trends. *Tourism Management, 18,* 567-571.

World Tourism Organization. (1997). *Tourism: 2020 Vision—Executive Summary.* World Tourism Organization.

Yu, L. (1997). Travel between politically divided China and Taiwan. *Asia Pacific Journal of Tourism Research, 2*(1), 19-30.

Zhang, G. (1993). Tourism across the Taiwan Strait. *Tourism Management, 14*(3), 228-231.

Zhang, G. (2002). China's tourism since 1978: Policies, experiences and lessons learned. In A. A. Lew, L. Yu, J. Ap, & G. Zhang (Eds.), *Tourism in China.* New York: Haworth. 13-34.

Zhang, Q., & Lam, T. (2004). Human resources issues in the development of tourism in China: Evidence from Heilongjiang Province. *International Journal of Contemporary Hospitality Management, 6* (1), 45-52.

（本文發表於「2007 小三通試辦六週年」學術研討會，
金門縣政府等主辦，2007 年 10 月 23 日至 25 日）

# 附錄一　離島建設條例

總統 89.4.5 華總一義字第八九○○○八九二六○號令公布

總統 91.2.6 華總一義字第○九一○○○二三六三○號令公布修正

第　一　條　　為推動離島開發建設，健全產業發展，維護自然生
　　　　　　　態環境，保存文化特色，改善生活品質，增進居民福利，
　　　　　　　特制定本條例；本條例未規定者，適用其他法律之規定。

第　二　條　　本條例所稱之離島，係指與台灣本島隔離屬我國管
　　　　　　　轄之島嶼。

第　三　條　　本條例所稱重大建設投資計畫，係指經中央主管機
　　　　　　　關認定之重要產業投資或交由民間機構辦理公共建設之
　　　　　　　計畫。

第　四　條　　本條例之主管機關：在中央為行政院；在直轄市為
　　　　　　　直轄市政府；在縣（市）為縣（市）政府。

　　　　　　　　為審議、監督、協調及指導離島建設，中央主管機
　　　　　　　關得設置離島建設指導委員會，由行政院院長召集之。

　　　　　　　　前項指導委員會之主要職掌為審議離島綜合建設實
　　　　　　　施方案及協調有關離島重大建設計畫推動等事項；其設
　　　　　　　置要點，由行政院定之。

第　五　條　　縣（市）主管機關應依據縣（市）綜合發展計畫，
　　　　　　　擬訂四年一期之離島綜合建設實施方案，其內容如下：
　　　　　　　一、方案目標及實施範圍。

二、實施策略。

三、基礎建設。

四、產業建設。

五、教育建設。

六、文化建設。

七、交通建設。

八、醫療建設。

九、觀光建設。

十、警政建設。

十一、社會福利建設。

十二、天然災害防制及濫葬、濫墾、濫建之改善。

十三、分年實施計畫及執行分工。

十四、分年財務需求及經費來源。

十五、其他。

第　六　條　　離島綜合建設實施方案應經離島建設指導委員會審議通過，報請行政院核定後實施。

前項實施方案，縣（市）主管機關每四年應通盤檢討一次，或配合縣（市）綜合發展計畫之修正，進行必要之修正；其修正程序，依前項程序辦理。

為鼓勵離島產業發展，經中央主管機關認定為重大建設投資計畫者，其土地使用變更審議程序，自申請人送件至土地使用分區或用地變更完成審查，以不超過一年為限。

前項重大建設投資計畫之認定標準，由離島建設指導委員會擬定，報請行政院核定之。

重大建設投資計畫其土地使用變更由縣（市）政府核定之。不受非都市土地使用管制規則暨相關法令之限制。

離島重大建設投資計畫所需用地，屬公有土地者，目的事業主管機關得辦理撥用後，訂定期限以出租、設定地上權、信託或以使用土地之權利金或租金出資方式，提供民間機構使用，不受土地法第二十五條、國有財產法第二十八條或地方政府公產管理法令之限制。

離島重大建設投資計畫屬交由民間機構辦理公共建設者，其所需用地屬私有土地時，由目的事業主管機關或民間機構與土地所有權人協議以一般買賣價格價購，協議不成或無法協議時，目的事業主管機關得辦理徵收；於徵收計畫中載明以聯合開發、委託開發、合作經營、出租、設定地上權、信託或以使用土地之權利金或租金出資方式，提供民間機構開發、興建、營運，不受土地法第二十五條、國有財產法第二十八條或地方政府公產管理法令之限制。

目的事業主管機關或縣（市）政府為因應民間機構投資離島重大建設取得所需土地，得選定適當地區，報請中央主管機關核准後逕行辦理區段徵收；區段徵收範圍確定後，經規劃為因應民間機構投資之土地得預為標售，不受平均地權條例第五十三條及第五十五條之二之限制。

第　九　條　　本條例適用之地區，於實施戰地政務終止前，因徵收、價購或徵購後登記為公有之土地，土地管理機關已無使用或事實已廢棄使用者，原土地所有權人或其繼承

人得於本條例公布之日起三年內向該管土地管理機關申請按收件日當年度公告土地現值計算之地價購回其土地。但徵收、價購或徵購之價額超出該計算所得之地價時，應照原徵收或價購之價額購回，土地管理機關接受申請審查合於規定者，應通知該申請人，於三十日內繳價，逾期不繳價者，視為放棄。土地管理機關於接受申請後，應於三十日內答覆申請人，申請人得向土地所在地縣（市）政府申請調處。

縣（市）政府為前項調處時得準用土地法第五十九條規定處理。

澎湖地區之土地，凡未經政府法定程序徵價購者，應比照辦理。

第九條之一　本條例適用之土地於金門馬祖東沙南沙地區安全及輔導條例第十四條之一適用期間申請發還土地者，因該土地為政府機關使用或已移轉於私人致無法發還土地，得自本條例修正施行之日起二年內，請求該公地管理機關或原處分機關以申請發還時之地價補償之，其補償地價準用土地徵收條例第三十條規定辦理。

前項補償條件、申請期限、應附證件及其他事項之辦法，由行政院定之。

第九條之二　本條例適用之地區於實施戰地政務終止前，曾於金馬地區申請核准荒地承墾並已依限實施開墾，倘其後因軍事原因致未能繼續耕作取得所有權者，承墾人或其繼承人自本條例修正施行之日起二年內，得向該公地管理

　　　　　　　機關申請補償其開墾費，其已取得耕作權者，按其取得
　　　　　　　耕作權之年限，以申請時之公告土地現值計算補償之。

　　　　　　　　　前項補償條件、申請期限、應附證件、補償金額及
　　　　　　　其他事項之辦法，由行政院定之。

第　十　條　　澎湖、金門及馬祖地區之營業人，於當地銷售並交
　　　　　　　付使用之貨物或於當地提供之勞務，免徵營業稅。

　　　　　　　　　澎湖、金門及馬祖地區之營業人進口並於當地銷售
　　　　　　　之商品，免徵關稅，其免稅項目及實施辦法由財政部定
　　　　　　　之。

第　十一　條　　各離島駐軍或軍事單位，在不妨礙國防及離島軍事
　　　　　　　安全之原則下，應積極配合離島各項建設，並隨時檢討
　　　　　　　其軍事防務，改進各種不合時宜之軍事管制措施。

　　　　　　　　　為辦理前項事項，行政院應每年定期召集國防部及
　　　　　　　相關部會、當地民意代表及社會人士，舉行檢討會議，
　　　　　　　提出配合離島建設與發展之具體措施。

第　十二　條　　離島地區接受國民義務教育之學生，其書籍費及雜
　　　　　　　費，由教育部編列預算補助之。

　　　　　　　　　因該離島無學校致有必要至台灣本島或其他離島受
　　　　　　　義務教育之學生，其往返之交通費用，由教育部編列預
　　　　　　　算補助之。

第　十三　條　　為維護離島居民之生命安全及身體健康，行政院應
　　　　　　　編列預算補助在離島開業之醫療機構，並訂定特別獎勵
　　　　　　　及輔導辦法。

　　　　　　　　　對於應由離島緊急送往台灣本島就醫之急、重症病
　　　　　　　人，其往返交通費用，由行政院衛生署補坐。

第 十四 條　　離島用水、用電，比照台灣本島平均費率收取，其
　　　　　　　營運單位因依該項費率收費致產生之合理虧損，由中央
　　　　　　　目的事業主管機關審核後，編列預算撥補之。但蘭嶼地
　　　　　　　區住民自用住宅之用電費用應予免收。

第 十五 條　　依本條例所為之離島開發建設，由中央政府編列預
　　　　　　　算專款支應，若有不足，由離島開發建設基金補足之。

第 十六 條　　為加速離島建設，中央主管機關應設置離島建設基
　　　　　　　金，基金總額不得低於新台幣參佰億元，基金來源如下：
　　　　　　　一、中央政府分十年編列預算或指定財源撥入。
　　　　　　　二、縣（市）主管機關編列預算撥入。
　　　　　　　三、基金孳息。
　　　　　　　四、人民或團體之捐助。
　　　　　　　五、其他收入。
　　　　　　　　　離島建設基金之收支、保管及運用辦法，由行政院
　　　　　　　定之。

第 十七 條　　第十二條至第十四條之補助辦法，由離島建設指導委
　　　　　　　員會會同各目的事業主管機關擬訂，報請行政院核定之。
　　　　　　　　　澎湖、金門及馬祖地區之教育文化應予保障，對該
　　　　　　　地區人才之培養，應由教育部會同相關主管機關訂定保
　　　　　　　送辦法，以扶助並促其發展。

第 十八 條　　為促進離島發展，在台灣本島與大陸地區全面通航
　　　　　　　之前，得先行試辦金門、馬祖、澎湖地區與大陸地區通
　　　　　　　航，台灣地區人民經許可後得憑相關入出境證件，經查
　　　　　　　驗後由試辦地區進入大陸地區，或由大陸地區進入試辦

地區，不受台灣地區與大陸地區人民關係條例等法令限
制；其實施辦法，由行政院定之。

第 十九 條　　本條例施行細則，由中央主管機關定之。

第 二十 條　　本條例自公布日施行。

# 附錄二　試辦金門馬祖與
# 大陸地區通航實施辦法

第　一　條　　本辦法依離島建設條例第十八條及台灣地區與大陸
　　　　　　　　地區人民關係條例（以下簡稱本條例）第九十五條之一
　　　　　　　　第二項規定訂定之。

第　二　條　　依本辦法試辦通航之港口，由交通部報請行政院指
　　　　　　　　定為離島兩岸通航港口後，公告之。

第　三　條　　中華民國船舶或大陸船舶經申請許可，得航行於離
　　　　　　　　島兩岸通航港口與經交通部核定之大陸地區港口間；外
　　　　　　　　國籍船舶經特許者，亦同。

　　　　　　　　　　大陸船舶入出離島兩岸通航港口及在港口停泊期間
　　　　　　　　應遵行之相關事項，得由交通部或有關機關另定之。

第　四　條　　經營離島兩岸通航港口與大陸地區港口間之定期固
　　　　　　　　定航線業務者，依航業法向當地航政主管機關申請，核
　　　　　　　　轉交通部許可後，始得航行。

　　　　　　　　　　大陸地區之船舶運送業應委託在台灣地區船務代理
　　　　　　　　業，申請前項許可。

第　五　條　　經營前條業務以外之不定期航線業務者，應逐船逐
　　　　　　　　航次專案向離島兩岸通航港口之航政機關申請許可，始
　　　　　　　　得航行。

第 六 條　　本辦法施行前已設籍金門、馬祖之漁船，經依船舶
　　　　　　法申請變更用途，並於註銷漁業執照或獲准休業後，得
　　　　　　向當地縣政府申請許可從事金門、馬祖與大陸兩岸間之
　　　　　　水產品運送；其許可條件，由當地縣政府定之。

　　　　　　　　前項以船舶經營水產品運送而收取報酬者，應另依航
　　　　　　業法及其相關法規規定，向航政主管機關申請營業許可。

　　　　　　　　第一項已設籍金門、馬祖之漁船，經許可得航行至
　　　　　　大陸地區，其許可條件，由當地縣政府擬訂，報請中央
　　　　　　主管機關核定。

第 七 條　　船舶入出離島兩岸通航港口，應依指定之航道航行。

　　　　　　　　前項航行航道，由交通部會同相關機關劃設並公告之。

　　　　　　　　船舶違反第一項規定者，得廢止其航行許可，並按
　　　　　　其情節，得對所屬船舶所有人申請船舶航行案件，不予
　　　　　　許可。

第 八 條　　船舶入出離島兩岸通航港口，應開啟國際海事通信
　　　　　　頻道，並依交通部規定，於一定期限內裝設船位自動回
　　　　　　報系統或電子識別裝置。

第 九 條　　船舶入出離島兩岸通航港口，港務及棧埠管理相關
　　　　　　業務，應依各該港口港務及棧埠管理規定辦理。

第 十 條　　在金門、馬祖設有戶籍六個月以上之台灣地區人
　　　　　　民，得向內政部入出國及移民署在金門、馬祖所設服務
　　　　　　站（以下簡稱服務站）申請許可核發入出境許可證，經
　　　　　　查驗後由金門、馬祖入出大陸地區。台灣地區人民有下
　　　　　　列情形之一者，得向服務站申請許可於護照加蓋章戳，
　　　　　　持憑經查驗後由金門、馬祖入出大陸地區：

一、經經濟部許可在大陸地區投資之事業，其負責人與
　　所聘僱員工，及其配偶、直系血親。

二、在大陸地區投資事業負責人及所聘僱員工之子女，
　　或為外商在大陸地區所聘僱台籍員工之子女，於金
　　門、馬祖就學者，及其直系血親。

三、在大陸地區福建出生或籍貫為大陸地區福建之榮民。

四、在金門、馬祖出生或於中華民國八十九年十二月三
　　十一日以前曾在金門、馬祖設有戶籍。

五、與前項或前款人民同行之配偶、直系親屬、二親等
　　旁系血親及其配偶、未成年子女；或與第三款人民
　　同行之配偶、直系血親。

六、與在大陸地區福建設有戶籍大陸配偶同行之台灣地
　　區配偶或子女；該大陸配偶經申請定居取得台灣地
　　區人民身分者，其同行之台灣地區配偶或子女，亦同。
　　　前二項人民有入出國及移民法第六條第一項各款情
　　形者，不予許可；已許可者，得撤銷或廢止其許可。第
　　一項人民戶籍遷出金門、馬祖者，廢止其許可。
　　　第一項及第二項人民具役男身分者，應先依役男出
　　境處理辦法規定辦理役男出境核准。
　　　具公務員身分或本條例第九條第四項第二款至第四
　　款人員，除有下列情形外，應依台灣地區公務員及特定
　　身分人員進入大陸地區許可辦法規定辦理：

一、服務於金門、馬祖當地縣級以下機關，且所任職務
　　之職務列等或職務等級最高再簡任或想當簡任第十
　　職等以下之人員，除涉及國家安全或機密科技研究

者外，經所屬縣政府、縣議會同意後，得申請許可
由金門、馬祖進入大陸地區。

二、服務於金門、馬祖縣營事業務單位人員，赴大陸地
區從事公務活動者，或在金門、馬祖設有戶籍六個
月以上，以非公務事由赴大陸地區者，經所屬縣政
府同意後，得申請許可由金門、馬祖進入大陸地區。

三、服務於金門、馬祖警察機關及前兩款以外各機關
（構），所任職務之職務列等或職務等級最高再簡
任或相關簡任第十職以下及警監四階以下之公務員
及警察人員，在金門、馬祖設有戶籍六個月以上者，
或未設有戶籍或設籍未滿六個月，以非公務事由申
請赴大陸地區者，經所屬中央主管機關或其授權機
關（構）同意，得申請許可由金門、馬祖進入大陸
地區。但涉及國家機密或科技研究人員、國家安全
局、國防部、行政院海岸巡防署、法務部調查局及
所屬各級機關人員，不適用之。經許可在金門、馬
祖居留或永久居留六個月以上者，得憑相關入出境
證件，經查驗後由金門、馬祖進入大陸地區。經金
門、馬祖公立醫院證明需緊急赴大陸地區就醫者，
及其同行照料之父母、配偶、子女、兄弟姊妹或醫
護人員，不受第一項設有戶籍或前項居留之限制。

第十之一條　　下列各款情形，向內政部入出國及移民署申請專案
許可於護照加蓋章戳，得持憑經查驗後由金門、馬祖入
出大陸地區：

一、處理試辦通航事務或相關人員。

二、從事與試辦通航業務有關之航運、商貿活動企業負
　　責人。

三、台灣本島或澎湖人員，經檢具航空公司包機合約文
　　件，包機前往金門或馬祖，轉搭船舶進入大陸地區
　　從事宗教或其他專業交流活動者。

四、服務於金門、馬祖各機關之政務人員或簡任第十職
　　等或相當簡任第十職等以上，且在金門、馬祖設有
　　戶籍六個月以上公務員，申請赴大陸地區從事交流
　　活動者。

五、服務於金門、馬祖縣營事業單位，且未再金門、馬
　　祖設有戶籍或設籍未六個月公務人員及警察人員，
　　申請赴大陸地區從事公務活動者。

六、服務於前條第五項第三款機關（構），所任職務之
　　職務列等或職務等級最高在簡任或相當簡任第十職
　　等以下及警監四階以下，且未在金門、馬祖設有戶
　　籍或設籍未滿六個月之公務員及警察人員，申請赴
　　大陸地區從事公務活動者。

　　台灣地區人民在大陸地區因天災、重病或其他特殊
事故，有由金門、馬祖返回必要者，得向內政部入出國
及移民署申請專案許可，由大陸地區進入金門、馬祖。

第十之二條　　依第十條第一項規定許可者，核發三年效期多次入
　　出境許可證；依第十條第五項及第十條之一第一項第四
　　款規定許可者，核發一個月效期單次入出境許可證；依
　　第十條第二項第一款至第四款規定許可者，於護照加蓋
　　一年效期多次入出章戳；依第十條之一第一項第一款至

第三款、第二十條及第二十條之一規定許可者,於護照加蓋一個月效期單次入出章戳;其餘於護照加蓋六個月效期單次入出章戳。

第 十一 條　台灣地區人民在經政府核准往返金門、馬祖與大陸地區航行之船舶服務之船員或服務於船舶之人員,因航行任務進入大陸地區者,得持憑主管機關核發之證件,經查驗或檢查後,由金門、馬祖入出大陸地區。

第 十二 條　大陸地區人民有下列情形之一者,得申請許可入出金門、馬祖:

一、探親:其父母、配偶或子女在金門、馬祖設有戶籍。

二、探病、奔喪:其二親等內血親、繼父母、配偶之父母、配偶或子女之配偶在金門、馬祖設有戶籍,因患重病或受重傷,而有生命危險,或年逾六十歲,患重病或受重傷,或死亡未滿一年。但奔喪得不受設有戶籍之限制。

三、返鄉探視:在金門、馬祖出生及其隨行之配偶、子女。

四、商務活動:大陸地區福建之公司或其他商業負責人。

五、學術活動:在大陸地區福建之各級學校教職員生。

六、就讀推廣教育學分班:受僱於經經濟部許可在大陸地區福建投資之事業,且在該事業任職達一年以上。

七、宗教、文化、體育活動:在大陸地區福建具有專業造詣或能力。

八、交流活動:經內政部入出國及移民署會同相關目的事業主管機關專案核准。

九、旅行：經交通部觀光局許可，在金門、馬祖營業之
　　綜合或甲種旅行社代申請。前項第九款應組團辦
　　理，每團人數限十人以上二十五人以下，整團同時
　　入出，不足十人之團體不予許可，並禁止入境。

　　第一項各款每日許可數額，由內政部公告之。

　　大陸地區人民於金門、馬祖海域，因突發之緊急事
故，得申請救助進入金門、馬祖避難。

　　依第一項或前項規定申請者，其停留地點以金門、
馬祖為限。

第十二之一條　在金門、馬祖出生之華僑申請返鄉探視，準用大陸
　　地區人民之規定辦理。

　　海外華僑團體經金門、連江縣政府邀請參加重要節
　　日之交流活動者，得申請單次由大陸地區入出金門、馬
　　祖；每團申請人數應在十人以上，實際入出應在五人以上。

　　依前二項規定入境之人員，其停留地點以金門、
　　祖為限。

第　十三　條　依第十二條第一項第一款至第八款及前條第一項規
　　定申請者，應由金門、馬祖親屬、同性質廠商、學校或
　　相關之團體備申請書及相關證明文件，向服務站代申請
　　進入金門、馬祖，並由其親屬或負責人擔任保證人；第
　　十二條第四項情形，由救助人代申請之。

　　依第十二條第一項第九款規定申請者，應由代申請
　　之綜合或甲種旅行社備申請書及團體名冊，向服務站申
　　請進入金門、馬祖，並由負責人擔任保證人。

第 十四 條　　大陸地區人民依第十二條規定申請經許可者，發給
　　　　　　　往來金門、馬祖入出境許可證，有效期間自核發日起十
　　　　　　　五日或三十日，由當事人持憑連同大陸居民身分證或其
　　　　　　　他足資證明居民身分之文件，經服務站查驗後進入金
　　　　　　　門、馬祖。

　　　　　　　　　以就讀推廣教育學分班事由申請者，得核發往來金
　　　　　　　門、馬祖單次或一年效期多次入出境許可證。

　　　　　　　　　以旅行事由進入金門、馬祖者，停留期間自入境之
　　　　　　　次日起不得逾二日；依其他事由進入金門、馬祖者，停
　　　　　　　留期間自入境之次日起不得逾六日。

　　　　　　　　　經許可進入金門、馬祖之大陸地區人民，因疾病住
　　　　　　　院、災變或其他特殊事故，未能依限出境者，得向服務
　　　　　　　站申請延期停留，每次不得逾七日。在停留期間之相關
　　　　　　　費用，由代申請人代墊付。其係以旅行事由進入者，應
　　　　　　　申請入出境許可證持憑出境。

　　　　　　　　　經許可進入金門、馬祖之大陸地區人民，需過夜住
　　　　　　　宿者，應由代申請人檢附經入境查驗之入出境許可證，
　　　　　　　向當地警察機關（構）辦理流動人口登記。

第 十五 條　　大陸地區人民經依大陸地區人民進入台灣地區許可
　　　　　　　辦法或大陸地區人民在台灣地區依親居留長期居留或定
　　　　　　　居許可辦法規定許可進入台灣地區，有下列情形之一
　　　　　　　者，得持入出境許可證，經服務站查驗後入出金門、馬祖：

　　　　　　　一、來台地址為金門、馬祖或澎湖。

　　　　　　　二、台灣地區人民之配偶在大陸地區福建設有戶籍。

　　　　　　　三、前款人民之同行子女。

前項第一款及第二款人員，經申請定居取得台灣地區人民身分者，得向內政部入出國及移民署申請許可核發入出境許可證或於護照加蓋章戳，持憑經查驗後由金門、馬祖入出大陸地區。

依大陸地區專業人士來台從事專業活動許可辦法規定申請許可來台者，不適用第一項規定。

第 十六 條　　大陸地區人民在經政府核准往返金門、馬祖與大陸地區航行之船舶服務之船員或服務於船舶之人員，因航行任務抵達離島兩岸通航港口，須離開港區臨時停留者，得由所屬之船舶運送業者在金門、馬祖之船務代理業者，向服務站代申請臨時停留許可證，並經查驗後進入金門、馬祖，停留期間不得逾船舶靠泊港口期間。

第 十七 條　　大陸地區人民在中共黨務、軍事、行政或其他公務機關任職者，申請進入金門、馬祖，得不予許可；已許可者，得撤銷或廢止之。有下列情形之一者，亦同：

一、參加暴力或恐怖組織，或其活動。

二、涉有內亂罪、外患罪重大嫌疑。

三、涉嫌重大犯罪或有犯罪習慣。

四、曾未經許可入境。

五、曾經許可入境，逾停留期限。

六、曾從事與許可目的不符之活動或工作。

七、曾有犯罪行為。

八、有事實足認為有危害國家安全或社會安定之虞。

九、患有足以妨害公共衛生或社會安寧之傳染病、精神病或其他疾病。

十、其他曾違反法令規定情形。

　　有前項第四款情形者，其不予許可期間至少為二年；有前項第五款或第六款情形者，其不予許可期間至少為一年。

第　十八　條　　進入金門、馬祖之大陸地區人民，有下列情形之一者，治安機關得以原船或最近班次船舶逕行強制出境。但其所涉案件已進入司法程序者，應先經司法機關之同意：

一、未經許可入境者。

二、經許可入境，已逾停留期限者。

三、從事與許可目的不符之活動或工作者。

四、有事實足認為有犯罪之虞者。

五、有事實足認為有危害國家安全或社會安定之虞者。

六、患有足以妨害公共衛生或社會安寧之傳染病、精神病或其他疾病者。

第　十九　條　　大陸地區人民經依第十二條規定申請許可進入金門、馬祖，而有逾期停留、未辦理流動人口登記或從事與許可目的不符之活動或工作者，其代申請人、綜合或甲種旅行社，內政部得視情節輕重，一年以內不受理其代申請案件；其已代申請尚未許可之案件，不予許可。未依限帶團全數出境之綜合或甲種旅行社，亦同。

　　大陸地區船員或服務於船舶之人員經許可臨時停留，違反第十六條規定者，該船舶所屬之船舶運送業者在金門、馬祖之船務代理業者，六個月內不得以該船舶申請大陸地區船員或服務於船舶之人員臨時停留。

金門、馬祖之旅行業辦理接待大陸地區人民來金門、馬祖旅行業務,其監督管理,由交通部或其授權之機關辦理。

第 二十 條　　中華民國船舶有專案申請由台灣本島航行經金門、馬祖進入大陸地區必要時,應備具船舶資料、活動名稱、預定航線、航程及人員名冊,向主管機關申請航行許可及核發入出境證件;船舶經金門、馬祖應停泊,人員並應上岸,經查驗船舶航行文件及人員入出境證件後,得進入大陸地區。

前項專案核准,由交通部會同有關機關辦理。

第二十之一條　　依本辦法試辦通航期間,基於大陸政策需要,中華民國船舶得經交通部專案核准由澎湖航行進入大陸地區。

前項大陸政策需要,由行政院大陸委員會會同相關機關審酌國家安全及兩岸情勢,報請行政院核定之。

依第一項專案核准者,準用第三條、第五條、第七條至第二十條、第二十六條規定辦理。

第二十一條　　金門、馬祖與大陸地區貿易,得以直接方式為之,並應依有關法令取得許可或免辦許可之規定辦理。

第二十二條　　大陸地區物品,不得輸入金門、馬祖。但符合下列情形之一者,不在此限:

一、經濟部公告准許金門、馬祖輸入項目及其條件之物品。

二、財政部核定並經海關公告准許入境旅客攜帶入境之物品。

三、其他經經濟部專案核准之物品。

前項各款物品,經濟部得停止其輸入。

第二十三條　　經濟部依前條第一項第一款公告准許輸入之大陸地
　　　　　　　區物品，包括下列各項：

　　　　　　　一、參照台灣地區准許間接輸入之項目。

　　　　　　　二、金門、馬祖當地縣政府提報，並經貨品主管機關同
　　　　　　　　　意之項目。

第二十四條　　輸入第二十二條第一項之物品，應向經濟部申請輸
　　　　　　　入許可證。但經經濟部公告免辦輸入許可證之項目，不
　　　　　　　在此限。

第二十五條　　金門、馬祖之物品輸往大陸地區，於報關時，應檢
　　　　　　　附產地證明書。但經經濟部公告免附產地證明書之項
　　　　　　　目，不在此限。

　　　　　　　　前項產地證明書之核發，經濟部得委託金門、馬祖
　　　　　　　當地縣政府辦理。

第二十六條　　金門、馬祖與大陸地區運輸工具之往來及貨物輸出
　　　　　　　入、攜帶或寄送，以進出口論；其運輸工具、人員及貨
　　　　　　　物之通關、檢驗、檢疫、管理及處理等，依有關法令規
　　　　　　　定辦理。

　　　　　　　　前項進口物品未經許可，不得轉運金門、馬祖以外
　　　　　　　之台灣地區；金門、馬祖以外之台灣地區物品，未經許
　　　　　　　可，不得經由金門、馬祖轉運大陸地區。違者，依海關
　　　　　　　緝私條例第三十六條至第三十九條規定處罰。

　　　　　　　　前項許可條件，由經濟部公告之。

　　　　　　　　金門、馬祖私運、報運貨物進出口之查緝，依海關
　　　　　　　緝私條例之規定；離島兩岸通航港口，就通航事項，準
　　　　　　　用通商口岸之規定。

第二十七條　　自金門、馬祖郵寄或旅客攜帶進入台灣本島或澎湖之少量自用大陸地區物品，其品目及數量限額如附表。

　　前項郵寄或旅客攜帶之大陸地區物品，其項目、數量超過前項限制範圍者，由海關依關稅法第七十七條規定處理

第二十八條　　金門、馬祖之金融機構，得與大陸地區福建之金融機構，從事匯款及進出口外匯業務之直接往來，或透過台灣地區與大陸地區以外之第三地區金融機構，從事間接往來。

　　前項直接往來業務，應報經財政部洽商中央銀行後許可之；直接往來及間接往來之幣別、作業規定，由財政部洽商中央銀行後定之。

　　第一項之匯款金額達中央銀行所定金額以上者，金融機構應確認與該筆匯款有關之證明文件後，始得辦理。

第二十九條　　金門、馬祖之金融機構辦理大陸地區發行之貨幣及大陸地區人民持有外幣現鈔、旅行支票之買賣規定，由中央銀行定之。

第　三十　條　　為防杜大陸地區疫病蟲害入侵，動植物防疫檢疫機關得在金門、馬祖設置檢疫站。

　　運往或攜帶至金門、馬祖以外台灣地區之動植物及其產品，應於運出金門、馬祖前，由所有人或其代理人向動植物防疫檢疫機關申請檢查，未經檢查合格或經檢查不合格者，不得運出。

　　前項動植物及其產品，由行政院農業委員會定之。

第三十一條　　運往金門、馬祖以外台灣地區之動物，其所有人或管理人應詳實記錄畜牧場內動物之異動、疫情、免疫、用藥等資料，經執業獸醫師簽證並保存二年以上，所在地動物防疫機關應不定時檢查畜牧場之疾病防疫措施及有關紀錄。

第三十二條　　運往或攜帶至金門、馬祖以外台灣地區之動植物及其產品經檢查結果，證明有罹患、疑患、可能感染動物傳染病或疫病蟲害存在時，動植物防疫檢疫機關得將該動物、植物或其產品連同其包裝、容器，予以消毒或銷燬；其費用由所有人負擔。

第三十三條　　我國軍艦進出離島兩岸通航港口港區，由地區軍事機關負責管制；如遇緊急狀況時，有優先進出及繫泊之權利。

　　　　　　　軍用物資之港口勤務作業及船席指泊，由地區軍事機關及部隊分配船席辦理及清運。

　　　　　　　國軍各軍事機關及部隊為辦理前二項事務，得協調地區港務機關不定期實施應變演習。

第三十四條　　為處理試辦通航相關事務，行政院得在金門、馬祖設置行政協調中心，其設置要點由行政院定之。

　　　　　　　交通部為協調海關檢查、入出境證照查驗、檢疫、緝私、安全防護、警衛、商品檢驗等業務與相關之管理事項，得設置離島兩岸通航港口檢查協調中心；其設置要點，由交通部另定之。

第三十五條　　本辦法試辦期間，如有危害國家利益、安全之虞或其他重大事由時，得由行政院以命令終止一部或全部之實施。

第三十五之一條　　依第十條至第二十條之一規定申請之許可，得收取證照費；其費額由內政部定之。但在金門、馬祖、澎湖設有戶籍六個月以上者免收費。

第三十六條　　本辦法施行日期，除中華明國九十五年十二月二十九日修正發布之條文，自發布日施行外，由行政院定之。

# 附錄三　金門協議

民國七十九年九月十二日

　　海峽兩岸紅十字組織代表本年九月十一日至十二日進行兩日工作商談,就雙方參與見證其主管部門執行海上遣返事宜,達成以下協議:

一、遣返原則:

　　應確保遣返作業符合人道精神與安全便利的原則。

二、遣返對象:

　　1.違反有關規定進入對方地區的居民(但因捕魚作業遭遇緊急避風等不可抗力因素必須暫入對方地區者,不在此列)。

　　2.刑事嫌疑犯或刑事犯。

三、遣返交接地點:

　　雙方商定為馬尾←→馬祖,但依被遣返人員的原居地分布情況及氣候、海象等因素,雙方得協議另擇廈門←→金門。

四、遣返程序:

　　1.一方應將被遣返人員的有關資料通知對方,對方應於二十日內核查答復,並按商定時間、地點遣返交接,如核查對象有疑問者,亦應通知對方,以便複查。

　　2.遣返交接雙方均用紅十字專用船,並由民用船隻在約定地點引導,遣返船、引導船均懸掛白底紅十字旗(不掛其它旗幟,不使用其它的標誌)。

3. 遣返交接時，應由雙方事先約定的代表二人，簽署交接見
   證書（格式如附件）。

五、其他：

   本協議書簽署後，雙方應儘速解決有關技術問題，以期
在最短期間內付諸實施，如有未盡事宜，雙方得另行商定。

   本協議書於金門簽字，各存一份。

國家圖書館出版品預行編目

兩岸「小三通」議題研究 / 陳建民著. -- 一版.
-- 臺北市：秀威資訊科技, 2008.03
面； 公分. --(社會科學類；AF0075)

ISBN　978-986-6732-90-4(平裝)

1.入出境管理　2.兩岸關係

573.29　　　　　　　　　　97005144

社會科學類　AF0075

# 兩岸「小三通」議題研究

作　　者 / 陳建民
發 行 人 / 宋政坤
執行編輯 / 黃姣潔
圖文排版 / 陳湘陵
封面設計 / 莊芯媚
數位轉譯 / 徐真玉　沈裕閔
圖書銷售 / 林怡君
法律顧問 / 毛國樑　律師
出版印製 / 秀威資訊科技股份有限公司
　　　　　台北市內湖區瑞光路 583 巷 25 號 1 樓
　　　　　電話：02-2657-9211　　　傳真：02-2657-9106
　　　　　E-mail：service@showwe.com.tw
經 銷 商 / 紅螞蟻圖書有限公司
　　　　　台北市內湖區舊宗路二段 121 巷 28、32 號 4 樓
　　　　　電話：02-2795-3656　　　傳真：02-2795-4100
　　　　　http://www.e-redant.com

2008 年 3 月 BOD 一版
定價：440 元

# 讀 者 回 函 卡

感謝您購買本書,為提升服務品質,煩請填寫以下問卷,收到您的寶貴意見後,我們會仔細收藏記錄並回贈紀念品,謝謝!

1.您購買的書名:_____

2.您從何得知本書的消息?

　　□網路書店　　□部落格　　□資料庫搜尋　　□書訊　　□電子報　　□書店

　　□平面媒體　　□ 朋友推薦　　□網站推薦 □其他_____

3.您對本書的評價:(請填代號　1.非常滿意 2.滿意 3.尚可 4.再改進)

　　封面設計____　版面編排____　內容____　文/譯筆____　價格____

4.讀完書後您覺得:

　　□很有收獲　　□有收獲　　□收獲不多　　□沒收獲

5.您會推薦本書給朋友嗎?

　　□會　□不會,為什麼?_____

6.其他寶貴的意見:_____

_____

_____

_____

## 讀者基本資料

姓名:_____　年齡:_____　性別:□女 □男

聯絡電話:_____　E-mail:_____

地址:_____

學歷:□高中(含)以下　□高中　□專科學校　□大學

　　　□研究所(含)以上 □其他_____

職業:□製造業 □金融業 □資訊業 □軍警 □傳播業 □自由業

　　　□服務業 □公務員 □教職　□學生 □其他_____

- - - - - - - - - - - - - - - - - - - - - - - - - - - - - - - -

(請沿線對摺寄回,謝謝!)

## 秀威與 BOD

BOD（Books On Demand）是數位出版的大趨勢，秀威資訊率先運用 POD 數位印刷設備來生產書籍，並提供作者全程數位出版服務，致使書籍產銷零庫存，知識傳承不絕版，目前已開闢以下書系：

一、BOD 學術著作—專業論述的閱讀延伸
二、BOD 個人著作—分享生命的心路歷程
三、BOD 旅遊著作—個人深度旅遊文學創作
四、BOD 大陸學者—大陸專業學者學術出版
五、POD 獨家經銷—數位產製的代發行書籍

BOD 秀威網路書店：www.showwe.com.tw
政府出版品網路書店：www.govbooks.com.tw

永不絕版的故事・自己寫・永不休止的音符・自己唱